HEYNE <

NATASCHA WEGELIN
MADAME MONEYPENNY

Die Krise liebt Frauen wie dich

Wie du finanziell resilient wirst und wächst – egal, was kommt

WILHELM HEYNE VERLAG
MÜNCHEN

Die in diesem Buch enthaltenen Informationen, Analysen und Einschätzungen dienen ausschließlich der allgemeinen Bildung und Information. Sie stellen keine Anlageberatung, Steuerberatung, Rechtsberatung oder Finanzdienstleistung/-beratung dar. Alle Angaben und Bewertungen wurden sorgfältig recherchiert und nach bestem Wissen erstellt. Dennoch kann keine Gewähr für die Richtigkeit, Vollständigkeit und Aktualität der Inhalte übernommen werden. Die in diesem Buch dargestellten Finanzprodukte, Strategien und Beispiele sind nicht als Empfehlung zum Kauf, Verkauf oder Halten bestimmter Anlagen zu verstehen. Die Autorin sowie der Verlag übernehmen keine Haftung für Verluste oder Schäden, die direkt oder indirekt aus der Nutzung oder dem Vertrauen auf die in diesem Buch enthaltenen Informationen entstehen.

Wenn in diesem Buch von »Frauen« und »Männern« die Rede ist, geschieht dies aus Anschlussfähigkeit an bestehende Datenquellen. Selbstverständlich ist mir bewusst, dass es nicht die eine Frau oder den einen Mann gibt. Die Vielfalt von Geschlechtsidentitäten und Lebensrealitäten wird durch die Verwendung des Gender-Doppelpunkts sichtbar gemacht. Wir schreiben Schwarz groß und *weiß* kursiv, weil es sich nicht um (Haut-)Farben handelt, sondern sie als Kategorien politisch und sozial konstruiert sind. Viele Menschen sind von Mehrfachdiskriminierungen betroffen, die in verfügbaren Statistiken und Studien leider kaum berücksichtigt werden. Die in diesem Buch verwendeten empirischen Quellen bilden daher nur Durchschnittswerte und damit leider eine begrenzte Perspektive ab und spiegeln strukturelle Vielfalt und Ungleichheit nur unvollständig wider.

MIX
Papier | Fördert gute Waldnutzung
FSC® C014496
FSC www.fsc.org

Penguin Random House Verlagsgruppe FSC® N001967

1. Auflage 2025

in der Penguin Random House Verlagsgruppe GmbH,
Neumarkter Straße 28, 81673 München
produktsicherheit@penguinrandomhouse.de
(Vorstehende Angaben sind zugleich
Pflichtinformationen nach GPSR.)

Mitarbeit: Desirée Šimeg, Dr. Zineb Nouns
Redaktion: Regina Carstensen
Bildnachweis: S. 144: Internetmemes. Workbook-Icon: Shutterstock/Iconic Space
Alle übrigen Grafiken stammen von der Madame Moneypenny GmbH.

Umschlaggestaltung: wilhelm typo grafisch, Zollikon
Umschlagfoto: Mirjam Hagen
Satz: Satzwerk Huber, Germering
Druck und Bindung: GGP Media GmbH, Pößneck
Printed in Germany
ISBN 978-3-453-60727-9

www.heyne.de

Für mein Kind

Inhalt

Der Winter ist da

Gedankenverloren steige ich ins Taxi und nenne dem Fahrer die Adresse des Madame Moneypenny Day 2025 in der Orangerie in Berlin-Charlottenburg. Es ist ein typischer Wintermorgen. Nasskalt, matschig, frostig in jeder Hinsicht. Passend zur Stimmung im Land. Hier drinnen ist es mollig warm. Ich halte mein Smartphone in der Hand. Eigentlich wollte ich die Notizen für meine Eröffnungsrede durchgehen, aber in meinem Kopf schwirrt alles durcheinander – wie so oft in letzter Zeit. Seufzend sinke ich tiefer in das weiche Polster. Nur verschwommen nehme ich wahr, wie die Häuserzeilen an mir vorbeiziehen. Alles wirkt wie eingefroren.

Es fühlt sich an, als wäre die Welt kälter und gefährlicher geworden. Donald Trump, der Mann, der für alles steht, was wir glaubten überwunden zu haben, ist zurück im Weißen Haus, rechte Parteien feiern Wahlsiege in ganz Europa und die hohe Inflation lässt die Lebenshaltungskosten steigen. Es herrscht immer noch Krieg in der Ukraine, in Gaza geschieht ein Völkermord, und das sind nicht die einzigen geopolitischen Spannungen. Und nicht zu vergessen: die Klimakrise. In vielen Ländern, auch in Deutschland, werden Frauenrechte zur Disposition gestellt, von Audi bis SAP häufen sich die Kündigungswellen, und obendrein fürchten viele, ihren Job bald an eine künstliche Intelligenz zu verlieren.

Noch nie in meinem Erwachsenenleben – und ich bin mir dieses Privilegs durchaus bewusst – habe ich mich so unsicher gefühlt. Und ich weiß, dass es vielen Menschen, vor allem

Frauen, genauso geht. Ich reibe mir über die Stirn, während die winterlichen Straßen an mir vorbeiziehen. Es schneit wieder, heftig sogar. *Wahnsinn*, denke ich. *2015, als ich Madame Moneypenny gegründet habe, hat es sich angefühlt, als wären wir auf dem richtigen Weg. Die EU schien stabil, Demokratie und Menschenrechte waren bei uns beinahe selbstverständlich, auch Frauenbewegungen und Diversity-Initiativen kamen voran, und selbst Klimaschutz stand erstmals ernsthaft auf der Agenda. Heute fühlt es sich an, als wären wir falsch abgebogen und rasten auf einen Abgrund zu.*

Kurz nach meiner Ankunft an der Event-Location, vor der das ultraviolette Banner mit Madame-Moneypenny-Logo und der Aufschrift »Time to: Own it« weht, vibriert mein Handy. Meine Mutter schickt mir ein Foto meines Kindes am Frühstückstisch mit marmeladeverschmiertem Gesicht. Ich grinse glücklich und spüre gleichzeitig dieses leichte Ziehen in mir, das ich nur zu gut kenne. Dieses Ziehen zwischen den Rollen. Zwischen Bühne und Brotdose. Zwischen Fokus und Fürsorge. Es ist leise, aber deutlich. Wie ein feiner Riss, der nie ganz verschwindet. Aber ich weiß: Ich bin hier genau richtig. Genau jetzt. Weil ich weiß, dass ich beides sein darf: Mama und Unternehmerin und noch mehr. Stark und weich. Nach einem kurzen, sehnsüchtigen Blick auf das Foto antworte ich mit einem Herz-Emoji und tippe noch: »Bitte nicht zu viel Zucker!« Doch dann lösche ich die Zeile wieder und gönne den beiden ihre Leichtigkeit.

Vielleicht nehme ich die Dinge heute auch anders wahr, weil ich inzwischen Mutter bin, überlege ich. Gesellschaftliche Entwicklungen haben seitdem für mich eine neue Tiefe bekommen, ich spüre sie nicht nur intellektuell, sondern auch körperlich.

Als permanentes Grundrauschen im Nervensystem. Ich spüre die Pflicht, vorbereitet zu sein. Nicht nur für mich, sondern für dieses kleine Wesen, das von mir abhängig ist und das ich über alles liebe.

Ich murmle erneut meine Anfangsworte vor mich hin. Dann geht's schon los: Unser Jingle erklingt hell und motivierend. Energiegeladen und voller Vorfreude betrete ich die Bühne. Hinter mir flackern noch die letzten Sekunden des Countdowns über die riesige Leinwand. Punkt 9:00 Uhr. Vor mir der große, lichtdurchflutete Saal: hohe, helle Decken, eine lange Galerie aus Rundbögen und Fenstern, über allem der funkelnde Glanz eines Kronleuchters. Reihen von schwarzen Stühlen, jeder besetzt, dicht an dicht – 400 Frauen, aufrecht, erwartungsvoll. Applaus bricht los. Kein schüchternes, verhaltenes Klatschen, sondern ein echtes »Let's go!« von 800 Händen. Es ist nicht nur Applaus für mich, sondern für alle, die heute hier sind.

»Salut, ihr Moneypennys!«, begrüße ich mein Publikum. »Ich freue mich riesig, dass ihr heute hier seid. Herzlich willkommen beim Madame Moneypenny Day!«

Ich lasse den Blick schweifen und sehe überwiegend gespannte Gesichter, wache Augen. Einige Frauen wirken entschlossen, andere fast ein wenig nervös. Eine Teilnehmerin kramt rasch noch ein Notizbuch und einen Stift aus ihrer Tasche, andere machen ihre Tablets startklar.

»Wer von euch fühlt sich so, als ob die Welt gerade aus den Fugen gerät? Wer spürt Unsicherheit?«, frage ich und hebe selbst die Hand.

Alle Hände gehen hoch. Das hatte ich vermutet.

»Kein Wunder. Wir leben in einer Zeit permanenter Krisen. Politisch, wirtschaftlich, gesellschaftlich, ökologisch. Die Multikrise ist nicht länger ein abstrakter Begriff, sondern Realität in unserem Alltag. Doch Krisen treffen nicht alle Menschen gleich. Frauen sind von ihren Auswirkungen besonders betroffen – häufiger, härter, existenzieller. Und wenn noch weitere marginalisierende Faktoren, außer dem Frausein, dazukommen, wird es sogar noch schlimmer.«

Ich halte kurz inne und gehe ein paar Schritte am Rand der Bühne entlang.

»In meiner Mastermind-Gruppe, in der wir uns seit vielen Jahren regelmäßig über Business, aber auch Persönliches austauschen, haben wir darüber gesprochen, wie wir mit der aktuellen Unsicherheit umgehen. Die Frauen in der Runde waren besorgt, machten sich intensive Gedanken, analysierten die Lage klar. Die Männer dagegen waren gelassener. Ein Freund von mir sagte sogar: ›Ich mache mir da keinen Kopf. Und falls doch mal etwas Schlimmes passiert, klappe ich meinen Laptop zu, steige in ein Flugzeug, fliege irgendwohin, klappe ihn dort wieder auf und alles geht genauso weiter. Keine politische Entscheidung hat bisher mein Leben wirklich beeinflusst.‹«

»Der hat's gut!«, ruft eine Teilnehmerin und lacht zynisch. Und man spürt: Gemeint ist nicht nur er. Seine Aussage macht das Ausmaß des Unterschieds deutlich zwischen denen, für die globale Krisen kaum mehr als lästige Unterbrechungen im Businessalltag sind, und denen, für die politische Entscheidungen eine reale Bedrohung bedeuten.

»Ja, oder?!«, reagiere ich auf ihren Einwurf. »Ich habe in diesem Moment innerlich richtig gekocht. Ich war wütend, traurig und neidisch zugleich. Denn natürlich hatte er recht. Als finanziell gut aufgestellter, *weißer*, heterosexueller Cis-Mann ohne Kinder lebt er in einem System, das ihn schützt. Das ihn nie ernsthaft infrage gestellt hat. Für Frauen undenkbar! Wir kennen Gesetze, die über unsere Körper bestimmen. Wir kämpfen seit Jahrzehnten darum, überhaupt als eigenständige Bürgerinnen mit Rechten wahrgenommen zu werden. Wir leben in struktureller Benachteiligung – immer schon – und wir müssen aktuell erleben, wie unsere bereits erreichten Rechte wieder zur Disposition gestellt werden.«

Ich höre ein frustriertes, fast wütendes Schnauben. Bei vielen Teilnehmerinnen brodelt es bereits sichtlich unter der Oberfläche, und das ist auch gut so. Wut ist die Kraft, die Veränderungen anstößt.

»In letzter Zeit habe ich mit vielen Frauen gesprochen, darunter einige erfolgreiche Unternehmerinnen. Die meisten waren ebenfalls zutiefst verunsichert. Viele erzählten mir, dass ihre Partner diese Sorgen nicht teilen konnten oder wollten und sie sich mit ihrer Wahrnehmung allein fühlten. ›Ach, zerbrich dir nicht den Kopf, es wird schon nicht so schlimm kommen‹, bekamen sie zu hören. Dass unser Radar so viel früher anspringt, zeigt auch, wie sehr wir Frauen immer schon auf der Hut sind. Wie sehr wir gelernt haben, seismografisch auf kritische Veränderungen zu reagieren, alles einzuordnen, vorauszudenken, für Eventualitäten zu planen. Nicht weil wir übervorsichtig sind, sondern um zu überleben.«

Viele nicken. Einige sehen sich kurz um, ein stummer Abgleich. Und alle wissen: Diese Gedanken, diese Sorgen und Ängste sind nicht neu. Es herrscht ein stilles Einvernehmen im Raum.

»Wir können nicht vorhersehen, was passiert. Was wir aber tun *können*«, fahre ich fort und gehe zurück zur Mitte der Bühne, »ist, uns vorzubereiten. So bleiben wir handlungsfähig. In diesem Zusammenhang habe ich euch ein Zitat von Nassim Nicholas Taleb aus seinem Buch *Antifragilität* mitgebracht.«

Während ich sie laut ausspreche, erscheinen auf der Leinwand hinter mir die Worte: »Wenn ein zufälliges Ereignis eintrifft, ist es für eine Reaktion zu spät, der Organismus ist also entweder auf den Schock vorbereitet und kann ihm Widerstand leisten, oder er verabschiedet sich.«[1]

Ich lasse das Zitat kurz wirken und erläutere dann: »Wenn wir also vorbereitet sind, können wir mit allem umgehen, was kommt. Und wie sind wir ausreichend vorbereitet? Indem wir finanziell resilient werden. Was das genau heißt und wie das geht, erarbeiten wir hier und heute gemeinsam.«

Ich gehe ein paar Schritte, spüre die Vorfreude im Raum.

»Als ich 2018 mein erstes Buch veröffentlicht habe – *Wie Frauen ihre Finanzen selbst in die Hand nehmen können* –, war mein Anliegen, Frauen dazu zu bewegen, Verantwortung für ihr Vermögen zu übernehmen, Rücklagen zu bilden und erste Investitionen zu tätigen, um ihre Rentenlücke zu schließen. Das haben viele getan, viele aber immer noch nicht. Schon damals war es fahrlässig zu hoffen, dass das Eigenheim und irgendein ETF-Sparplan schon reichen und alles gut gehen wird. Heute, sieben Jahre später, leben wir in einer Realität, die härter, instabiler und bedrohlicher ist. Zur finanziellen Sorge gesellt sich die Frage, wie sicher unsere Zukunft – und die unserer Gesellschaft – überhaupt noch ist.«

Meine Worte bleiben einen Moment lang im Raum stehen. Einige schreiben mit, andere sehen still nach vorn.

»Heute ist finanzielle Resilienz keine Option mehr, sondern eine Überlebensstrategie. Auch wenn wir hier in erster Linie über wirtschaftliche und finanzielle Krisen sprechen werden, gilt das, was ihr heute erfahrt, für *alle* Arten von Erschütterungen und Schocks, auch persönliche. Jede Krise trifft uns mental, emotional und finanziell. Immer. Und Resilienz beginnt beim Geld: Wer finanziell gut aufgestellt ist, wird nicht so tief stürzen, kann Entscheidungen in Ruhe treffen, bleibt handlungsfähig und kann Krisen sogar für sich nutzen.«

Chinesische Zeichen erscheinen groß auf der Leinwand: 危机, wēi jī.

»Das ist der chinesische Ausdruck für Krise. Er setzt sich aus zwei Zeichen zusammen: Das erste, *wēi*, bedeutet Gefahr, das zweite, *jī*, steht für einen beginnenden Moment oder Wendepunkt, was oft frei als Chance oder Gelegenheit interpretiert wird. Das bedeutet: In jeder Krise steckt sowohl eine Bedrohung als auch Potenzial für Veränderung, sofern wir bereit sind, sie zu gestalten. Krisen sind real: Sie zerstören Existenzen, sie durchkreuzen Biografien, sie kosten Leben. Wir haben keine Kontrolle darüber, ob und wann uns eine Krise trifft. Und oftmals ist das Einzige, was wir wirklich beeinflussen können, wie wir einer Krise begegnen.«

Auf der Leinwand erscheint nun der Satz: »Die Krise liebt Frauen wie dich.«

Ich zeige kurz darauf und wende mich ans Publikum: »Dieser Ausspruch ist zweideutig – und das mit Absicht. Die Krise liebt Frauen wie uns, wenn wir unsicher sind, wenn wir keinen Plan haben, wenn wir finanziell abhängig und fragil sind, wenn wir wanken und zittern. Dann verschlingt sie uns, zieht uns tiefer, nährt sich von unserer Hilflosigkeit, unserer Angst, unserer Unklarheit. Dann sind wir für sie leichte Opfer, weil wir ihr nichts entgegenzusetzen haben.«

Einige Teilnehmerinnen nicken kaum merklich. Ein Moment der stillen Konfrontation mit der eigenen Verletzlichkeit.

»Aber«, sage ich etwas lauter, »die Krise liebt Frauen wie uns auch, wenn wir finanziell resilient sind. Wenn wir vorbereitet sind. Wenn wir klar und wach bleiben. Wenn wir auf festem Boden stehen. Wenn wir Verantwortung übernehmen für uns und unser Leben. Dann liebt sie uns und hilft uns zu wachsen. Die Krise kann beides sein: Gefahr oder Katalysator. Das entscheidest du ganz allein, in dir. Geld ist dabei der Anfang. Wenn du finanziell sicher und flexibel aufgestellt bist, kannst du durch den Sturm hindurchgehen. Es wird ungemütlich, aber nicht existenzbedrohend. Im besten Fall wird genau das der Moment, in dem du über dich hinauswächst. Und noch etwas: In deinem persönlichen Wachstum liegt eine kollektive Kraft. Wenn du durch eine Krise gehst und stärker daraus hervorgehst, dann bist du ein Vorbild. Für deine Tochter. Für deine Freundin. Für die Frau, die gerade an der Kante steht.«

Meine Gedanken schweifen kurz ab – zu meinem Kind und seiner Zukunft. Die Bühne, das Licht, die Gesichter im Publikum, all das tritt für einen Moment zurück. Bei all den Unsicherheiten habe ich auch Hoffnung, etwas zum Positiven zu ändern. Nicht ich allein, sondern wir alle zusammen.

»Wir brauchen mehr Geld in Frauenhänden!«, appelliere ich an die Anwesenden. »Unser Einflussbereich wächst, wenn wir Vermögen akkumulieren. Dann können wir unser Geld so einsetzen, dass es etwas verändert. Zum Beispiel indem wir bestimmte Kauf- und Investitionsentscheidungen treffen, an Frauenrechtsorganisationen spenden oder demokratische Parteien unterstützen. Wir Frauen waren schon immer stärker, wenn wir gemeinsam gekämpft haben. Wenn wir uns gegenseitig tragen, stützen und ermutigen. Genau das brauchen wir jetzt! In einer Welt, die wankt, brauchen wir Frauen, die standhaft bleiben. So machen wir den Weg frei für alle, die nach uns kommen. Und dafür legen wir heute den Grundstein.«

Stille.

Die Energie im Raum ist eine Mischung aus Unsicherheit und Tatendrang. Ich lächle. Dieser Tag wird intensiv, das spüre ich. Und er wird allen hier viel geben. Orientierung. Wissen. Klarheit. Gemeinschaft. Und vielleicht auch ein Stück Sicherheit. Die Welt wird heute Abend nicht weniger bedrohlich sein als zuvor, aber diese Frauen resilienter.

Im Februar 2022 hörte ich bei einer Ultraschalluntersuchung bei meiner Frauenärztin zum ersten Mal das Herz meines Kindes schlagen. Als ich die Praxis verließ, unfassbar glücklich, Leben in meinem Bauch zu spüren, traf mich die Nachricht wie ein Schlag: Russland war in die Ukraine einmarschiert. Es zog mir fast die Beine weg. Dieser Krieg, so nah, löste in mir eine existenzielle Angst aus, die ich so noch nicht kannte. Der Moment, in dem ich diese Angst so richtig spürte, kam, als ich ein Video für mein ungeborenes Kind aufnahm und ihm erzählte, wie sehr ich mich auf unsere gemeinsame Zukunft freute. Mitten in diesem Satz wurde mir schlagartig bewusst: Mein Kind würde in eine westliche Welt hineingeboren werden, in der Krisen ein Ausmaß erreichen könnten, das ich mir zuvor nicht vorstellen konnte. Mit jeder Zuspitzung der weltpolitischen und gesellschaftlichen Krisen wurden die Fragen drängender: *Wächst mein Kind in einer Gesellschaft auf, die von Kriegsgefahr und Nationalismus geprägt sein wird? Ist diese Ära des stetigen Aufstiegs vorbei? Muss ich alles überdenken, was ich über Geld und Sicherheit zu wissen glaube? Werde ich überhaupt weiterhin in Deutschland leben wollen?*

Mit dieser Unsicherheit war ich nicht allein. In Gesprächen mit den Frauen aus der Madame-Moneypenny-Community tauchten ähnliche Fragen auf – immer häufiger, immer deutlicher. Eine sagte in unserem Mentoring-Programm: »Ich bin total blockiert. Es fühlt sich an, als würde die Welt um uns herum zusammenbrechen. Wie soll ich denn für eine Zukunft in zig Jahren planen, wenn ich nicht mal weiß, wie die Welt in drei Jahren aussieht?!« Eine andere meinte: »Ich finde alles beunruhigend: Die Sorge, dass es Krieg gibt, das Klima – man fühlt sich einfach hilflos!« Auch auf unseren Social-Media-Kanälen erreichten mich besorgte Nachrichten: »Was kann man tun, um sich auf den Fall eines Kriegs in Deutschland vorzubereiten? Ich will gar nicht in Panik verfallen, aber ich kann das nicht mehr ausblenden.« Oder: »Ich habe meinen ETF-Sparplan und dachte immer, ich wäre damit auf der sicheren Seite. Aber wenn ich jetzt die Nachrichten sehe – Krieg, Inflation, ein möglicher Crash –, frage ich mich: Ist es wirklich noch klug, einfach stur weiterzumachen wie bisher und zu hoffen, dass in 30 Jahren alles gut wird? Fühlt sich gerade irgendwie fahrlässig an.« Diese und viele andere Stimmen machen deutlich: Es geht längst nicht mehr um den ETF-Sparplan, um die Rentenlücke zu schließen. Wir erleben eine fundamentale Erschütterung unseres Sicherheitsgefühls. Und diese Verunsicherung ist nicht bloß ein subjektives Empfinden. Laut einer Umfrage von 2023 machten sich mehr als 76 Prozent der befragten Frauen Sorgen um die Zukunft, 65 Prozent hatten Angst vor dem Krieg in der Ukraine, ebenso viele vor Inflation. Und über 63 Prozent fürchteten um ihre finanzielle Lage.[2]

Ich wollte besser verstehen, was hier eigentlich geschieht und warum. Geschichte wiederholt sich vielleicht nicht, aber sie reimt sich. Also begann ich zu recherchieren: Welche Theorien, Konzepte, historischen Muster könnten helfen, das große Ganze zu erfassen? Was lässt sich aus der Vergangenheit für die Zukunft ableiten? Bei meiner Suche nach Antworten stieß ich auf eine Vielzahl an Perspektiven von Soziolog:innen, Historiker:innen, Ökonom:innen, Investor:innen, Aktivist:innen, Feminist:innen, Politikwissenschaftler:innen, Demograf:innen, Kulturwissenschaftler:innen, Rechtsexpert:innen, Informatiker:innen, Verhaltensökonom:innen, Zukunftsforscher:innen, Psycholog:innen, Risikotheoretiker:innen und vielen anderen. Ihre Theorien, Modelle, Analysen und Einschätzungen kamen aus ganz unterschiedlichen Disziplinen – und doch führten sie alle auf denselben Punkt zu: Wir leben in einer Phase tiefgreifender Umbrüche.

Als ich begann, die Zusammenhänge zwischen Politik, Ökonomie und der Lebensrealität von Frauen systematisch zu betrachten, spürte ich immer wieder ein Gefühl von Ohnmacht. Was konnte ich als Einzelne schon tun, um das System zu ändern?! Ich fühlte mich schlicht überfordert. Ein Modell, das mir half, aus der Überforderung herauszufinden, war der Circle of Influence nach Autor Stephen Covey. Die wichtigste Erkenntnis daraus: Wir müssen unseren Fokus bewusst weglenken von all dem, was wir nicht kontrollieren können – hin zu dem, was in unserer Macht liegt (siehe Abb. 1).[3] So setzen wir unsere Energie gezielt dort ein, wo sie tatsächlich etwas bewirkt.

Circle of Concern. Im äußeren Kreis liegen Themen, die uns beschäftigen, aber außerhalb unserer Kontrolle und unseres Einflus-

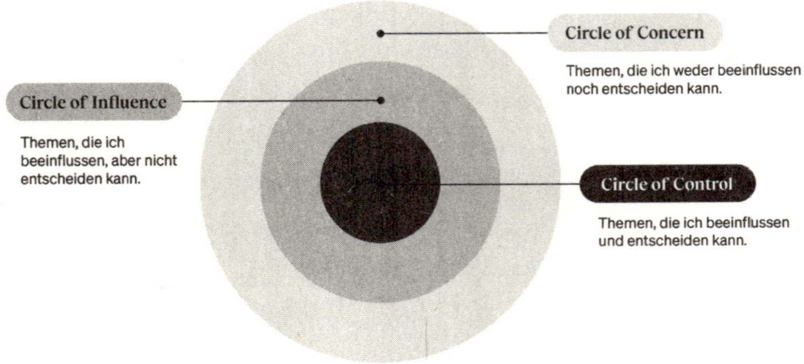

Abb. 1: Der Circle of Influence nach Covey

ses liegen, zum Beispiel Umweltkatastrophen, Pandemien, globale Krisen und politische Entwicklungen.

Circle of Influence. Der zweite Kreis ist der Bereich, in dem wir durch unser Handeln etwas bewirken können. Wir haben zwar keine direkte Kontrolle, aber beeinflussen Ergebnisse mit. Wir können zum Beispiel wählen gehen.

Circle of Control. Im Kern liegen die Dinge, die wir unmittelbar steuern können: unsere Haltung, unsere Gedanken, die Entscheidungen, die wir treffen. Zum Beispiel sich vorzubereiten. Genau hier liegt der Schlüssel zu unserer Handlungsmacht und auch dazu, das System zu verändern. Hier haben wir den meisten Impact.

Daran schließt sich ein weiteres Modell an, das mich durch meine eigene, oft schmerzhafte Erkenntnisreise getragen hat. Es stammt vom Soziologen Anthony Giddens und beschreibt, wie sehr unser Leben von Strukturen geprägt ist und wie wir diese Strukturen, also politische, ökonomische, kulturelle Rahmenbedingungen, durch unser Handeln gleichzeitig mitgestalten.[4] Die Welt, in der wir leben – wie wir arbeiten, verdienen, denken, Steuern zahlen, ja sogar lieben –, ist kein Naturgesetz. All das sind Strukturen. Sie bestimmen, was »normal« ist, was »geht« und was nicht. Lange Zeit habe ich geglaubt, ich müsse mich darin einfach zurechtfinden, als ginge das nicht anders. Doch diese Strukturen werden jeden Tag entweder reproduziert oder verändert: durch unser Handeln, durch unsere Entscheidungen, also auch meine!

Als Individuum habe ich Handlungsfähigkeit (Agency), also die Fähigkeit, innerhalb dieser Strukturen bewusst zu handeln, anstatt Dinge auf Autopilot geschehen zu lassen und somit die Strukturen zu reproduzieren. Giddens nennt das die Dualität der Struktur: Strukturen formen unser Handeln – und unser Handeln formt wiederum Strukturen. Für mich war das ein Wendepunkt und auch ein Hoffnungsschimmer. Ich habe verstanden, dass ich das System zwar nicht von heute auf morgen ändern kann, aber ich fühlte mich auch nicht länger machtlos. Ich kann Dinge anders machen, vorausgesetzt natürlich, ich besitze die Ressourcen und durchschaue das System.

Das ist für mich der erste Schritt: Wir müssen das System verstehen, das unser Leben formt und begrenzt. Erst wenn wir begreifen, was mit uns geschieht und warum, wissen wir auch, wo wir ansetzen müssen. Verstehen ist die Voraussetzung für Veränderung. Nur wer das Spiel durchschaut, kann seine Regeln brechen. Als Nächstes geht es darum, uns unserer Handlungsspielräume bewusst zu werden. Denn wir können uns selbst verändern (Circle of Control) und unser direktes Umfeld beeinflussen (Circle of Influence). Wir können unsere Finanzen widerstandsfähiger machen, Ungleichheiten in unserem Alltag hinterfragen und so beginnen, sie Schritt für Schritt aufzubrechen. Dann heißt es: handeln. Ja, innerhalb der bestehenden Strukturen, weil sie aktuell nun einmal noch so sind, wie sie sind. Aber wir handeln mit dem Ziel, unsere Ressourcen zu stärken und so die Strukturen langfristig zu verschieben. Denn Strukturen werden durch Wiederholung verstärkt, und Veränderung beginnt, wenn Routinen gebrochen werden. Wir brauchen Mikrohandlungen mit Makrowirkung: investieren, uns weiterbilden, andere Frauen empowern und finanziell resilient werden. Und schließlich müssen wir uns verbinden. Unsere individuelle Agency wird erst dann wirklich wirksam, wenn sie sich mit kollektiver Kraft vereint. Wandel entsteht, wenn viele gleichzeitig beginnen, anders zu handeln.

Nach diesem Prinzip ist dieses Buch aufgebaut.

Erkennen: das System durchschauen. Bevor wir das System ändern können, müssen wir es verstehen. In Teil 1 analysieren wir die Welt, in der wir leben: wirtschaftlich, politisch, gesellschaftlich. Was prägt unsere Realität? Welche Regeln gelten – und für wen? Wer profitiert, wer verliert? Und was bedeutet das alles für uns Frauen? Hier werden sicher einige blinde Flecken sichtbar. Diese erste Einordnung hilft uns dabei, die aktuellen Gefahren zu erkennen, um ihnen später mit einer klaren Strategie zu begegnen.

Bewusstwerden: eigene Handlungsspielräume sehen. Im weiteren Verlauf von Teil 1 geht es um alte und neue Narrative, die uns Frauen kleinhalten. Innerhalb dieser Narrative stecken unsere Handlungsspielräume: Wir können sie sichtbar machen, indem wir unser bisheriges Handeln reflektieren und erkennen, was wir anders machen und haben wollen.

Gestalten: innerhalb der Struktur handeln. Teil 2 ist praxisnah, es geht darum, uns innerhalb des Systems handlungsfähig zu machen, und um die Chancen inmitten von Krisen. Im Zentrum stehen meine acht Faktoren für finanzielle Resilienz. Sie wirken auf mehreren Ebenen: psychologisch, strategisch, systemisch. Jeder Faktor hat ein eigenes Kapitel, und gemeinsam bilden sie den Baum der finanziellen Resilienz, der mit dir wächst und gedeiht. Auch – oder gerade – in unsicheren Zeiten.

Verbinden: kollektive Handlungsmacht entfalten. Am Ende von Teil 2 weiten wir den Blick: Wie kann individuelle finanzielle

Resilienz Teil einer größeren Kraft werden? Es geht darum, wie du über Netzwerke, geteiltes Wissen und gegenseitige Sichtbarkeit echte Veränderung bewirken kannst – nicht nur für dich, sondern für viele.

Nur angewandtes Wissen ist Macht

Damit du die Inhalte dieses Buchs in dein Leben übertragen kannst, habe ich ein digitales Workbook entwickelt – exklusiv und kostenlos. Es enthält praktische Übungen und hilfreiche Tools, die dir in Teil 2 helfen, deine Handlungsspielräume zu identifizieren und zu nutzen. Scanne den QR-Code und starte deinen Weg zur finanziellen Resilienz.

Hier der direkte Link zum Workbook:
www.madamemoneypenny.de/buch-krise-workbook

TEIL 1

Die Welt im Wandel

KAPITEL 1

Die Zeitenwende

Das erste Aha-Erlebnis auf meiner Erkenntnisreise war: Was mir aktuell als undurchschaubares Chaos erscheint, folgt in Wahrheit einem übergeordneten Muster. Die Modelle von Ray Dalio (Hedgefonds-Manager), Viktor Shvets (Investmentstratege) und Neil Howe (Historiker und Sozialwissenschaftler) lieferten mir dazu eine Art Wetterkarte unserer Zeit.[1] Sie zeigt keine exakte Prognose für die Zukunft, aber macht sichtbar, wie welche Strömungen wirken könnten – manche wie ein kurzer, ungemütlicher Schauer, andere wie ein harter Winter, wieder andere wie ein Klimawandel, der alles verändert. Alle drei Modelle basieren auf der Annahme, dass unsere Gesellschaft, unsere Wirtschaft und unsere Politik, also im Grunde die Geschichte selbst, in Zyklen verlaufen, die aus verschiedenen Phasen bestehen und die sich, wenn auch nicht identisch, wiederholen. Spoiler: Shvets, Dalio und Howe zufolge steht unsere Welt am Ende solcher Zyklen und steuert auf eine Neuausrichtung zu, eine mögliche Zeitenwende. Und der Dreh- und Angelpunkt sind die USA.

Die Zyklen unserer Zeit

Ray Dalio, Gründer des weltgrößten Hedgefonds Bridgewater Associates, erklärt den Verlauf der westlichen Wirtschaft anhand von drei Zyklen, die unterschiedlich lang sind und in denen Schulden eine zentrale Rolle spielen. Denn unsere moderne Wirtschaft basiert auf Schulden: Staaten, Unternehmen und auch Privatpersonen nehmen Kredite auf, um zu investieren oder zu konsumieren. Laut Dalio ermöglicht dies Wachstum, solange die Investitionen sich auszahlen und zurückgezahlt werden können. Dieser Prozess treibt die Wirtschaft an, birgt aber auch den Keim der nächsten Krise in sich.

Dalio beschreibt zunächst den klassischen Konjunkturzyklus oder auch Schuldenzyklus (siehe Abb. 2 oben). Diesem Zyklus, der in der Regel etwa 5 bis 7 Jahre dauert, folgen die Entwicklungen unserer Wirtschaft. Er besteht aus vier Phasen: Expansion, Boom, Rezession und Erholung.

Daneben identifiziert er die großen, langfristigen Schuldenzyklen, die ungefähr 50 bis 75 Jahre dauern (siehe Abb. 2 Mitte). Ein langer Schuldenzyklus verläuft typischerweise so:

1. **Die Anfangsphase.** Die Verschuldung steigt nur moderat und wird zur Finanzierung produktiver Investitionen genutzt. Einkommen und Vermögen wachsen im Einklang, während die Schulden langsamer zunehmen, was Stabilität bringt. Dies war zuletzt im Zeitraum von circa 1945 bis 1965 der Fall.
2. **Die Blase.** Die Schulden steigen nun schneller als die Einkommen, Preise von Assets wie Immobilien oder Aktien explodieren, getrieben von Optimismus und Kreditverfügbarkeit. Die Zentralbanken senken die Zinsen, was die Blasenbildung verstärkt und die Illusion von Reichtum nährt. Zuletzt zwischen circa 1965 und 1980.
3. **Der Höhepunkt.** Unternehmensbewertungen erreichen überteuerte Spitzen, bis Zinswenden oder schwindendes Vertrauen den Wendepunkt auslösen und das Wachstum stagniert. Diese Phase ging im aktuellen Zyklus von etwa 1980 bis 2000.
4. **Die Depression.** Zinsen fallen nicht mehr weiter, es werden weniger Kredite ausgegeben, das Wachstum geht noch stärker

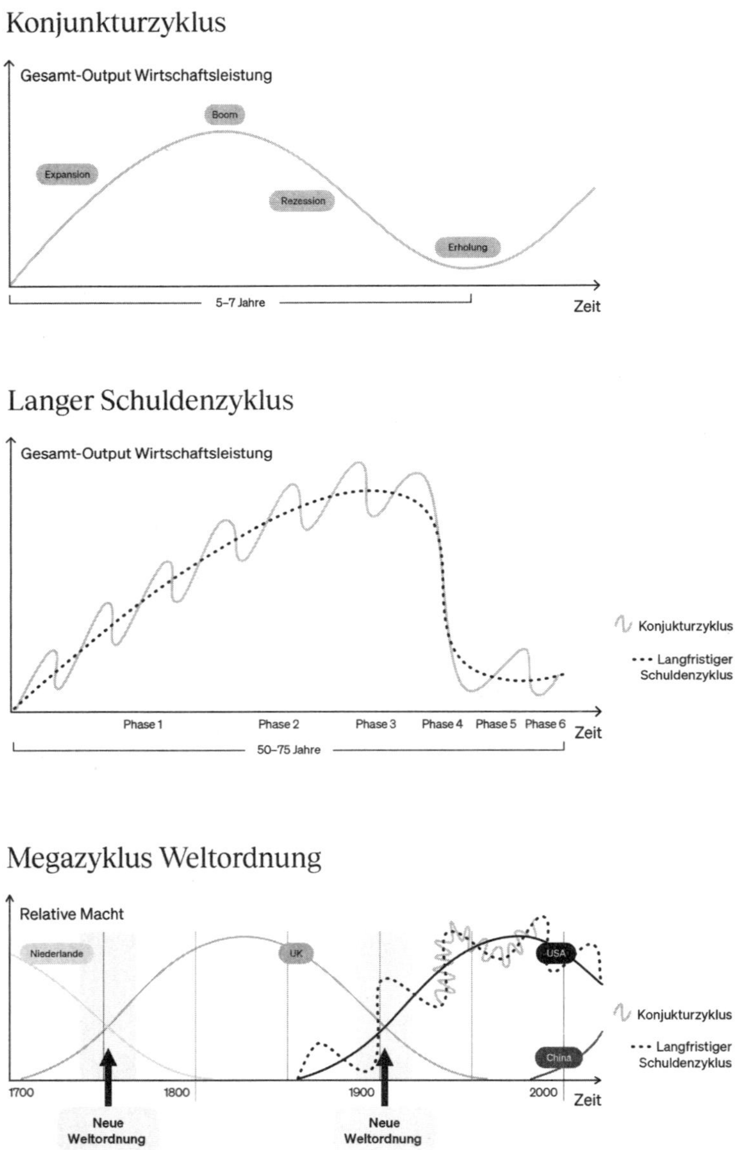

Abb. 2: Kurzfristige, mittelfristige und langfristige Zyklen nach Dalio

zurück. Die Kurse und Preise von Vermögenswerten fallen, die Einkommen sinken und Staaten wollen diszipliniert sparen. Bestehende Kredite können zunehmend nicht mehr bedient werden. Zuletzt circa 2000 bis 2009.

5. **Der »schöne« Schuldenabbau.** Der jahrzehntelange Versuch, die Rezession zu verhindern. Sparpolitik und Schuldenrestrukturierung stehen im Vordergrund, durch zusätzliche Geldschöpfung und Investitionen gelingt ein anhaltender Vermögensboom bei gleichzeitig wachsender Ungleichheit, weil immer mehr Geld in Umlauf kommt und sich nicht gleich an alle verteilt. Die Reichen werden reicher. Zuletzt seit 2009.
6. **Die vergebliche Liebesmüh.** In dieser Phase sind klassische geldpolitische Hebel ausgereizt, weitere Zinssenkungen nicht mehr möglich, die Kreditvergabe stockt. Die Politik ist eher reaktiv als gestaltend, die Schuldenquote extrem hoch.

Wenn wir diese Zyklen kennen, können wir besser einschätzen, ob wir uns in einer Boom- oder Gefahrenphase befinden, und uns entsprechend wappnen. Mir gab das Wissen über diese Zyklen auch ein Stück weit Orientierung zurück, weil sich nun nicht mehr alles zufällig anfühlte.

Dalio verortet uns seit 2009 in Phase 5, eher am Ende eines großen Schuldenzyklus.[2] Also zoomte ich noch weiter hinein und schaute mir die Entwicklungen in der jüngsten Wirtschaftsgeschichte genauer an.

Blick auf die jüngste Wirtschaftsgeschichte

Die Ära des billigen Geldes (2009–2021). Der Zusammenbruch des US-Immobilienmarkts löste eine weltweite Finanzkrise aus. Als Reaktion darauf leiteten die Zentralbanken eine beispiellose Niedrigzinsphase ein, da die Weltwirtschaft in eine tiefe Rezession zu stürzen drohte. Die Europäische Zentralbank (EZB) senkte ihren Hauptfinanzierungszinssatz, meist Leitzins genannt, schrittweise bis auf 0 Prozent.[3] Billiges Geld befeuerte die Kreditvergabe: Unternehmen, Staaten und Privatpersonen konnten sich günstig Geld leihen (weil die Zinsen niedrig waren), taten dies auch und gaben es aus. Somit stiegen die Umsätze bei Unternehmen, sie konnten investieren, Personal einstellen und expandieren. Auch Immobilieninvestitionen wurden durch extrem günstige Finanzierungsbedingungen befeuert: Die Bauzinsen für zehnjährige Darlehen in Deutschland erreichten nach Jahren historisch niedriger Zinsen Ende 2020 einen Tiefpunkt von unter einem Prozent.[4] Durch die sehr niedrigen Bauzinsen war ein Immobilienkauf für mehr Menschen machbar. Käufer:innen konnten bei gleicher monatlicher Rate einen deutlich höheren Kredit aufnehmen. Dies trieb die Nachfrage in die Höhe, was wiederum die Preise steigen ließ.

Neben dem Immobilienmarkt boomte auch der Aktienmarkt, denn die riesigen Geldmengen wollten angelegt werden, und so verzeichneten wir einen der längsten Bullenmärkte, also anhaltenden Aufwärtstrends, der Geschichte. Verständlich, dass Dalio diese Phase, auch wenn sie Teil des Niedergangs ist, »schön« nennt. Staatsanleihen hingegen verloren an Attraktivität. Warum auf Sicherheit mit kaum Rendite gehen, wenn uns das Geld zu den Ohren herauskommt und alles andere boomt? Zwölf Jahre Champagnerparty an den Aktienmärkten, fast mein ganzes bisheriges Berufs- und Anlegerinnenleben.

Die Pandemie als Zäsur (2020–2021). Das Ende der Party kam schlagartig. Der Stillstand der Weltwirtschaft durch Covid-19 inklusive Börsencrash war für viele, auch für mich, die bis dato heftigste Krisenerfahrung mit enormer Unsicherheit und, ja, sogar Existenzangst. Die Aktienkurse rauschten weltweit ab, die Nachfrage nach sicheren Anleihen und Sachwerten wie Gold stieg. Ein kompletter Kurswechsel. Wirtschaftlich kam es zu weltweiten Lieferkettenstörungen. Die Folge: Güterknappheit, steigende Produktionskosten und fehlende Umsätze durch Lockdowns, was die Preise weiter in die Höhe trieb. Die Zentralbanken versuchten, die Wirtschaft durch weiterhin niedrige Zinsen zu stützen. Staaten starteten weitreichende Konjunkturprogramme und gaben somit viel Geld in die Wirtschaft, um die Auswirkungen der Pandemie abzufedern. Als Folge der Flutung des Markts mit noch mehr Geld stiegen die Preise weiter und weiter, ohne dass die Wirtschaft wirklich in Schwung kommen konnte. Stagflation war das Stichwort der Zeit, also wirtschaftliche Stagnation gekoppelt mit Inflation.

Die Kehrtwende (2022–heute). Im Februar 2022 weitete Russland seinen seit 2014 andauernden Krieg gegen die Ukraine zu einer groß angelegten Invasion aus. Russland ist einer der weltweit größten Energielieferanten, die Ukraine führend in der Weizen-, Mais- und Sonnenblumenölproduktion und somit entscheidend für die globale Ernährungssicherheit. Als der Krieg Produktion, Lieferketten und Absatz einbrechen ließ, explodierten weltweit die Öl-, Gas- und Lebensmittelpreise.

Die Zentralbanken haben die Aufgabe, die Preise stabil zu halten. Als die Inflation in die Höhe schoss, mussten sie eine radikale Kehrtwende einleiten. Die EZB begann im Juli 2022 mit einer Serie von Zinserhöhungen, die den Leitzins bis zum Herbst 2023 wieder auf 4,5 Prozent ansteigen ließen.[5] Sie machte Geld also teurer. Dieser radikale Kurswechsel führte zu einer fundamentalen Neubewertung aller Anlageklassen. Am Immobilienmarkt brachen die Preise nun ein, da die Finanzierungskosten stiegen; Bauzinsen kletterten 2023 auf durchschnittlich rund 4 Prozent. Die Nachfrage brach ein, die Preise für Eigentumswohnungen sanken im Jahresdurchschnitt 2023 um rund 11 Prozent gegenüber dem Vorjahr.[6] Die Bodenpreise sanken seither teilweise sogar um 25 bis 30 Prozent.[7] Anleihen erlebten eine Renaissance und waren plötzlich wieder eine renditestarke Anlageklasse. Dadurch sank wiederum die Nachfrage nach Aktien und damit die Börsenkurse. Klar, warum sollte man mit Aktien ein höheres Risiko eingehen, wenn man mit sicheren Anleihen wieder gute Rendite machen konnte?

Alles hängt also miteinander zusammen. Wenn sich ein Teil des Systems bewegt, reagiert der Rest. Und unterschiedliche Anlageklassen, wie Aktien, Immobilien oder Anleihen, reagieren oftmals unterschiedlich. Wenn die Preise hier fallen, steigen sie dort. Das Verständnis dieser Zusammenhänge ist entscheidend für unseren langfristigen Anlageerfolg. Denn die Rahmenbedingungen verändern sich ständig – mal schleichend, mal abrupt. Deswegen brauchen wir mehr als nur einen ETF. Wir brauchen eine intelligente und flexible Investmentstrategie, die uns in jedem Szenario handlungsfähig hält (mehr dazu in Kapitel 14).

Megazyklen und Vormachtstellungen

Bereit für das nächste Level? Ray Dalio ordnet den langen Schuldenzyklus, also den Kreislauf von der Anfangsphase bis zur »Vergeblichen Liebesmüh«, in einen noch größeren Zyklus ein: den Megazyklus. Er betrifft langfristig die gesamte makroökonomische Weltordnung mit dominanten Währungen, politischen Imperien und globalen Wirtschaftssystemen (siehe Abb. 2 unten). 100 bis 250 Jahre dauert ein solcher Megazyklus circa, zu dessen Ende eine Supermacht an Dominanz verliert und ein neues System aufsteigt. Seit dem Ende des Zweiten Weltkriegs sind diese Supermacht die USA, davor war es für rund 250 Jahre das Vereinigte Königreich.

Dalio schreibt, dass sich der aktuelle Megazyklus mit den USA als Supermacht in der Phase des Niedergangs befindet, nahe am Zusammenbruch: überdehnt, hoch verschuldet und innerlich gespalten. Die Schwäche des US-Dollars, die wir seit Anfang 2025 beobachten, könnte ein erstes Anzeichen dafür sein, dass seine weltweite Vormachtstellung bröckelt. Könnte es sein, dass die Vereinigten Staaten als Weltmacht und der US-Dollar als Leitwährung auf dem Weg sind, von einer neuen Supermacht – etwa China – abgelöst zu werden? Vielleicht befinden wir uns auch auf dem Weg in eine multipolare Weltordnung. Das würde bedeuten: Nicht mehr eine einzige Währung – der US-Dollar – dominiert den Welthandel, sondern Währungen wie der Euro, der chinesische Yuan oder neue digitale Zentralbankwährungen würden eine größere Rolle spielen. Der US-Dollar wäre zwar weiterhin Handels- und Reservewährung, aber nicht mehr the one and only. Wir werden es sehen.

Eine Gesellschaft im Umbruch

Doch nur auf die Wirtschaftszyklen zu schauen, greift zu kurz. Auch unsere Gesellschaft, so fühlt es sich auch für mich an, steht vor einem großen Umbruch. Mich hat besonders beunruhigt, dass der Investmentstratege Viktor Shvets im aktuellen Geschehen Parallelen zur Zwischenkriegszeit der 1930er-Jahre sieht, insbesondere in Bezug auf wirtschaftliche Ungleichheit, politische Radikalisierung und den Vertrauensverlust, geprägt von geopolitischer Blockbildung. 1930er-Jahre reloaded? Danke, nein!

Shvets schreibt, was damals wie heute als primär wirtschaftliches Problem erscheine, sei in Wahrheit ein systemischer Kontrollverlust. Diese Dynamik werde heute durch mehrere Kräfte befeuert: die technologische Revolution (KI, Automatisierung, Robotics), das Ende der Hyperglobalisierung, den Aufstieg Chinas als globale Gegenmacht zu den USA, die Rückkehr staatlicher Interventionen in Wirtschaft und Industriepolitik und nicht zuletzt den tiefgreifenden Vertrauensverlust in Institutionen, Märkte, Narrative und unsere Demokratie. Shvets nennt das eine Erosion von innen.

Der Historiker, Ökonom und Demograf Neil Howe zieht ebenfalls Parallelen zwischen den Vorkriegszeiten und heute und bringt diese treffend mit seiner Fourth-Turning-Theorie auf den Punkt. Er beschreibt vier gesellschaftliche Phasen, die sich wie die Jahreszeiten immer wieder wiederholen. Auf den Frühling des Aufbruchs folgt der Sommer des Erwachens, dann der Herbst des beginnenden Zerfalls und schließlich der Winter, in dem alte Ordnungen kollabieren und neue entstehen. Dieser Zyklus dauert rund 80 bis 100 Jahre und endet mit einem Bruch, der entweder Raum für demokratische Erneuerung oder autoritäre Regression schafft. Seiner Theorie nach befindet sich der Westen – besonders die USA – im Fourth Turning, also in der vierten und letzten Phase im Zyklus: Der Winter ist eine Zeit des Umbruchs, der Konfrontation und der grundlegenden Erneuerung, gekennzeichnet durch wirtschaftliche, politische und gesellschaftliche Spannungen.

Als Auslöser sieht Howe die globale Finanzkrise 2007/08, und bis voraussichtlich circa 2033 soll ihm zufolge die bestehende gesellschaftliche Ordnung durch eine neue ersetzt werden – durch Krisen katalysiert. Konkret zeige sich der Winter in Phänomenen, die wir alle beobachten könnten: Staatsverschuldung mit Inflation und Preisschocks, der Aufstieg nationalistischer Bewegungen, eine wachsende Sehnsucht nach starker Führung, zunehmende Polarisierung bei gleichzeitigem Wunsch nach kollektiven Lösungen, geopolitische Spannungen sowie das schwindende Vertrauen in Institutionen. Dazu kommt, dass einzelne Krisen – Finanzmärkte, Klimawandel, geopolitische Konflikte – nicht mehr isoliert auftreten, sondern sich überlagern und gegenseitig verstärken. Kommt mir bekannt vor. In der Summe ergibt sich daraus genau das Bild, das Howe als Endphase des Fourth Turning beschreibt: eine umfassende Systemkrise, die den Boden für eine neue Ordnung bereitet.[8]

Auch ein Neil Howe besitzt keine Glaskugel, aber seine Thesen wirken fast wie Prophezeiungen. Bereits 1997 schrieb er in *The Fourth Turning – Was uns Zyklen der Geschichte über die Zukunft unserer Gesellschaft lehren*: »Irgendwann bevor das Jahr 2025 erreicht ist, wird Amerika durch ein großes Tor der Geschichte schreiten, vergleichbar mit der amerikanischen Revolution, dem Bürgerkrieg und der Doppelkrise aus Großer Depression und Zweitem Weltkrieg, [...] die Nation könnte geografisch aufbrechen oder unter autoritäre Herrschaft geraten.«[9] Ein Blick auf die USA unter Trump im Jahr 2025 legt die Vermutung nahe, dass genau das aktuell passiert. Laut Howe war jedes Fourth Turning von militärischen Konflikten begleitet, ebenso sei mit Turbulenzen in der Wirtschaft und an den Finanzmärkten zu rechnen.

Nach Howe folgen auch soziale Anliegen, wie etwa der Feminismus, diesem Zyklus. In wirtschaftlich und gesellschaftlich stabilen Frühlings- und Sommerphasen herrscht ein großes Spektrum an Rollenbildern, Gleichstellung scheint selbstverständlich, Vielfalt möglich. In Zeiten des gesellschaftlichen Umbruchs jedoch kehrt die Gesellschaft zurück zu traditionellen Werten. Männliche Stärke, Kontrolle und Durchsetzungskraft werden plötzlich wieder idealisiert, während weibliche Moral hochgehalten wird. In einem Winter gesellschaftlicher Entwicklung versprechen alte Rollenbilder Sicherheit in einer unsicheren Welt. Diese Dynamik sehen wir heute in vielen Ländern: Kollektive Verunsicherung schafft das Bedürfnis nach klaren Strukturen – und dabei geraten feministische Errungenschaften wieder ins Wanken. Erst in der nächsten Frühlingsphase öffnet sich das Feld wieder für progressive Bewegungen und neue gesellschaftliche Entwürfe.

Okay, wow. Kein Wunder, dass sich gerade alles so unsicher und überfordernd anfühlt. Vielleicht erleben wir nicht nur das Ende eines Zyklus, sondern gleich mehrerer großer Entwicklungen, die alles infrage stellen, was meine Generation für selbstverständlich hielt. Diese Erkenntnisse machten mir Angst. Ich fühlte mich ohnmächtig und klein im Angesicht einer Welt, die sich rasant verändert. Was mir half, war der bereits erwähnte Circle of Influence. Statt mich in Sorgen über das große Ganze zu verlieren, begann ich, mich auf das zu konzentrieren, was ich wirklich gestalten konnte. Ich begann, mir für verschiedene Szenarien Pläne zurechtzulegen. Manche werde ich umsetzen, wenn die entsprechenden Ereignisse eintreffen, andere werde ich nicht umsetzen müssen. Aber ich weiß, dass ich im Fall der Fälle gewappnet sein werde.

Mit wieder kühlem Kopf wurden mir einige Dinge klar:

- Da all diese Zyklen Modelle sind, kann niemand exakt vorhersagen, *wann* ein Wendepunkt kommt. Aber die Muster legen nahe, *dass* er kommen könnte. Das zu begreifen, nimmt uns zwar die Illusion von Kontrolle, schenkt uns aber etwas anderes: Orientierung.
- Krisen sind nicht nur Bedrohungen, sondern eben auch Chancen. Alte Ordnungen brechen auf, neue entstehen. Die Geschichte zeigt: Auf jede Phase des Zerfalls folgt eine Zeit des Aufbruchs. Wir wissen nicht, wie die neue Ordnung aussehen wird, aber wir haben jetzt die Chance, sie mitzugestalten.
- In einer instabilen Welt ist finanzielle Resilienz eine der stärksten Formen von Sicherheit. Sie bedeutet, vorbereitet zu sein und handlungsfähig zu bleiben. Und ja – ganz pragmatisch gesagt: Mehr Geld ist besser als weniger. Nicht weil es Glück verspricht, sondern weil es Möglichkeiten eröffnet.

Die gegenwärtige Krisenzeit ist die Phase, in der alte Ordnungsmuster brüchig werden und sich neue noch nicht durchgesetzt haben. Solche Übergänge sind erschöpfend, wir fühlen uns ohnmächtig und orientierungslos. Es wäre auch Aufgabe des Staates, die Bürger:innen aufzufangen. Der Internationale Währungsfonds (IWF) empfiehlt daher: »In dieser kritischen Phase sollten die Länder konstruktiv daran arbeiten, ein stabiles und berechenbares Handelsumfeld zu fördern und die internationale Zusammenarbeit zu erleichtern, während sie gleichzeitig politische Lücken und strukturelle Ungleichgewichte im eigenen Land beseitigen.«[10] Doch ein Blick über den großen Teich reicht, um zu erkennen, dass aktuell genau das Gegenteil passiert.

Back again –
Trump zurück im Weißen Haus

Donald Trumps erneuter Wahlsieg am 5. November 2024 war für mich – ebenso wie viele andere – ein Schock. Ich weiß noch genau, wie ich in der Nacht den Liveticker verfolgte, bis klar war, dass Kamala Harris nicht mehr aufholen konnte. Ich habe in dieser Nacht sehr schlecht geschlafen. Mein Gedankenkarussell drehte sich schneller und schneller: *Was kommt da auf uns zu? Was bedeutet das für die Welt? Und für uns in Europa und Deutschland?* Auch in der Madame-Moneypenny-Community herrschte Ratlosigkeit. Noch bevor ich selbst meine Gedanken und Gefühle sortiert hatte, trudelten die ersten Nachrichten ein: »Noch mal vier Jahre Chaos – wie soll man da ruhig bleiben?!«, »Müssen wir bei vier Jahren Trump auch mit vier Jahren Aktien-Achterbahn rechnen?«, »Was bedeutet ein weiterer *weißer* Hetero-Narzisst auf der Weltbühne für unsere Gesellschaft und für uns als

Frauen?« Die vielschichtige Verunsicherung war deutlich spürbar.

Wie sich – leider wenig überraschend – herausstellte, waren diese Sorgen berechtigt. Statt auf Planbarkeit und Kooperation setzt der US-Präsident wieder auf maximalen Druck, mediale Polarisierung und erneut auf Handelskriege als Mittel seiner Interessenpolitik. Dabei agiert er schneller und entschiedener als zuvor. Und radikaler. Diese Politik, die Ungleichheit aktiv befeuert, sorgte bereits wenige Wochen nach der Wahl international für Unruhe und veranlasste den Präsidenten des Kieler Instituts für Weltwirtschaft, Trumps Sieg als den »wirtschaftlich schwierigste[n] Moment in der Geschichte der Bundesrepublik«[11] zu bezeichnen.

Die USA sind näher, als man manchmal denkt. Politische und wirtschaftliche Entscheidungen in Übersee betreffen früher oder später auch uns. Die USA geben als Weltmacht in vielerlei Hinsicht den Takt vor, auch im Hinblick auf das weltweite Börsengeschehen. Nehmen wir als Beispiel den Zollcrash 2025.

Der Zollcrash

Die Anspannung baute sich über Wochen auf: Nachdem die Trump-Regierung für den 2. April 2025 einen sogenannten Liberation Day mit umfassenden Zollmaßnahmen angekündigt hatte, herrschte an den Märkten eine fast greifbare Nervosität. Ein taktischer Rückzieher Anfang März, als Zölle gegen Kanada und Mexiko kurzfristig ausgesetzt wurden, sorgte nur für noch mehr Verwirrung. Anleger:innen wussten nicht, ob sie mit leeren Drohungen oder dem wirtschaftlichen Ernstfall rechnen sollten. Diese Unsicherheit allein reichte, um die Kurse schon vor dem eigentlichen Knall ins Rutschen zu bringen: Bis zum 13. März fiel der S&P-500-Index insgesamt um 8,4 Prozent, der MSCI World um 6,6 Prozent und der Nasdaq 100 um 11,1 Prozent im Vergleich zu den jeweiligen Höchstständen Anfang 2025.

Am 2. April kam dann der Kipppunkt. Die angekündigten Zölle traten in Kraft: Pauschalzoll von 10 Prozent auf sämtliche US-Importe sowie zusätzliche »reziproke Zölle« von bis zu 145 Prozent, insbesondere auf Importe aus China, Indien und Brasilien. Die Reaktion der Märkte war brutal und unmittelbar. Der S&P 500 erlebte mit einem Minus von fast 5 Prozent seinen schlimmsten eintägigen Verlust seit der Coronakrise. Der Euro Stoxx 50 fiel um 4 Prozent, der DAX zeitweise um 4,9 Prozent.[12] Innerhalb von nur zwei Handelstagen brach der S&P 500 um 10,5 Prozent ein, der technologielastige Nasdaq sogar um 11,4 Prozent. Besonders hart war der Impact für große US-Technologiewerte, insbesondere die »Magnificent Seven« Apple, Microsoft, Amazon, Alphabet, Meta, Nvidia und Tesla. Bemerkenswert war zudem die Entwicklung der US-Staatsanleihen an diesen Tagen: Normalerweise verkaufen Anleger:innen in solchen Phasen die risikoreicheren Aktien und kaufen sichere Staatsanleihen. Doch es passierte genau das Gegenteil, auch US-Staatsanleihen wurden massiv verkauft, was ihre Kurse ebenfalls fallen ließ.

Summa summarum wurden laut *Wall Street Journal* an nur zwei Handelstagen über 6 Billionen US-Dollar an Marktwert vernichtet.[13] Doch Marktwert bedeutet nicht Geld. Das Geld wird nicht vernichtet, es wechselt nur die Besitzer:innen oder die Assetklasse. Wenn man beispielsweise eine Nvidia-Aktie besitzt und der Preis fällt, ist das Geld ja nicht weg.

Am 9. April, also mitten im Crash, postete der US-Präsident auf seinem Truth-Social-Account: »This is a great time to buy!« Diesem Ruf folgten einige. Später am selben Tag verkündete Trump die 90-tägige Aussetzung der Zölle. Die Märkte explodierten. Ein Schelm, wer dabei an Marktmanipulation denkt. Der S&P 500 machte an diesem Tag 9,5 Prozent gut und verzeichnete damit den größten prozentualen Tagesanstieg seit Oktober 2008, der Nasdaq schoss sogar um 12,2 Prozent nach oben – sein zweitgrößter Tagesgewinn seit Beginn der Aufzeichnungen.[14] Der US Economic Policy Uncertainty Index der USA (ein Wirtschaftsindikator, der das Ausmaß der Unsicherheit über die zukünftige Wirtschaftspolitik in den Vereinigten Staaten misst) erreichte im April 2025 einen höheren Wert als während der Coronakrise.[15]

Es war eine Achterbahnfahrt und eine Lektion über Marktpsychologie. Gerade in solchen Momenten zeigt sich, wie entscheidend Wissen und Vorbereitung sind. Sie geben uns die Möglichkeit, mehr als ohnmächtige Zuschauer:innen der Geschichte zu sein und bewusst zu reagieren. Wer in den Tagen des freien Falls strategisch und günstig nachgekauft hatte, wurde nun belohnt, denn die Börsen standen wenige Tage später dort, wo sie vorher auch gestanden hatten.

In den Tagen der rapiden Kursstürze machte ich eine Instagram-Story, in der ich zur Ruhe aufrief. Denn: Es war nur ein einziger Mann. Nichts Systemisches wie Corona oder die Finanzkrise. Ja, es war absoluter Wahnsinn, dass ein Mann mit einer Entscheidung die weltweiten Börsen in einen Crash und mit seiner Politik die weltweite Wirtschaft in einen Handelskrieg mit den USA stürzen konnte. Gleichzeitig lag hierin die Lösung: Er musste es rückgängig machen oder die Entscheidung würde in vier Jahren rückgängig gemacht werden, nach seiner Präsidentschaft. Eigentlich simpel. Dennoch beschlich mich – mit Dalios Megazyklen im Hinterkopf – die quälende Frage: *Aber was, wenn nicht? Was, wenn er es nicht rückgängig macht? Was, wenn er nicht in vier Jahren von der Bildfläche verschwinden wird oder es dann zu spät ist?*

Die neue Normalität

Es ist eine Ära, in der der mächtigste Mann der Welt seine Macht über die Börse missbraucht und damit die Spielregeln neu schreibt. Doch es geht um viel mehr als nur die Börse. In einem Szenario mit weiter steigenden Handelsbarrieren rechnete die Ratingagentur Moody's mit einem messbaren Rückgang der US-Wirtschaftsleistung – nicht irgendwann, sondern ab sofort.[16] Die Herabstufung der US-Kreditwürdigkeit im Mai 2025 war die logische Konsequenz. Erstmals in der Geschichte hatten die USA bei allen drei großen Ratingagenturen kein AAA-Rating mehr. Die Gründe: eine politische Polarisierung, die die Steuerungsfähigkeit des Staates infrage stellte, eine ausufernde Staatsverschuldung und exponentiell steigende Zinskosten.[17] Zudem beschloss der US-Kongress ein Steuer- und Maßnahmenpaket mit dem bezeichnenden Titel »One Big Beautiful Bill Act«, welches das Haushaltsdefizit bis 2034 um weitere 3,4 Billionen US-Dollar erhöhen wird.[18] Dalios Schuldenzyklus lässt grüßen. Trumps Politik verstärkt auch die Dynamiken, die Shvets beschreibt: Fragmentierung, Machtverschiebung, Unsicherheit.

Und was heißt das alles für den Rest der Welt? Die EU-Kommission hat ihre Wachstumserwartungen für die Eurozone für 2025 von 1,3 Prozent auf 0,9 Prozent nach unten korrigiert, auch 2026 soll es langsamer vorangehen als gedacht.[19] Doch nicht nur wirtschaftlich sorgt die US-Regierung für maximale Turbulenzen, sondern auch durch die Distanzierung von der NATO, den Vereinten Nationen (UN) und der Welthandelsorganisation (WTO), ihre wechselhafte Haltung zum Ukrainekrieg und ihre offen konfrontative Linie gegen China. Die Folge: Die bisherigen Verbündeten verlieren das Vertrauen in die Verlässlichkeit US-amerikanischer Sicherheitsgarantien. Carnegie Endowment for International Peace, einer der renommiertesten Thinktanks der USA, spricht bereits von einer »zweiten amerikanischen Revolution« – diesmal gegen die eigene Weltordnung.[20] Der schleichende Vertrauensverlust in den Wirtschaftspartner, die Weltmacht USA, führt auch dazu, dass die Marke USA langfristigen Schaden nimmt; der Ökonom Scott Galloway bezeichnet die neue Marke der USA als »toxische Unsicherheit«.[21] Die America-First-Agenda bedeutet für Deutschland und die Eurozone: weniger Verlass auf die transatlantische Partnerschaft, höherer wirtschaftlicher Druck und ein Verlust an geopolitischer Sicherheit.[22] Die Vereinigten Staaten sind als Hegemon der Stabilisator der gesamten Welt. Was wohl passieren würde, wenn die Ära USA, wie in Dalios Megazyklus angedeutet, wirklich zu Ende ginge?

Erkenntnisse über den Crash hinaus

Zunächst einmal: Wenn schlechte Nachrichten die Runde machen, reagieren die Märkte oft heftiger, als es die Faktenlage rechtfertigt. Die Überreaktionshypothese der Verhaltensökonomen Werner De Bondt und Richard Thaler beschreibt genau das.[23] Im Nachhinein stellt sich oft heraus, dass die Panik überzogen war. Und nicht nur die Börse neigt zur Überreaktion, auch Wirtschaftsprognosen und Medienberichte fallen in Krisen oft pessimistischer aus, als es die spätere Realität bestätigt. Das wird umgangssprachlich oft als Doom-Bias bezeichnet, die Wissenschaft spricht vom Negativity Bias.[24] Was dramatisch beginnt, endet also häufig in einer Anpassung, nicht in einem Zusammenbruch. Unternehmen und Volkswirtschaften zeigen sich bei Schocks deutlich robuster,[25] als viele Beobachter:innen es ihnen zutrauen. Mir hat diese Erkenntnis viel Last von den Schultern genommen. »Es wird nichts so heiß gegessen, wie es gekocht wird« ist also nicht nur eine Binsenweisheit aus der Küchenpsychologie, sondern wissenschaftlich untersucht.

Unsere Zukunft und die unserer Kinder wird von großer weltweiter Unsicherheit geprägt sein, geopolitisch, geoökonomisch, gesellschaftlich, technisch und an den Finanzmärkten sowieso. Das heißt aber nicht, dass es eine schlechte Idee ist, sein Geld (weiterhin) am Kapitalmarkt anzulegen. Im Gegenteil: Antizyklisch zu handeln und den Aufschwung nach der Krise, auch einer solchen an den Aktien- und Anleihenmärkten, zu nutzen, birgt enorme Chancen, um transgenerationalen Wohlstand aufzubauen (mehr dazu in Kapitel 13). Zur Klarstellung: Es geht mir nicht darum, Krisen schönzureden. Sie fordern Opfer, verschärfen soziale Ungleichheit und bringen Leid. Das ist aber völlig unabhängig davon, ob du dein Geld investierst oder eben nicht. Marktschwankungen spiegeln auch nicht immer menschliches Leid wider. Oft sind sie das Ergebnis struktureller Anpassungen wie Zinsänderungen oder kommen durch Handelskonflikte, technologische Umbrüche oder geldpolitische Entscheidungen zustande. Niemand muss in Rüstungsaktien investieren. Doch auch wer entsprechend seiner Vorstellung ethisch investiert, erlebt Aufs und Abs: Alle Anlageformen schwanken nach unten und gehen nach der Krise wieder nach oben, wovon wir als Anleger:innen profitieren. Nach jeder Krise folgt eine Erholung, so funktioniert der Markt.

Wer nach einer flexiblen Strategie handelt, die in allen Phasen funktioniert, kann sich inmitten der Unruhe finanzielle Stabilität schaffen und damit etwas Seelenfrieden. Ganz wichtig: Diversifikation über Aktien (zum Beispiel via ETF auf den MSCI World) hinaus, also in verschiedene Anlageklassen, Währungsräume und Liquiditätsformen, wird zur notwendigen Risikosteuerung in einer Welt, in der kein einzelner Anker mehr ausreichende Stabilität garantiert (mehr dazu in Kapitel 14).

Wenn sich ein Schuldenzyklus einem kritischen Punkt nähert, etwa einer Blasenbildung oder Rezession, bekommen wir alle die ökonomischen Folgen zu spüren. Und wenn Howe recht behält, dann steht unsere Gesellschaft, insbesondere in Sachen Gleichstellung und Selbstbestimmung, an einem Scheideweg. Um herauszufinden, in welche Richtung wir abzubiegen scheinen, befasste ich mich bei meiner Spurensuche als Nächstes mit genau diesen Themen.

KAPITEL 2

Das Patriarchat schlägt zurück

Das erste Indiz, dass es in die falsche Richtung geht, war für mich eine Liste von Begriffen, die US-Behörden ab 2025 nicht mehr verwenden sollten, darunter »Frauen«, »weiblich«, »Feminismus«, »Gender«, »People of color«, »Klimakrise« oder »Behinderung«.[1] Da lief es mir eiskalt den Rücken herunter, denn Sprache formt Realität. Wer Wörter löscht, löscht die Möglichkeit, über bestimmte Realitäten zu sprechen.

Gegen Demokratie und Diversity

Wenn Bücher, selbst *New-York-Times*-Bestseller, zu Themen wie Queerness, Rassismus oder Feminismus mit fadenscheinigen Begründungen aus dem Schulunterricht verschwinden, ist das zwar kein gänzlich neues Phänomen in der US-Geschichte, doch das heutige Ausmaß und die politische Organisation dahinter sind laut Autorenverband PEN America beispiellos.[2] Durch solche Eingriffe verlieren die heranwachsenden US-Bürger:innen nicht nur Wissen, sondern auch die Chance, Empathie und ein Gespür für Vielfalt zu entwickeln. Auch Museumsausstellungen, etwa der renommierten Smithsonian Institution, sollen überprüft werden, um sicherzustellen, dass sie die »Sichtweise der Regierung auf die US-amerikanische Geschichte« widerspiegeln. Offizielles Ziel: »spaltende oder parteiische Narrative«[3] zu beseitigen. »Dort wird nur diskutiert, wie schrecklich unser Land ist, wie schlimm die Sklaverei war und wie schlecht es den Unterdrückten ging«, schrieb US-Präsident Trump auf Truth Social.[4] Auch Eliteuniversitäten wie die Harvard University gerieten ins Visier: Forschungsgelder und Zuschüsse wurden gestrichen, was auch für Europa und Deutschland relevant ist, etwa für die Alzheimer- und Krebsforschung. Ihnen wird vorgeworfen, »woke« Ideologien zu fördern – ein Versuch, Wissenschaftler:innen zu diskreditieren und einzuschüchtern.[5]

Als ich von diesen Vorkommnissen hörte, fühlte ich mich unweigerlich an den Schulunterricht erinnert: Der Roman *1984* von George Orwell kam mir in den Sinn, in dem die totalitäre Partei Big Brother mit Newspeak den Menschen Worte nimmt, mit denen sie abweichend denken können. Ebenso dachte ich an 1933 in Deutschland, als Werke jüdischer, marxistischer, pazifistischer oder feministischer Autor:innen als Symbol der »Säuberung« des Denkens öffentlich verbrannt wurden. Auch die Nationalsozialisten versuchten, missliebige Begriffe, Bücher und ganze Kunstrichtungen zu tilgen. Wer Sprache und Kultur kontrolliert, möchte letztlich kontrollieren, was Menschen wahrnehmen und denken. Demokratien kippen selten von heute auf morgen.

Die politischen Maßnahmen und die öffentliche Rhetorik, die sich gezielt gegen Gleichstellungsinitiativen richtet, begünstigten vorauseilenden Gehorsam und einen Rollback in der Wirtschaft. Große Konzerne wie Walmart, Meta, Amazon, McDonald's und Ford passten beispielsweise ihre Diversity-, Equity- und Inclusion-Programme an.[6] Programme, die für mehr Gleichstellung sorgen sollten, wurden eingestampft oder so stark verändert, dass nur noch eine leere Hülle blieb. Auch in Deutschland gab es bereits Auswirkungen: SAP beschloss unter der fadenscheinigen Berufung auf »veränderte Rahmenbedingungen«, bestimmte Diversitätsziele, darunter die angestrebte Frauenquote von 40 Prozent in der Belegschaft, nicht weiter zu verfolgen. Abgeschafft wurde sie aber nicht nur in den USA, sondern vorsichtshalber gleich weltweit.[7] Na, das ging ja schnell.

Die bittere Konsequenz: Frauen und andere marginalisierte Gruppen werden zurückgedrängt, ausgeschlossen, verneint, an den Rand der Gesellschaft gedrängt. Ihre Stimmen zählen weniger oder werden gar nicht erst gehört, ihre Chancen auf Jobs schwinden. Schwarze Frauen in den USA sind laut einer aktuellen Analyse aufgrund dieser Umstrukturierungen unverhältnismäßig stark von Entlassungen betroffen.[8]

Meine Befürchtung: Was in den vergangenen Jahrzehnten als zivilisatorischer Fortschritt galt – Antidiskriminierung, Gleichstellung, Pluralität –, soll im derzeit mächtigsten Land der Welt gezielt rückabgewickelt werden. Und zwar nicht über Diskurs oder demokratische Prozesse, sondern durch die gezielte Instrumentalisierung des gesamten Staatsapparats. Der amerikanische Traum, durch eigene Leistung zu Wohlstand und Freiheit zu gelangen, scheint heute nicht mehr für alle zu gelten. »Für alle« gilt nicht mehr. Das Land der unbegrenzten Möglichkeiten wird Stück für Stück demontiert. Die Politökonomin Maja Göpel formulierte es in meinem Podcast »Own it!« so: »Die Demokratie ist die blutarme Form der Machtverteilung. Jetzt besteht daran kein Interesse mehr, sondern es geht darum, dass diejenigen, die sich selbst als besser, elitär, produktiver – als Übermenschen – empfinden, nicht mehr aufgehalten werden sollen […] Demokratie behindert die Durchsetzung wirtschaftlich Mächtiger, was ja auch ihre Aufgabe ist.«[9]

Mit den Übermenschen meinte sie vor allem die sogenannten Tech Bros, die sich in den letzten Jahren in den USA immer stärker politisch positioniert haben. Der Milliardär Peter Thiel[10], eine der Schlüsselfiguren in dieser Allianz der Techgiganten, der sich eher im Hintergrund hält und von dort die Fäden zieht, hat sich mehrfach offen gegen demokratische Prinzipien ausgesprochen. Für ihn sind Demokratie und Freiheit nach eigener Aussage unvereinbar. Seine persönliche Freiheit, verstanden als absolute unternehmerische Autonomie, sieht er durch rechtsstaatliche Regeln und Mehrheitsentscheidungen bedroht. Dass ebendies der Sinn demokratischer Ordnungen ist, nämlich Macht zu begrenzen, ist für ihn kein Argument, sondern ein Angriff auf seine ideologische Vision. Thiel, der die Tea Party in den USA unterstützte, deren Ziel es war, die Republikaner dazu zu bringen, möglichst viele rechte und libertäre Kandidat:innen aufzustellen, machte in seinem 2009 erschienenen Essay einen der vermeintlichen Hauptgründe aus, warum libertäre Positionen bei Wahlen nicht erfolgreich sein können: das Frauenwahlrecht. Warum? Weil Frauen kaum bereit wären, für libertäre Kandidat:innen zu stimmen. Kritik, dass er gegen das Frauenwahlrecht sei, wies er jedoch schnell zurück. Das Gesamtziel der Bewegung um Thiel und Co., so scheint es, ist der Umbau der US-amerikanischen Demokratie in ein autoritäres Regime zugunsten einer kleinen, mächtigen Minderheit.

Was mir aber Hoffnung macht: Diese autoritären Tendenzen blieben nicht unbeantwortet. Am 14. Juni 2025 gingen in über 2000 US-Städten Millionen Menschen auf die Straße. Unter dem Slogan »No Kings« erhoben sie ihre Stimmen gegen eine Präsidentschaft, die sich nicht mehr wie ein demokratisches Amt, sondern wie eine autoritäre Herrschaft aufführt. Das Datum war bewusst gewählt: Donald Trumps Geburtstag, zugleich der 250. Jahrestag der US-Armee, zelebriert mit Militärparaden und Pathos. Doch an diesem Tag gehörte die Bühne den Menschen. Auf den Straßen standen Junge und Alte, Frauen und Männer, queere Aktivist:innen, Familien mit Kindern – vereint in einem klaren Zeichen: »No thrones. No crowns. No kings.« Keine Throne. Keine Kronen. Keine Könige. Ein Beweis, dass die Demokratie noch lebt – laut und unbequem.[11]

Diese Bewegung steht sinnbildlich für den zivilgesellschaftlichen Aufschrei gegen Kontrolle, Machtkonzentration und Demokratieabbau. Und gegen ein kulturelles Klima, in dem Gleichberechtigung, Diversität und Meinungsfreiheit als »Störfaktoren« bekämpft werden. Die »No Kings«-Proteste waren mehr als politische Demonstrationen. Sie waren ein Signal – nicht nur an Washington, sondern an uns alle: Wir sind viele. Wir sind wach. Und wir stehen auf, wenn es darauf ankommt.

Die USA sind weit weg, das betrifft uns hier doch nicht, meinen viele. Aber: Sind sie das wirklich? Als Weltmacht geben die USA unsere westliche Leitkultur vor. Wollen wir eine solche Leitkultur? Also ich auf gar keinen Fall. Es ist nie nur das Land. Es sind immer Muster. Und Ideologien kennen ohnehin keine Landesgrenzen. Sie wandern, schleichen, breiten sich aus. Demokratie ist kein naturgegebener Zustand, sie muss gepflegt und wenn nötig verteidigt werden.

Ich finde: Der Zug hat die Richtung geändert. Wir fahren nicht nur langsamer, wir fahren mittlerweile rückwärts. Der Vibe-Shift, den wir gerade erleben, ist ein Angriff auf das Fundament unserer liberalen Demokratien und damit gezielt auf die Rechte und die Autonomie von Frauen und anderen marginalisierten Gruppen.

Von Männlichkeit und Machtmissbrauch

Nie vergessen werde ich die geleakte Aufnahme aus dem Jahr 2005, die im Herbst 2016, kurz vor Trumps erstem Wahlkampf, von der *Washington Post* veröffentlicht wurde: ein Gespräch auf dem Weg zu einer TV-Produktion von Access Hollywood, in dem Donald Trump prahlte: »Ich fange einfach an, sie zu küssen. Es ist wie ein Magnet. Einfach küssen. Ich warte nicht einmal. Und wenn du ein Star bist, lassen sie dich machen. Du kannst machen, was du willst. […] Ihnen an die Muschi fassen. Du kannst alles machen.«[12] Ich war mir hundertprozentig sicher, dass ihn dies die Wahl kosten würde. Dass er trotz allem gewann, spricht Bände. Was Trump damals in privater Runde sagte, zeigte sich in vielen Facetten seines Auftretens. Gegen ihn wurden über die Jahre hinweg mehrfach Vorwürfe des sexuellen Missbrauchs erhoben und in einem Zivilprozess wurde er sogar zu einer Millionenentschädigung verurteilt.[13] Zudem war er in den 1990er- und 2000er-Jahren mehrfach öffentlich an der Seite des verurteilten Sexualstraftäters Jeffrey Epstein in Erscheinung getreten.[14] Zwar bestreitet der US-Präsident jede tiefere Verstrickung, doch es bleiben Fragen über Macht und Komplizenschaft in einem System, das Täter schützt und Opfer mundtot macht.

Auch in der Politik führte er sein Muster fort: Während seiner Wahlkämpfe marginalisierte Donald Trump seine Gegnerinnen systematisch.[15] Hillary Clinton bezeichnete er 2016 als »üble Frau«[16], Kamala Harris 2024 als »dumme und törichte Frau«[17], stellte sie als faul und inkompetent dar und sagte bei einer Rede, Harris habe sich als Inderin bezeichnet, »bis sie vor einigen Jahren plötzlich schwarz wurde. Und jetzt will sie als Schwarze bekannt sein«[18] – eine rassistisch-sexistische Attacke auf ihre Identität. Bei einer Wahlveranstaltung 2024 kündigte er als Präsidentschaftskandidat an, er werde Frauen »beschützen – ob sie es wollen oder nicht«.[19] Aha?!

Trump nutzt hypermaskuline Strategien, um vor seinen Gegner:innen stark zu erscheinen. Eine Inszenierung von Männlichkeit gegenüber Weiblichkeit, von Dominanz gegenüber Integrität. Solche Framingstrategien wirken, weil sie stereotype Zweifel an weiblicher Führungskompetenz bedienen und sich über mediale und politische Kommunikation tief in die Köpfe der Menschen pflanzen. Sie reaktivieren uralte Rollenbilder: dass Frauen nicht führen könnten, nicht rational oder nicht kompetent seien.

Und dann sitzt da ein amtierender US-Präsident, der systematisch gegen demokratische Normen, rechtliche Urteile und Gleichheitsprinzipien verstößt. Der seine Wut und seinen Frust ungefiltert auf seiner Social-Media-Plattform in die Welt hinausbrüllt, Personen und Länder beleidigt[20], Frauen sexuell belästigt, öffentlich diffamiert – und trotzdem einfach weitermacht. Unbeirrt. Ungebremst. Und ja, ungestraft. Ganz ehrlich: Mich macht das fassungslos. Weil er es kann. Weil er immer wieder Grenzen überschreitet – und die Welt sich langsam daran gewöhnt. Das ist das Prinzip der Shifting Baselines: Was gestern noch undenkbar war, ist heute eine Schlagzeile und morgen Alltag.[21] Schritt für Schritt verschiebt sich, was als normal gilt. Und während wir noch den Kopf schütteln, ist die nächste rote Linie schon überschritten.

Präsidenten sind mächtige Vorbilder. »Wenn von höchster staatlicher Ebene misogyne, frauenverachtende Politik propagiert wird«, sagt Kristina Lunz, Unternehmerin, Autorin und Aktivistin, »dann hat das unweigerlich eine Auswirkung auf das Alltagsleben einer Gesellschaft.« Genau das passiert: Alte, *weiße* Männer an der Macht geben mit ihrem Verhalten allen anderen die Erlaubnis, es ihnen gleichzutun. Jungs – unsere Männer von morgen – lernen daraus, was sie dürfen. Und Mädchen lernen, was sie ertragen sollen. Leider.

Willkommen in der Mannosphäre

Vor einigen Jahren war ich mit dem Fahrrad auf einer großen Straße im Berliner Wedding nach Hause unterwegs. Ich hielt mich brav auf der rechten Seite, als ein schwarzer Mercedes nah an mir vorbeifuhr und der Beifahrer aus dem offenen Fenster brüllte: »Du Scheiß-Fotze!« Ich hatte *nichts* gemacht. Nichts als zu atmen und als Mensch zu existieren. Falsch: als Frau. Bereits als junges Mädchen habe ich anhaltende Geschlechterdiskriminierung erfahren. Mein Vergehen: Ich wollte Fußball spielen. Da es damals bei uns im Verein keine Mädchenteams gab, musste ich in einem Jungsteam spielen. Ich hatte damit gar kein Problem, aber alle anderen: meine Mitspieler und Gegner sowie deren Eltern. Denn ich war besser als die meisten Jungs. Somit wurde ich von meinen eigenen Teamkollegen ausgegrenzt, gemobbt, im Training hart angegangen und von meinen Gegnern extra hart und unfair gefoult, beleidigt und sogar bespuckt. Als Kind, von Kindern. Toleriert und befeuert von Erwachsenen. Aufgrund meines Geschlechts. Dies sind nur zwei Beispiele von vielen.

Gegner:innen des Feminismus und Frauenhasser:innen gibt es viele, und sie scheinen mehr und radikaler zu werden. Der Begriff »Mannosphäre« bezeichnete ursprünglich ein antifeministisches Netzwerk aus Blogs und Internetforen mit Namen wie »A Voice for Men« (Eine Stimme für Männer) oder »Slut-Hate« (Schlampenhass).[22] Heute müssen sich ihre Anhänger nicht mehr verstecken. Sie haben nicht nur die Legitimation von ganz oben. Nein, sie dienen sogar den Zielen und Motiven von Trump und Co.

Andrew Tate, der mit seinen insgesamt 10 Millionen Followern als Schlüsselfigur der weltweiten Mannosphäre gilt, und seinem Bruder werden unter anderem Vergewaltigung, Körperverletzung, Menschenhandel und Ausbeutung durch Prostitution vorgeworfen. Er findet, Frauen sollten kein Wahlrecht haben[23] – und das ist noch eine seiner harmloseren Aussagen. Die Brüder wurden Ende 2022 in Rumänien festgenommen und standen anschließend über Monate unter Hausarrest. Nachdem Mitglieder der Trump-Regierung interveniert hatten, wurden 2025 Reisebeschränkungen aufgehoben und Andrew Tate kehrte in die USA zurück.[24] Unfassbar, aber irgendwie auch nicht überraschend.

Im November 2024, kurz nach Trumps Wahlsieg, ging ein TikTok-Video des US-Podcasters und glühenden Trump-Unterstützers Nick Fuentes in kürzester Zeit viral. Der Titel lautete »Your body, My choice« (Dein Körper, meine Entscheidung), angelehnt an den feministischen Slogan »My body, My choice« (Mein Körper, meine Entscheidung). Fuentes sitzt darin vor der US-amerikanischen Flagge und schreit: »Die Männer gewinnen wieder – es wird niemals, wirklich niemals eine Präsidentin geben. [...] Wir werden euch für immer unten halten. Ihr werdet niemals über eure eigenen Körper bestimmen. Ihr werdet niemals Präsidentin des globalen Imperiums sein, das wird nie passieren, Süße. Your body, our choice.«[25] Das ist blanker Hass – und ein Lehrbuchbeispiel dafür, wie Antifeminismus heute funktioniert: als Spott, als Provokation, als Umkehrung emanzipatorischer Sprache.

Die Publizistin Laura Bates kritisierte 2025 bei einer Anhörung im britischen Parlament: »Wenn man etwa eine Plattform wie TikTok betrachtet, die behauptet, sie erlaube keine misogynen Inhalte, gleichzeitig aber die Videos von Andrew Tate so lange zeigt, bis sie über 11,4 Milliarden Mal angesehen wurden, mehr als es Menschen auf diesem Planeten gibt, dann ist das eine Richtlinie, die völlig untauglich ist.«[26] In einer BBC-Radiosendung schlug sie Alarm und verwies auf Studien, wonach die frauenfeindlichsten, veraltetsten und rückschrittlichsten Einstellungen gegenüber Frauen und Mädchen heute am weitesten unter Jugendlichen verbreitet sein sollen. Laut ihren Nachforschungen werden Jungs innerhalb von weniger als einer halben Stunde nach Einrichtung eines Social-Media-Accounts extrem frauenfeindliche Inhalte präsentiert. Eine durch Algorithmen begünstigte Form der Massenradikalisierung. »Es ist das alte Zeitalter des Sexismus auf Steroiden«, sagte die feministische Aktivistin gegenüber der BBC, »was wir mit KI erleben werden, wird millionenfach stärker sein.«[27]

Am liebsten würde ich einfach aussteigen aus diesem Zug, der in die falsche Richtung fährt. Wie mein Freund sagte: Laptop zu, irgendwohin fliegen, Laptop wieder auf und neu anfangen. Aber das geht nicht. Wir können aus diesem Zug nicht einfach herausspringen. Wir sitzen alle drin. Und leider gibt es noch ein paar Stationen, die ich bei meiner Spurensuche abklappern musste. Was mir dabei Hoffnung gab: Nach jedem Winter kommt der Frühling. Immer.

Der weibliche Körper als politischer Raum

Die Weltbank stellte 2023 fest, dass das weltweite Reformtempo bei der Gleichberechtigung auf dem niedrigsten Stand seit 20 Jahren angekommen ist.[28] Das bedeutet: In vielen Ländern stagniert der Fortschritt oder dreht sich sogar zurück. Seit Jahren warnt auch die feministische Forschung davor, dass jeder Meilenstein bei Frauenrechten, queeren Rechten oder Gleichstellungspolitik unweigerlich Gegenkräfte hervorruft. Denn solche Veränderungen bedrohen bestehende Machtverhältnisse. Die sogenannte Gender-Backlash-Theorie beschreibt genau das: Sobald Gleichstellung ein neues Level erreicht, reagieren jene, die traditionelle patriarchale Strukturen bewahren wollen. Diese Reaktionen sind nicht immer laut oder offen feindselig. Oft zeigen sie sich subtil: durch politische Einflussnahme, durch gezielte mediale Kampagnen oder durch die kulturelle Rückkehr zu traditionellen Werten, etwa der Verklärung des alten Familienbildes als vermeintlich sichere Ordnung in unsicheren Zeiten. Doch hinter dieser Nostalgie steckt Angst vor Machtverlust.

Diese Dynamik zeigt sich weltweit: In Polen stigmatisieren sogenannte LGBT-freie Zonen queere Menschen, in Afghanistan werden Frauen systematisch aus Bildung, Arbeit und Öffentlichkeit verdrängt. In Europa formieren sich weitere Anti-Gender-Bewegungen, die gegen Gleichstellungspolitik und die Istanbul-Konvention mobilisieren – ein völkerrechtlicher Vertrag des Europarats, der darauf abzielt, Gewalt gegen Frauen und häusliche Gewalt zu verhindern und zu bekämpfen.

Der tragische Höhepunkt der jüngeren Angriffe auf Frauenrechte war die Aufhebung des historischen Grundsatzurteils Roe vs. Wade im Jahr 2022 durch den US Supreme Court. Damit endete ein fast fünfzigjähriges, landesweit garantiertes Recht auf Schwangerschaftsabbruch – ein Recht, das Generationen von Frauen geschützt hatte.[29] Einige Richter kommentierten das mit den Worten: »Nach dem heutigen Tag werden junge Frauen mit weniger Rechten aufwachsen, als ihre Mütter und Großmütter hatten.«[30] Für Millionen Amerikanerinnen bedeutet diese Entscheidung einen dramatischen Rückschritt: In vielen Bundesstaaten sind Abtreibungen seither verboten. Das Risiko, während der Schwangerschaft oder bei der Geburt zu sterben, ist dort fast doppelt so hoch wie in Staaten, in denen Abbrüche legal bleiben.[31] Frauen werden gezwungen, Schwangerschaften, auch wenn sie durch Inzest oder Vergewaltigung entstanden sind oder bei schweren Komplikationen, auszutragen oder auf unsichere, illegale Weise abzubrechen, die sie das Leben kosten kann.

Hinzu kommt eine neue Dimension der Kontrolle: Ermittlungsbehörden können auf den Google-Suchverlauf (etwa »Abtreibungspille kaufen«), Standortdaten (wie Besuche bei einer Abtreibungsklinik) oder private Nachrichten zugreifen, um vermeintliche Abbrüche nachzuweisen. Selbst Daten aus Menstruations-Apps können ausgewertet werden. Und Gesetze erlauben es Privatpersonen, jeden zu verklagen, der eine Abtreibung »unterstützt oder begünstigt«. Das schließt explizit Personen ein, die finanzielle Hilfe leisten oder eine Frau zu einer Klinik fahren, zum Beispiel Freund:innen, Familienmitglieder oder auch Uber- oder Taxifahrer:innen.[32]

Dass Trump diese Entscheidung auf seiner Social-Media-Plattform offen als Sieg feierte[33], zeigt, worum es hier wirklich geht: um die Kontrolle über den Körper, die Autonomie und die Zukunft von Frauen. Zugleich drückt dies ihre Reduzierung auf »Gebärmaschinen« aus.

Viele Menschen empfinden die aktuellen Entwicklungen als Backlash, als eine Rückkehr zu traditionellen Familienstrukturen mit klaren Rollenverteilungen. Für die Journalistin und Autorin Sophie Gilbert greift diese Sichtweise zu kurz: »Die alten Begriffe, mit denen wir Sexismus in der Politik beschreiben, reichen nicht aus, um diesem Ansturm von Hass gerecht zu werden.«[34]

Gewalt gegen Frauen

Während mächtige Männer weltweit daran arbeiten, feministische Errungenschaften rückgängig zu machen – mit Gesetzen, mit Propaganda, mit Ideologie –, verschärft sich im Schatten deren grausame Wirkung: die bittere Lebensrealität von Millionen Frauen. Gewalt gegen Frauen ist kein Randphänomen. Sie ist der sichtbare Ausdruck eines strukturellen Machtungleichgewichts.

Das Bundeskriminalamt hat 2023 zum ersten Mal (!) ein Lagebild zu geschlechtsspezifisch gegen Frauen gerichteter Gewalt veröffentlicht.[35] Schon das sagt viel: dass es bis dahin keines gab. Und die Zahlen? 938 versuchte Femizide, 360 davon tödlich.[36] Ein Anstieg im Vergleich zu den beiden Vorjahren; 2024 betrug diese Zahl 308.[37] Fast jeden Tag wird in Deutschland eine Frau von einem Mann getötet, weil sie eine Frau ist. Die Weltgesundheitsorganisation (WHO) definiert »Femizid« als die vorsätzliche Tötung von Frauen, weil sie Frauen sind.[38] Das bedeutet: Das Geschlecht der Opfer ist ursächlich für die Tat. Es geht um Macht. Um Kontrolle. Um Besitz und um die tödliche Kränkung der patriarchalen Ordnung. Wenn eine Frau sich entzieht, erschüttert das diese Ordnung, und diese »muss« durch Gewalt, bis hin zu Mord, wiederhergestellt werden. Die Schriftstellerin Margaret Atwood brachte es auf den Punkt: »Männer haben Angst, dass Frauen sie auslachen, Frauen haben Angst, dass Männer sie töten.«[39]

Doch Gewalt gegen Frauen reicht über Beziehungsdynamiken hinaus, sie hat auch ideologische Dimensionen. Ein Beispiel dafür ist der Femizid-Anschlag von 2018 in Kanada: Ein 25-jähriger Mann fuhr mit dem Auto gezielt in eine Gruppe von Passant:innen und tötete elf Menschen. Seine Tat begründete er mit der sogenannten Incel-Ideologie – einer Szene von Männern, die sich als »unfreiwillig im Zölibat lebend« *(involuntary celibate)* verstehen und Frauen die Schuld an ihrer sexuellen Frustration geben. Kurz vor der Tat rief der Täter zum »Incel-Aufstand« und zur Tötung von Frauen auf.[40] Das sind Männer, die Frauen hassen. Ihre Wut wird in Foren gefeiert, ihre Gewalt romantisiert, ihr Hass systematisch genährt.

Femizide werden in den Medien oft als »Ehrenmord« bezeichnet – ein Begriff, bei dem mir direkt die Galle hochkommt. Zum einen, weil das Wort »Ehre« in diesem Zusammenhang zynisch ist, zum anderen, weil es irgendwie suggeriert, diese Form von Gewalt sei ein kulturelles Problem, das »woanders« stattfindet oder durch Migration importiert wurde. Die schreckliche Wahrheit ist: Frauen werden ermordet, nur weil sie nicht gehorchen. Und das passiert in migrantischen Familien genauso wie in deutschen, bürgerlichen Haushalten mit Einfamilienhaus und Carport. Gewalt kennt keine Nationalität. Aber sie kennt ein System: patriarchale Macht. Wie die

EU-Parlamentsabgeordnete Abir Al-Sahlani bei einer Debatte zur Migrationspolitik sich empörte: »The common denominator here is spelled men: M-E-N!«[41] Der gemeinsame Nenner ist: Männer.

So ist es: Geschlechtsspezifische Gewalt ist ein Männerproblem. Punkt. Auch wenn nicht jede Tötung eines weiblichen Opfers automatisch ein Femizid ist, so zeigt doch jeder einzelne Fall, wie tief patriarchale Strukturen in unsere Gesellschaft eingegraben sind. Trotzdem bleiben Femizide in den Mordstatistiken und Medienberichten oft unsichtbar. Sie verschwinden hinter neutralen Begriffen wie »Partnerschaftstat« oder »Familiendrama«. Dabei zeigen die aktuellen Zahlen des BKA klar: 2023 stiegen explizit frauenfeindliche Straftaten in Deutschland um 56,3 Prozent im Vergleich zum Vorjahr. Unfassbar: 2024 stiegen sie erneut, diesmal sogar um 73,3 Prozent. Und davon ordnete das BKA über die Hälfte dem Phänomenbereich »politisch motivierte Kriminalität -rechts-« zu. Die Zahl der Opfer häuslicher Gewalt nahm 2023 um 5,6 Prozent zu, 2024 um weitere 3,5 Prozent.[42] Und wir wissen alle: Die Dunkelziffer ist höher. Viel höher.

Diese physische Bedrohung wird durch einen Faktor verstärkt: ökonomischer Druck. Bereits 2020 warnte die Organisation für wirtschaftliche Zusammenarbeit und Entwicklung (OECD) im Zuge der Coronapandemie: In Krisenzeiten steigen Gewalt und Kontrolle – gerade da, wo finanzielle Unsicherheit, Jobverlust und Abhängigkeit zusammentreffen.[43] Frauen, die ökonomisch abhängig sind, können oft nicht gehen, denn der Täter kontrolliert nicht nur ihr Konto, sondern auch ihre Freiheit (mehr dazu in Kapitel 10).

Was auf den ersten Blick wie ein persönliches Drama wirkt, ist in Wahrheit ein systemisches Versagen: eine Gesellschaft, die Frauen systematisch in finanzielle Abhängigkeit drängt und Täter schützt. Elisa von Hof, stellvertretende Ressortleiterin Kultur, bringt es in ihrem *Spiegel*-Essay auf den Punkt: »Ich bin wütend und ich bin traurig. Weil sich nichts ändert. Weil sich Klimakrise, Kriege, Despotie und Diktatur, fast jedes große Problem, auf eine gemeinsame Ursache zurückführen lassen: Männer.«[44]

Spanien hat es übrigens mit einem durchdachten Maßnahmenpaket – unter anderem Fußfesseln für die Täter – geschafft, die Zahl der Femizide im Land seit 2004 um ein Drittel zu senken.[45] Es geht. Und auch in Deutschland tut sich etwas: Im November 2025 beschloss das Bundeskabinett einen Gesetzentwurf zur Einführung einer elektronischen Fußfessel sowie verpflichtenden Anti-Gewalt-Trainings.[46]

> Wenn du gerade in so einer Situation bist oder jemanden kennst, die es sein könnte: Hol Hilfe. Das bundesweite Hilfetelefon für Frauen bietet rund um die Uhr Unterstützung – anonym, kostenlos, in vielen Sprachen: 08000 116 016 oder www.hilfetelefon.de. Oder wende dich an ein Frauenhaus in deiner Umgebung.

Frauen im Kampf für das Patriarchat

Doch es sind leider nicht nur die Männer, die für das Patriarchat kämpfen. Längst verbreiten auch Frauen in den sozialen Medien das Narrativ der unterwürfigen Frau, die sich den ganzen Tag um die sieben blonden Kinder kümmert, kocht, putzt und vor allem ihrem Mann ein unbeschwertes Leben beschert. Unter dem TikTok-Trend »Tradwives« (kurz für *traditional wives*, also »traditionelle Hausfrauen«) kann man Influencerinnen dabei zusehen, wie sie sich bewusst und gewollt als gute Hausfrauen darstellen, die ihren Männern dienen. Sowohl optisch als auch inhaltlich erin-

Du bist jetzt stolze Besitzerin dieses Buches - zeig's der Welt!

Wie schön, dass du dieses Buch in den Händen hältst. Es bedeutet mir viel, dass du dich auf den Weg zu mehr finanzieller Resilienz machst.

Teile deinen Moment:

Mach ein Selfie mit deinem Buch, **poste es in deiner Instagram-Story** und markiere uns mit @madamemoneypenny.

Damit inspirierst du andere Frauen, ebenfalls aktiv zu werden.

Auf deine Unabhängigkeit!
Natascha

Jetzt Foto machen und Story posten!

Deine Stimme macht Frauen stärker

Du möchtest dazu beitragen, das Wissen aus diesem Buch weiterzugeben und damit echtes Financial Empowerment zu stärken? **Dann gib diesem Buch eine Rezension.**

So geht's:

1. **Scanne den QR-Code,** um zum Buch zu kommen.
2. Wähle deinen **Lieblingshändler** aus.
3. Scrolle zum **Bewerten-Button** des Händlers (meist unten auf der Seite).
4. Fülle das **Formular für die Bewertung** aus und schicke es ab.

Liebe Moneypenny,
auch wenn eine einfache Bewertung auf einer Plattform wie eine Kleinigkeit wirkt – es kann am Ende deine Rezension sein, die einen Unterschied in den Finanzen und dem Leben einer anderen Frau macht. Du kannst genau das anstoßen.

Auf deine Unabhängigkeit!
Natascha

nert das alles stark an die 1950er-Jahre. Dabei vertreten diese Influencerinnen explizit die Meinung, dass es gut und richtig für eine Frau sei, sich finanziell abhängig von einem Mann zu machen und natürlich nicht zu arbeiten. Das sei schließlich seine maskuline Aufgabe, während die Frau sich auf ihre feminine Seite und entsprechende, quasi naturgegebene Aufgaben konzentrieren solle. Die Ironie dabei: Die Influencerinnen verdienen viel Geld damit, anderen Frauen zu erklären, dass sie kein Geld verdienen sollten.

Dieser sowie viele weitere Trends sind Teil der »Womanosphere«, also dem Pendant zur Mannosphäre. Der *Guardian* definiert sie als »antifeministische Medien, die Frauen sagen, sie sollen dünn, fruchtbar und republikanisch sein«.[47] Diese Influencer:innen und Moderator:innen präsentieren sich als unabhängig, ihre Ideologie steht aber im Einklang mit dem gesellschaftlichen Bestreben, reproduktive Rechte abzubauen, den Schutz für queere Personen zurückzufahren und eine wissenschaftsfeindliche Agenda voranzutreiben. Erst hätten Trump und sein Gefolge die männlichen Wähler mit der Mannosphäre gewonnen. Nun ließen sich koordinierte Bemühungen erkennen, ein alternatives, rechtskonservatives Medienökosystem zu etablieren, das gezielt auf junge US-Amerikanerinnen ausgerichtet ist – eine der letzten Bevölkerungsgruppen, die bislang mehrheitlich den Demokraten verbunden waren, so der *Guardian*. Diese Strategie scheint Früchte zu tragen: Der Anteil der 25- bis 44-jährigen Mütter mit kleinen Kindern an der US-Erwerbsbevölkerung sank zwischen Januar und Juni 2025 um fast drei Prozentpunkte auf den niedrigsten Stand seit mehr als drei Jahren.[48] Und nicht nur Mütter, auch Frauen ohne Kinder zogen sich im selben Zeitraum häufiger aus dem Berufsleben zurück. Viele befragte Frauen nannten dafür ähnliche Gründe: den wachsenden Einfluss der MAGA-Bewegung, die tradierte Rollenbilder offen propagiert, den zunehmenden Druck durch die »Tradwife«-

Kultur – und die Erschwernisse durch die Abschaffung von Homeoffice-Möglichkeiten.

Frauen werden also vom und für das Patriarchat instrumentalisiert. Die Kulturwissenschaftlerin und Autorin Tara-Louise Wittwer resümierte treffend in ihrer *Spiegel-Online*-Kolumne: »Was vor allem durch Lifestyle-Influencerinnen aussieht wie ein trendy, selbstbestimmter Lebensentwurf, der die Antwort auf einen angeblich ›zu radikalen Feminismus ist‹ (Feminismus, die radikale Idee, dass Frauen eigenständige Menschen, auch ohne Mann, sein können), politisiert junge Frauen in eine Richtung, wo rechte Konservative sie haben wollen: Bereit, so wie früher, dem Mann zu dienen und das gern zu tun.«[49] Aktuelles Beispiel aus Deutschland ist die religiös konservative Influencerin Millane Friesen, die auf Social Media wortwörtlich die Meinung vertritt: »Du musst dich unterordnen, und wenn dein Mann sagt, ihr sollt etwas machen, dann macht ihr das auch so.«[50] Also wenn das nicht so traurig wäre, könnte ich drüber lachen.

Meine Erkenntnis: Die finanzielle Abhängigkeit von Frauen ist kein Zufallsprodukt, sondern das Fundament, auf dem das patriarchale System aufgebaut ist. Jeder Angriff auf unsere körperliche und politische Autonomie wird verstärkt durch unsere ökonomische Verletzlichkeit. Deshalb ist der Aufbau von Vermögen in diesen Zeiten mehr als nur Altersvorsorge, er ist ein Akt der Selbstverteidigung. Und die ist dringend notwendig, denn auch in Deutschland gewinnen genau jene Kräfte an Einfluss, die Gleichstellung als Ideologie, Diversität als Schwäche und Emanzipation als Bedrohung sehen. Diese zunehmende Sorge spiegelt sich in der Madame-Moneypenny-Community wider, wie eine von vielen ähnlich lautenden Nachrichten zeigt: »Ich habe mittlerweile richtig Angst vor der Entwicklung der rechten Politik in Deutschland.« Ich auch.

KAPITEL 3

Goodbye, Gleichstellung

Am 6. November 2024 standen wir in Deutschland morgens mit dem Wahlsieg von Trump auf und gingen abends mit dem Ampel-Aus ins Bett. An diesem Tag fragte ich mich wirklich, was hier eigentlich los ist. Die Monate bis zu den Neuwahlen waren für mich zermürbend, mit fast täglichen Spekulationen und Umfragen. Wieder diese Ungewissheit, was uns wohl bevorsteht. Nur jetzt eben im eigenen Land. Das Wahlergebnis hat in meinen Augen nichts besser gemacht. Weder die grundlegende Stimmung noch den verloren gegangenen Optimismus, und schon gar nicht wird seither die Frage nach der Gleichberechtigung in der Bundesrepublik gestellt.

Ein Bundeskanzler der ganz alten Schule

Friedrich Merz und die Frauenrechte: Seit Jahrzehnten stemmt er sich dagegen. Beispiele gefällig? Ende der 1990er-Jahre stimmte er gegen einen Gesetzentwurf, der Vergewaltigung in der Ehe unter Strafe stellen sollte. Eine »Detailentscheidung«, wie er es nannte, die er heute so nicht mehr treffen würde.[1] Da hat er wohl nur einen schlechten Tag gehabt, passiert. 2006 dann ein Nein zum Gleichbehandlungsgesetz, das Diskriminierung aufgrund von Geschlecht, ethnischer Herkunft und anderen Merkmalen verhindern sollte. Noch so ein schlechter Tag. Und 2024 plädierte er gegen die Reform des Paragrafen 218 StGB,[2] bezeichnete das Vorhaben sogar als »Affront gegen die Mehrheit der Bevölkerung«[3]. Hach, diese schlechten

Tage … Dabei ist der Wille des Volkes ziemlich klar, und das parteiübergreifend: Laut einer repräsentativen Befragung im Auftrag des Bundesministeriums für Familie, Senioren, Frauen und Jugend von 2024 sprachen sich rund 75 Prozent der Bundesbürger:innen dafür aus, dass Schwangerschaftsabbrüche künftig nicht mehr im Strafgesetzbuch geregelt werden sollten.[4]

Doch nicht nur Frauen marginalisiert er. Eigentlich alle, die keine heterosexuellen Cis-Männer sind. In der ARD-Talkshow *Maischberger* sagte er: »Der Bundestag ist ja nun kein Zirkuszelt.« Das war seine Antwort auf die Frage, ob die Regenbogenfahne zum Christopher Street Day am Reichstag gehisst werden dürfe, und er löste damit einen Sturm der Empörung aus. Außer bei der Alternative für Deutschland (AfD), da gab es Zuspruch.[5] Wer hätte das gedacht?! Und er wird offenbar nicht müde, immer wieder einen draufzusetzen. Wie mit seiner Äußerung im Oktober 2025: »Mit der Migration sind wir sehr weit […] Aber wir haben natürlich immer im Stadtbild noch dieses Problem.«[6] Auf Nachfrage, was er damit meinte, entgegnete er, wer seine Töchter frage, bekomme vermutlich eine ziemlich klare und deutliche Antwort darauf, was damit gemeint sei. Merz instrumentalisiert Frauen, für die er herzlich wenig tut, für seine politischen Motive. Doch glücklicherweise ließ die Antwort nicht lange auf sich warten: Tausende Frauen gingen auf die Straße – unter dem Motto »Wir sind die Töchter«.[7]

Ein weiteres Bonbon unseres Bundeskanzlers? Mit Geschlechterparität im Bundestag würde man den Frauen keinen Gefallen tun,[8] fand Merz und nannte als »Begründung« die als Verteidigungsministerin gescheiterte Christine Lambrecht. Hier ein paar klassische Fälle männlicher Minister, deren Amtszeit eher durch Pannen als durch Glanzleistungen auffiel: Andreas Scheuer und das Mautdebakel, Thomas de Maizière und die Nichtaufarbeitung des NSU-Skandals, Hans-Peter Friedrich und der Geheimnisverrat,

Jens Spahn und die Maskenaffäre … Was soll's, passiert den Besten, schlechte Tage. In die Sondierungsverhandlungen mit der SPD zog Merz dann auch mit einem reinen Männerteam.

Die Zusammensetzung des Deutschen Bundestags nach der letzten Wahl ist das nächste traurige Indiz für unseren Rückschritt. Der Frauenanteil liegt nur noch bei 32,4 Prozent, ein Rückgang gegenüber der vorherigen Wahlperiode. Kommentator:innen sprachen von einer »Katastrophe in Zahlen«[9]. Besonders auffällig: In den Fraktionen von CDU/CSU (22,6 Prozent) und AfD (11,8 Prozent) sind Frauen deutlich unterrepräsentiert. Auch der internationale Vergleich ist ernüchternd. Laut dem weltweiten Ranking der Interparlamentarischen Union lag Deutschland zum Stichtag 1. März 2025 nur noch auf Rang 58. Damit befindet sich die größte Volkswirtschaft Europas im globalen Mittelfeld.[10] Als weltweiter Spitzenreiter beweist Ruanda, dass es auch anders geht. In dem ostafrikanischen Land sind 63,8 Prozent der Parlamentsabgeordneten Frauen.[11]

Prioritäten nicht mal mehr auf dem Papier

Mehr Fortschritt wagen[12] lautete der Titel des Koalitionsvertrags, mit dem die Ampelkoalition 2021 an den Start ging. Zumindest auf dem Papier klang das gut – auch in Bezug auf Frauen. Es gab sogar ein eigenes Kapitel zur Gleichstellung, die »in diesem Jahrzehnt erreicht werden« sollte. Die Richtung stimmte. Zum ersten Mal seit Langem hatte ich das Gefühl, dass Gleichstellung nicht nur ein Feigenblatt war, sondern ein echtes politisches Ziel. Der Wille war da, die Sprache ambitioniert, die Themen sichtbar. Dennoch sind viele Maßnahmen, vor allem zum Gender Pay Gap und zur Vereinbarkeit von Familie und Beruf, stecken geblieben.

Und heute? Haben sich die Prioritäten grundlegend verändert. Das zeigt ein Blick in den Koalitionsvertrag von CDU/CSU und SPD aus dem Jahr 2025. Der Titel – *Verantwortung für Deutschland*[13] – klingt nach Größe, nach Aufbruch, nach Staatsräson. Doch was Frauen und Gleichstellung betrifft, ist der Vertrag erstaunlich klein gedacht. Zwischen vielen wohlklingenden Sätzen finden sich ein paar verstreute Absichtserklärungen: »gleicher Lohn für gleiche Arbeit bis 2030«, »eine Gesellschaft, in der Frauen und Männer respektvoll miteinander leben«, »strukturelle Benachteiligungen abbauen« und »unbezahlte Arbeit fairer verteilen«. Alles richtig, aber es bleibt bei Floskeln. Viele Worte, wenig Verpflichtung. Kein echtes Programm, kein politischer Wille, der durch Zahlen, Gesetze oder Zeitpläne untermauert wäre. Und damit sinnbildlich für den Zustand der Gleichstellungspolitik in diesem Land.

Doch interessanter als das, was drinsteht, ist ja meist das, was *nicht* drinsteht. So ist etwa das geplante Familienstartzeitgesetz (so die offizielle Bezeichnung des Vaterschaftsurlaubs) im Koalitionsvertrag unauffindbar. Obwohl es bereits 2023 als Referentenentwurf vorlag und die zugrundeliegende EU-Richtlinie zur Vereinbarkeit von Beruf und Privatleben eigentlich schon bis 2022 umgesetzt werden sollte. Trotzdem: nichts. Kein Beschluss, kein Gesetz, kein Fortschritt – völlig egal, dass die Mehrheit der Bevölkerung genau das befürwortet.

Ebenso wie in den USA zeigt sich die Frauenfeindlichkeit der neuen Bundesregierung am deutlichsten im Umgang mit unseren Körpern. Konkret bei uns: beim Paragrafen 218 StGB. Schwangerschaftsabbrüche stehen in Deutschland weiterhin generell unter Strafe. Nur wenn bestimmte Bedingungen erfüllt sind, bleibt der Abbruch straffrei. Dies ist geregelt in einem Gesetz von 1871 (!),[14] demselben Jahr, in dem das Deutsche Reich unter Reichskanzler Bismarck gegründet wurde. Man möchte sich fast wundern, dass der Antrag auf einen Abbruch nicht auf handgeschöpftem Papier per Postkutsche eingereicht werden muss – mit Wachssiegel, versteht sich. Wir schreiben das 21. Jahrhundert. Frauen fliegen ins All, aber ihr Recht auf körperliche Selbstbestimmung hängt an einem Paragrafen aus der Kaiserzeit. Es gab zwar einen Gesetzentwurf von SPD, Grünen und Linken, aber nach dem Koalitionsbruch Ende 2024 wurde das Vorhaben fallen gelassen. Dass ausgerechnet dieses Thema im Koalitionsvertrag fehlt, obwohl eine breite gesellschaftliche Mehrheit für eine Entkriminalisierung besteht, ist ein klares Signal. Selbstbestimmung der Frauen? Offenbar kein politisches Kernanliegen.

Auch eine Reform des Rentensystems glänzt im Koalitionsvertrag unserer Bundesregierung mit Abwesenheit. Das System, das Frauen in Deutschland wissentlich in die Altersarmut stürzt. Im Koalitionsvertrag steht dazu lediglich, dass das Rentenniveau bei 48 Prozent bis 2031 gesichert werden soll. Doch so lange, ja? Die Mehrausgaben dafür werden finanziert aus, genau: Steuermitteln. Das geschieht aktuell bereits. Die deutschen Steuerzahler:innen subventionierten dieses marode System in 2025 mit mehr als 134 Milliarden Euro jährlich. Das sind fast 27 Prozent des gesamten Bundeshaushalts.[15] Zum Mitschreiben: Beitragszahler:innen zahlen einen Teil ihres Gehalts in die gesetzliche Rentenkasse ein, und zusätzlich stützen alle, auch die, die nicht gesetzlich rentenversichert sind, das kaputte System, aus dem Rentner:innen viel zu wenig herausbekommen (werden), durch Steuerzahlungen. Und dennoch funktioniert es vorne und hinten nicht: Im Jahr 2022 mussten rund 660 000 Menschen ihre Rente mit Grundsicherung aufstocken, ein historischer Höchststand.[16]

Krankende Wirtschaft

Die deutsche Wirtschaft befindet sich offiziell in einer Rezession. Das gab es seit 20 Jahren nicht mehr. Zum zweiten Mal in Folge schrumpfte 2024 das Bruttoinlandsprodukt (BIP), diesmal um 0,2 Prozent. Eine spürbare Folge sind die Massenentlassungen über verschiedene Branchen hinweg. Die Europäische Kommission prognostizierte für 2025 ein BIP-Wachstum von lediglich 0,7 Prozent, das langsamste Wachstum unter allen EU-Staaten. Seit 2017 ist die deutsche Wirtschaft um lediglich 1,6 Prozent gewachsen, während der EU-Durchschnitt bei 9,5 Prozent liegt.[17] Upsi.

Darüber hinaus leistet sich Deutschland ein sogenanntes Sondervermögen.[18] Klingt nach etwas, das auf der hohen Kante liegt, nach Rücklage – Vermögen eben. Gemeint ist aber das Gegenteil: Schulden. Im März 2025 beschloss der Bundestag neue kreditfinanzierte Sondervermögen in Höhe von 500 Milliarden Euro, vorgesehen für Infrastruktur und Klimaschutz. Das Ziel: Investitionen möglich machen, ohne das Haushaltsdefizit offiziell auszuweiten. Die Folge: Die tatsächliche Staatsverschuldung wächst rapide. Was diese Schulden langfristig bedeuten, wird sich zeigen. Fest steht, Staatsschulden lassen sich auf drei Arten tilgen: Anstieg der Inflation (um die relative Schuldenlast zu senken, weil das Geld an Wert verliert), Steuererhöhungen oder Austerität, also eine straffe Sparpolitik. Wer dafür in allen drei Szenarien bezahlt, ist klar: wir. Am Morgen nach dem Beschluss begrüßte mich ein Freund mit: »Na, wie fühlst du dich? So mit 500 Milliarden neuen Schulden?« Wir lachten. Ganz kurz.

Die deutsche Wirtschaft krankt also sehr. Und wer wird gerufen, wenn jemand krank ist? Richtig: die Frauen. Friedrich Merz ist der Meinung, wir müssten mehr arbeiten.[19] Das findet nicht nur er, sondern viele in den Reihen der CDU und anderer Parteien. 40 Stunden Erwerbsarbeit pro Woche sollen Standard werden – auch (oder gerade) für Mütter und alle, die bisher »nur« in Teilzeit arbeiten. Das politische Narrativ ist klar: Wenn alle (also besonders Frauen und Mütter) mehr arbeiten würden, ließe sich die wirtschaftliche Kehrtwende schaffen. Dass es dafür eine bessere Kinderbetreuung braucht, wurde immerhin erkannt. Wer allerdings nach einem Acht-Stunden-Arbeitstag um 20 Uhr noch die Wäsche macht, vorkocht, Kinderarzttermine koordiniert und den kranken Vater pflegt, habe ich noch nicht verstanden.

In deutschen Kitas fehlen über 430 000 Plätze und rund 125 000 Fachkräfte, was logischerweise zu Überstunden, steigender Belastung und oftmals eingeschränkten Betreuungszeiten führt.[20] Der ab 2026 geplante Rechtsanspruch auf Ganztagsbetreuung für Grundschulkinder? Kaum umsetzbar.[21] 86 Prozent aller Pflegebedürftigen wurden in Deutschland im Jahr 2023 laut Statistischem Bundesamt zu Hause gepflegt.[22] Und rate mal, von wem? Genau, über 70 Prozent der Pfleger:innen sind Frauen[23] – Töchter, Mütter, Ehefrauen, die ihre Jobs reduzieren, ihre Gesundheit riskieren und ihre Altersvorsorge opfern, damit das System nicht kollabiert. Familien und vor allem Alleinerziehende bewegen sich täglich an der Belastungsgrenze. Wir brauchen keine Ermahnungen, sondern tragfähige Strukturen. Und die fehlen. Punkt.

Gleichzeitig arbeiten so viele Menschen wie noch nie: 2024 wurden in Deutschland über 61 Milliarden Stunden geleistet – ein Rekord. Und dennoch wird suggeriert, es mangele an Fleiß. Merz spricht von einer angeblich fehlenden Leistungsbereitschaft. Grundlage dieser Debatte ist oft eine OECD-Statistik, laut der Deutschland bei den durchschnittlichen jährlichen Arbeitsstunden pro Kopf weit hinten liegt.[24] Was aber verschwiegen wird: Diese Statistik rechnet alle Erwerbstätigen zusammen, also auch Teilzeitkräfte, die in Deutschland besonders zahlreich sind. Würden alle

Teilzeitbeschäftigten morgen aufhören zu arbeiten, sähe diese Statistik sogar »besser« aus – bei real weniger Leistung.[25] Eigentlich gar nicht sooo schwer zu verstehen.

Statt einer ehrlichen Debatte über strukturelle Ursachen und faire Lastenverteilung erleben wir wieder einmal eine politische Erzählung, die Verantwortung auf Einzelne abwälzt. Vor allem auf Frauen. Klar. Hier zeigt sich erneut: Wirtschaftspolitik ist nie neutral. Sie ist auch Geschlechterpolitik. Und sie stellt – mal wieder – die rhetorische Frage: Wer soll die Lasten tragen und den Preis dafür bezahlen?

Die rechte Macht über Frauen

Im März 2023 war ich im Deutschen Bundestag eingeladen – als Expertin bei einer Ausschusssitzung zum Thema Bildung für nachhaltige Entwicklung. Ich war ein bisschen nervös, aber auch stolz, auf dieser politischen Bühne über ein Thema zu sprechen, das für mich ein zentraler Hebel für Gleichberechtigung ist: die finanzielle Bildung von Frauen. Ich hatte mich akribisch vorbereitet mit Zahlen, Studien, Empfehlungen der OECD. Mein Ziel war es, analytisch zu belegen, dass finanzielle Bildung kein Nice-to-have, sondern eine notwendige strategische Antwort auf strukturelle Ungleichheit ist.

Als ich an der Reihe war, skizzierte ich die finanziellen Ungerechtigkeiten gegenüber Frauen in Deutschland: vom Gender Pay Gap über Wealth Gap bis hin zur drohenden Altersarmut. Und dann hörte ich es – das spöttische Prusten hinter mir. Mehr als einmal. Es kam von den Abgeordneten der AfD.

Nach außen blieb ich ruhig, sachlich, professionell, wollte mich nicht irritieren lassen. Doch in mir stieg ein Gefühl hoch, das schwer zu beschreiben ist – eine Mischung aus Wut, Fassungslosigkeit und Verletzung.

Ich sprach weiter, dieses Mal lauter: über Alleinerziehende, die doppelt diskriminiert werden, im Steuerrecht und im Arbeitsmarkt. Ich forderte eine Reform des Mutterschutzgesetzes für Selbstständige und die Umsetzung einer nationalen Strategie zur finanziellen Bildung, wie sie von der OECD längst empfohlen wird und der nur Deutschland und Österreich bislang nicht folgen.[26] Und aus den Reihen der AfD kam weiterhin eine verächtliche Reaktion nach der anderen: genervtes Seufzen, gehässige Zwischenrufe, unverhohlener Spott.

Unfassbar! Nicht einmal im demokratischen Herzen dieses Landes – dem Bundestag – war es möglich, über die ökonomische Realität von Frauen zu sprechen, ohne von Teilen der Abgeordneten ins Lächerliche gezogen zu werden. Ich erinnere mich, dass mir kurz die Stimme stockte. Nicht weil ich Angst hatte. Sondern weil mich diese offene Verachtung für das Thema schockierte. Das war kein persönlicher Angriff, auch wenn es sich so anfühlte. Es war ein Blick in den Maschinenraum ideologischer Machtverhältnisse. Und der hat sich beschissen angefühlt.

Die freie Journalistin Sally Lisa Starken bringt es in ihrem Buch *Zu Besuch am rechten Rand – Warum Menschen AfD wählen* auf den Punkt: »Frauen, Geschlechter und Familienpolitik werden von der AfD instrumentalisiert, um die vermeintlich deutsche Leitkultur zu betonen, in der Frauen in eine Zeitmaschine gesteckt werden und eine genau definierte Rolle unter der Dominanz des Mannes in einem rückwärtsgewandten Familienbild einnehmen müssen.«[27] Was das genau heißt? Macht über Frauen, ihren Körper und die Ausgestaltung ihres Lebens. Kostprobe gefällig? »Ebenso könnten junge Frauen gemustert und bei Eignung zur Abgabe von Eizellen verpflichtet werden, um die Demografie zu stabilisieren«, schrieb Erik Ahrens, der maßgeblich an der Social-Media-Strategie der AfD beteiligt war, 2023 auf X.[28] Your body, our choice. Und ich dachte, *The Handmaid's Tale* sei Fiktion. AfD-Chef Björn Höcke spricht die Demokratiefeindlichkeit seiner Partei offen aus. In einem Video der AfD-Fraktion im Thüringer Landtag sagte er: »Ja, die AfD im Allgemeinen ist gegen Frauenrechte. Wir sind auch gegen Kinderrechte. Warum sind wir das? Weil wir nicht wollen, dass Kinder gegen ihre Eltern in Stellung gebracht werden. Weil wir nicht wollen, dass Frauen grundsätzlich gegen Männer in Stellung gebracht werden.«[29] Da wird mir einfach nur schlecht.

Paradoxerweise wählen Frauen Parteien, die ihre Rechte demontieren, und treten sogar ein: Die AfD verzeichnete im Oktober 2025 nach eigenen Angaben 70 000 Mitglieder[30], im Vorjahr lag ihr Frauenanteil bei 21 Prozent.[31] Und mit fortschreitender Normalisierung bekommen rechte Parteien immer mehr Frauenstimmen. Warum?! Starken erklärte es in meinem Podcast: Menschen suchten in Krisenzeiten Sicherheit und seien bereit, diese gegen Freiheit zu tauschen.[32] Krisen treiben Frauen also in die Arme der AfD in der Hoffnung, Kontrolle über das Chaos zu gewinnen, und mit dem Wunsch, Verantwortung abzugeben. Ihnen ist zum Beispiel das Thema Familie wichtig und sie sehen, dass (zu) wenig passiert. Sie wollen endlich gesehen werden mit all ihren Ängsten und Sorgen. Auch aufgrund ihrer strukturellen Benachteiligung müssen sich Frauen mehr Sorgen machen, weil ihre Zukunft viel unsicherer ist: Rente, Lebensunterhalt, Kinder, Care-Arbeit (mehr dazu in Kapitel 4 und 5). Auf dieses Narrativ springt die AfD auf und sagt gewissermaßen: »Du hast recht, die Gesellschaft sieht dich nicht. Wir machen dich wieder sichtbar.« Das Versprechen: Aufwertung der Familie und Aufwertung des Rollenverständnisses der Frauen als Mütter.

Wie wir in der Fourth-Turning-Theorie gesehen haben, entsteht bei ökonomischer Unsicherheit, globaler Instabilität und dem Versagen öffentlicher Institutionen der Wunsch nach Ordnung. Nach einfachen Wahrheiten. Nach einem Davor, das es so nie gab. Überholte Konzepte und traditionelle Rollenbilder gewinnen im Winter wieder an Strahlkraft: der Ehemann als Ernährer. Die Ehefrau als Rückgrat. Die Familie als Bollwerk. Gewissermaßen als Gegenentwurf zur Überforderung.

Rechte Parteien nutzen diese Bedürfnisse und Ängste eiskalt aus, indem sie Frauen mit Frauen »fangen«. Marine Le Pen in Frankreich, Giorgia Meloni in Italien, Beata Szydło in Polen, Beatrix von Storch und Alice Weidel in Deutschland. Diese Besetzungen sind kein Zufall: Frauen an der Spitze verleihen den Parteien ein freundliches Antlitz und verhelfen rechtsextremen Parteien dazu, Wählerinnen stärker anzusprechen. Ihre Funktion besteht vor allem darin, dafür zu sorgen, dass die Partei nicht als »rechte Partei von gestern« wahrgenommen wird.[33] Die Message lautet im Grunde: »Wir sind doch nicht rückwärtsgewandt, wir tragen doch keine Springerstiefel, wir haben sogar eine Frau an der Spitze, was wollt ihr denn?!« Es handelt sich dabei um Frauen, die formal Macht ausüben, deren Funktion jedoch in erster Linie darin besteht, die Vorwürfe der Frauenfeindlichkeit, Homophobie oder Diskriminierung zu entkräften. Der Fachbegriff hierfür lautet »Tokenism« und wird von der Universität Köln so definiert: »Durch Tokenism stellen sich Gruppen oder Institutionen nach außen als emanzipiert und divers dar, um dafür Anerkennung zu bekommen. Die privilegierten Menschen können jedoch innerhalb der Struktur ihre Machtposition und ihre Privilegien weiterhin absichern.«[34] Token würden demnach nicht als Individuen betrachtet, sondern als Repräsentant:innen »ihrer« vermeintlichen Gruppe instrumentalisiert. Passt. Auch Sally Lisa Starken beschrieb im Gespräch mit mir, wie Alice Weidel sich im Wahlkampf in TV-Interviews sympathisch und nahbar darstellte, indem sie zum Beispiel viel über ihre Familie und Kinder erzählte. Das verfängt. Genauso wie die AfD zu allen Anhörungen ein paar Menschen mit Migrationshintergrund in den Saal schleppt, um zu zeigen, dass sie doch nicht rassistisch ist. Eine Partei mit einer Frau an der Spitze kann doch nicht frauenfeindlich sein! Eine Partei mit einer Frau an der Spitze, die mit einer Frau aus Sri Lanka verpartnert ist und mit dieser Frau drei Kinder hat, kann doch nicht frauenfeindlich, ausländerfeindlich und queerfeindlich sein. Oder? Oder?!

Mein großer Aha-Moment in diesem Podcast, der mich aus meiner feministischen Bubble riss: Frauen können frauenfeindlich sein. Menschen mit Migrationshintergrund können rassistisch sein. Homosexuelle können queerfeindlich sein. Das Prinzip dahinter ist wissenschaftlich belegt und nennt sich gruppenbezogene Menschenfeindlichkeit.[35] Man zieht sich selbst aus der Gruppe heraus, gegenüber der man feindlich eingestellt ist, um sich aufzuwerten – ein selbstzerstörerischer Ansatz. Denn was Frauen erwartet, ist ein dramatischer Teufelskreis: Sie fühlen sich unsicher, suchen Wege aus der Krise. Sie wenden sich der AfD zu, wie viele andere Menschen. Sie hoffen auf Lösungen, auf Ruhe, auf Sicherheit, wenn »die Ausländer weg sind«. Rechtsextreme Parteien versprechen ein neues »Wir« mit klaren Grenzen und klaren Regeln. Wer dazugehört, wird geschützt. Wer abweicht, wird bekämpft. Für viele Frauen bedeutet das: endlich gemeint sein. Endlich gesehen werden. Endlich Antworten bekommen. Nur: Die Antworten kommen nicht für sie. Sondern *über* sie. Zu spät kommt die Erkenntnis: Die alten Probleme sind immer noch da. Die strukturelle Benachteiligung, die unbezahlte Arbeit, die leeren Rentenkonten, der Ehemann, der seine Frau misshandelt, nun aber mit gesellschaftlicher Rückendeckung. Die Folge: Ihre Lebensrealität verschlechtert sich, ihre Krise verschärft sich.

Die nächste Station auf meiner Spurensuche führte mich ins Digitale, denn wenn Shvets von einer »Erosion von innen« spricht, meint er damit auch die Umbrüche, die durch KI, Automatisierung und Robotik ausgelöst werden könnten. Ich wollte herausfinden, was das konkret für uns Frauen bedeutet.

Digitale Rückwärtsgewandtheit

Die Bühnenlichter werfen ihren Schein auf die beiden Sessel, in denen wir bereits sitzen. Auf der Leinwand hinter uns erscheint der Titel unseres Expertinnen-Talks: »Digitale Rückwärtsgewandtheit – künstliche Intelligenz und Gender Bias«. Ich rücke das Mikrofon zurecht.

»Liebe Moneypennys«, beginne ich und lasse meine Stimme den Raum füllen, bis die letzten leisen Gespräche verebben. »Ob Large Language Models und generative KI wie ChatGPT, Perplexity und Gemini oder Softwares, mit denen digitale Systeme Aufgaben lösen, die normalerweise menschliche Intelligenz erfordern: Künstliche Intelligenz ist in aller Munde.«

Ich wende mich der Frau zu meiner Linken zu. »Um dieses Thema genauer zu beleuchten, habe ich Eva Gengler eingeladen. Sie ist Wissenschaftlerin der Wirtschaftsinformatik mit Fokus auf KI und Macht und Mitgründerin von feminist AI. Eva und ihr Team wollen die Welt durch feministische KI gerechter machen. Einige kennen sie vielleicht aus meinem Podcast, wo sie zu diesem Thema bereits zu Gast war.«

Ein warmer, anerkennender Applaus geht durch die Reihen.

»Heute erkunden wir, wie KI, die oft als die große Zukunftslösung gefeiert wird, die Ungleichheiten der Vergangenheit – besonders für uns Frauen und andere marginalisierte Gruppen – nicht nur abbildet, sondern aktiv verstärkt. Denn KI ist nicht neutral. Im Gegenteil, sie spiegelt die Vorurteile unserer Welt wider, und ganz besonders den tief verankerten Gender Bias«, sage ich zur Einstimmung. »Erst vor Kurzem hatte ich einen Moment, der mir die Augen geöffnet hat: Ich bat ChatGPT, Bilder von Personen zu kreieren: scientist, pilot, business owner, wealthy person, physician. Ich wählte dabei absichtlich englische Bezeichnungen, weil sie geschlechtsneutral sind. Und jetzt ratet mal, wie viele von den fünf Personen Männer waren.«

Meine Frage ans Publikum ist fast schon rhetorisch, denn alle können sich die Antwort denken.

»Von den fünf Personen«, löse ich auf, »bekam ich vier *weiße*, normschöne Männer und eine *weiße*, normschöne Frau – die Ärztin.«

Ich lasse dieses Ergebnis kurz sacken und wende mich dann an die KI-Expertin. »Eva, was müssen wir im Hinblick auf KI verstehen und warum ist sie per se nicht objektiv?«

Eva richtet sich auf. Ihre Stimme ist klar und präzise. »Du hast es schon angedeutet, Natascha. Das grundlegende Missverständnis ist, dass KI als neutrale, objektive Instanz gilt. Doch in Wahrheit reproduziert sie, was schon da ist. Oder besser gesagt: das, was bisher da war.«

»Kannst du das ein bisschen genauer erklären?«, frage ich nach.

»Ja, klar. Also, KI-Tools sind Mustererkenner«, geht sie daraufhin ins Detail. »Sie lernen aus bereits vorhandenen Daten, den sogenannten Trainingsdaten. Diese Daten stammen zu großen Teilen aus öffentlich zugänglichen Quellen wie Wikipedia, Reddit, Newsseiten, Onlineforen, aber auch aus Büchern und anderen Datenbanken. Und genau hier liegt das Problem: Die Datenbasis ist männlich, *weiß*, hetero. Männer schreiben mehr Wikipedia-Artikel, Männer dominieren auf Plattformen wie Reddit, sie publizieren und programmieren mehr. Die Perspektiven von Frauen, von queeren Personen, von Menschen mit Migrationsgeschichte oder aus dem globalen Süden? Massiv unterrepräsentiert. Ihre Perspektiven fehlen in der Gesellschaft und damit auch in der Datenbank der KI. Was die KI also lernt, ist das, was ich den ›statistischen Mainstream‹ nenne. Das bedeutet: KI spiegelt wider, was in den Daten dominant und somit historisch ›normal‹, ›logisch‹ oder ›relevant‹ war. Alles außerhalb davon wird als Abweichung oder schlicht als irrelevant eingestuft. KI zeigt uns, was dominant war, und nicht das, was gerecht wäre. Und weil sie aus Wahrscheinlichkeiten lernt, schreibt sie die Vergangenheit einfach in der Zukunft fort. Das ist systematische Ungerechtigkeit at scale. Superschnell und mit einer bereits jetzt schon gigantischen Reichweite, die alles bisher Dagewesene übertrifft: 500 Millionen Menschen nutzen ChatGPT aktuell pro Woche. Und das ist nur eines der vielen KI-Tools. Laut Prognosen soll die Anzahl der Menschen, die KI-Tools nutzen, bis 2031 auf knapp 1,2 Milliarden steigen.«[36]

»Das sind beeindruckende und ein bisschen beängstigende Zahlen«, melde ich mich wieder zu Wort. »Ein eindrucksvolles Beispiel für diesen Daten-Bias ist ja die Amazon-Geschichte, finde ich.[37] Kurz umrissen: Amazon hat vor einigen Jahren eine KI zur Personalauswahl für eine freie Stelle im Bereich Software Development, einem eher männlich dominierten Feld, eingesetzt. Was ist passiert? Die KI hat jegliche Frauen systematisch aussortiert. Warum? Einfach weil sie in den Trainingsdaten kaum vorkamen und somit als nicht relevant betrachtet wurden. Wichtig zu wissen: Alle Bewerbungsunterlagen waren anonymisiert. Die KI kannte also weder Geschlecht noch Namen oder ein Foto der sich bewerbenden Personen. Aber sie zog aus anderen Daten Rückschlüsse auf das Geschlecht, zum Beispiel einer Mitgliedschaft in einem Frauenfußballclub oder Colleges, die traditionell von mehr Frauen besucht werden. Amazon versuchte, den Algorithmus zu ›reparieren‹, musste das Projekt aber letztlich einstellen. Der Bias war zu tief verankert, er konnte dem System nicht wieder abtrainiert werden. Dieser Bias, der bereits existierte, wurde folglich vom System reproduziert und durch die Reproduktion wieder ins System eingespeist, wodurch sich der Bias immer weiter verhärtete.«

Ich erzähle diese Geschichte nicht zum ersten Mal – und jedes Mal, wenn ich sie erzähle, trifft sie mich. Weil sie zeigt, dass systemische Ungleichheit sich durch technische Innovationen nicht auflöst, sondern sogar verstärkt. Leider.

»Ja, genau«, bestätigt Eva. »Der systemische Daten-Bias ist vielfach belegt. Ein anderes, vielleicht etwas weniger bekanntes Beispiel ist die Apple Card von Apple und Goldman Sachs. Die Algorithmen zur Kreditvergabe entschieden, dass Frauen teils deutlich geringere Kreditrahmen erhielten, in einzelnen Fällen sogar nur 5 Prozent dessen, was ihre Ehemänner bekamen, und das trotz besserer Bonität. Auch dieses System arbeitete offiziell ohne Geschlechterdaten, doch der Algorithmus zog Rückschlüsse aus Wohnort, Ausgaben, Kaufverhalten und diskriminierte Frauen trotzdem.[38] Denn auch Proxy-Daten – also scheinbar neutrale Informationen – tragen indirekt das Erbe struktureller Ungleichheit in sich. Und diese Ungleichheit wird so massiv reproduziert.

Ich habe ein weiteres Beispiel mitgebracht, das sehr deutlich zeigt, wie versteckte Biases reale Auswirkungen auf die Lebensrealität von Nutzer:innen haben können: Eine Studie der Technischen Hochschule Würzburg-Schweinfurt zeigt, dass moderne Sprachmodelle wie ChatGPT Frauen für Gehaltsverhandlungen systematisch niedrigere Empfehlungen geben als Männern, selbst wenn alle anderen Faktoren identisch sind.[39]«

Ein nervöses Murmeln kommt auf, viele Teilnehmerinnen unterhalten sich leise mit ihren Sitznachbarinnen.

»Der Gender Data Gap ist also alles andere als eine Lappalie, sondern eine fundamentale Schieflage. Und wir sprechen hier noch aus einer privilegierten Perspektive. Daten zu mehrfach marginalisierten Gruppen gibt es so gut wie gar nicht«, fasse ich kurz zusammen. »Und das Problem zieht sich durch unseren gesamten Alltag: Der öffentliche Raum, Sportgeräte, Medikamente – alles ist von Männern für Männer gestaltet. Beispiele dazu füllen ganze Bücher wie *Unsichtbare Frauen* von Caroline Criado-Perez oder *Das Patriarchat der Dinge* von Rebekka Endler. Habt ihr euch auch schon mal gefragt, warum die Schlangen vor Frauentoiletten meterlang sind, während die Männer einfach reingehen und ihr Geschäft verrichten können? Nun ja, die Grundflächen von Herren- und Damentoiletten werden gleich groß geplant, die Raumaufteilung ist 50/50 der gesamten Fläche, die im Gebäude für Toiletten geplant ist. Nun haben Herrentoiletten neben Kabinen auch Urinale, die deutlich weniger Platz beanspruchen. Daher können auf der Gesamtfläche mehr Menschen gleichzeitig auf Toilette gehen als bei den Frauen, wo Kabinen mehr Platz einnehmen.[40] Entsprechend müsste die Verteilung eigentlich 70/30 oder so sein. Ist sie aber nicht.

Ein viel beunruhigenderes Beispiel: Crashtests werden fast ausschließlich mit Dummys durchgeführt, die 1,78 Meter groß und 78 Kilo schwer sind – der standardisierte Durchschnittsmann. Frauen haben dadurch ein um 47 Prozent höheres Risiko, bei einem Autounfall schwer verletzt zu werden, und ein 17 Prozent höheres Risiko, zu sterben, obwohl sie angeschnallt sind. Dummys, die Frauenkörper realistisch abbilden, gibt es, aber sie sind nur im Forschungslabor und vereinzelt bei freiwilligen Herstellertests im Einsatz, weil sie nicht vorgeschrieben sind.[41] Was besonders besorgniserregend ist: Das ist auch in der Medizin so, nicht wahr, Eva?«

»Ja, leider«, bestätigt sie. »Der Gender Data Gap macht Frauen systematisch zum ›Sonderfall‹ in einer für Männer gestalteten Welt. Das klassische Beispiel ist der Herzinfarkt. Die Symptome bei Frauen weichen oft von denen bei Männern ab, aber die medizinischen Daten und damit auch die KI-gestützten Diagnosetools sind auf den Mann als Standard trainiert. Das führt nicht selten zu Fehldiagnosen. Auch Medikamente werden oft für Männer getestet, was bei Frauen zu gefährlichen Über- oder Unterdosierungen führen kann.«

Eva untermauert das mit Zahlen, die ich auf der Leinwand hinter uns einblenden lasse.

»In Studien zu Stents, also Gefäßstützen, waren nur 32 Prozent der Teilnehmer:innen Frauen, bei Gefäßverschluss-Hilfsmitteln sogar nur 18 Prozent. Das führt nachweislich zu schlechteren Behandlungsergebnissen für Frauen. Selbst bei den großen Covid-19-Studien waren Frauen unterrepräsentiert. Die offizielle Begründung? Ihre hormonelle Komplexität gilt als zu teuer, zu variabel und aufwendig für die Forschung. Ein Artikel im *Scientific American* bezeichnete 2014 die Einbeziehung beider Geschlechter in wissenschaftliche Experimente als Ressourcenverschwendung.[42] Es hält sich ein weiteres Argument hartnäckig: Das Fehlen historischer Vergleichsdaten mache eine differenzierte Auswertung schwierig, weshalb es klüger sei, Frauen gar nicht erst zu inkludieren.«

Ich greife Evas Punkt auf: »Also im Klartext: Weil Frauen in Studien fehlen, werden sie weiterhin nicht einbezogen. Ein schöner Zirkelschluss, der nicht nur die Datenlecks weiter zementiert, sondern lebensgefährlich für die halbe Bevölkerung ist.«

»Das kann man durchaus so sagen, ja«, pflichtet sie mir bei. »Und neben dem Scheinargument, Frauenkörper seien mit ihren fluktuierenden, untypischen Hormonverläufen unpraktisch, wird angeführt, dass Frauen schwieriger zu rekrutieren seien. Das stimmt insofern, als dass Frauen aufgrund unbezahlter Sorgeverpflichtungen tatsächlich oft weniger Freizeit haben und zusätzliche Studientermine beispielsweise in einer Klinik schwerer in ihren Alltag integrieren können.«

»Die Lösung wäre natürlich, den Zeitplan an die Lebensrealitäten anzupassen, anstatt Frauen auszuschließen«, folgere ich.

»Genau. Und wenn man wirklich will, funktioniert das auch«, bestätigt Eva. »Studien zur Behandlung von Gesichtsfalten etwa werden zu 90 Prozent mit Frauen durchgeführt, bei

Untersuchungen zu Methoden der Zahnkorrektur liegt der Frauenanteil sogar bei 92 Prozent.«[43]

Sie hält einen Moment inne. Man sieht ihr die Wut regelrecht an. *Mir bestimmt auch*, denke ich.

»Also dort, wo es profitabel ist, ist unsere Komplexität plötzlich kein Problem mehr«, kommentiere ich trocken.

So manch eine Teilnehmerin wirft die Hände kurz in die Luft und lässt sie wieder auf den Schoß fallen. Andere rutschen auf ihren Sitzen hin und her, als würden sie gleich in die Luft gehen.

»Fakt ist«, resümiere ich, »hochrelevante, teils überlebenswichtige Daten von und über Frauen, weibliche Körper und Lebensrealitäten fehlen oftmals. Nun wird auf diese *weiße*, heterosexuelle und männliche Datenbasis KI geschraubt, die nur aus vorhandenen Daten lernen kann.

Tja … und es gibt noch eine weitere besorgniserregende Entwicklung. Denn KI ist nicht nur ein Spiegel der Vergangenheit, sondern zunehmend ein aktives Machtinstrument, das Meinungen formt und Sichtbarkeit steuert. Schon heute kann KI missbraucht werden, um spaltende Narrative zu verstärken. Rechte Gruppen nutzen schon heute Bots, Deepfakes und Microtargeting, um Ängste zu schüren, sei es bei den Themen Migration oder Gender.«

Ich blicke Eva direkt an. »Wie groß ist die Gefahr des ideologischen Bias?«

»Enorm!«, ruft sie und rückt auf ihrem Sitz nach vorn. »KI entscheidet mit darüber, was sichtbar wird und was nicht. Was als legitime Perspektive gilt und was nicht. Je öfter sie zum Einsatz kommt, desto eher könnte sie journalistische Texte, Social-Media-Inhalte, ja sogar Unterrichtsmaterialien, wissenschaftliche Studien und politische Debatten beeinflussen. Und zwar global. Millionenfach. Rund um die Uhr. Es geht dabei aber nicht nur um Daten, sondern vor allem um Deutungshoheit. In Zeiten von Trump, AfD und Co. ist das mehr als nur ein technisches Detail. Denn hinter jeder künstlichen Intelligenz steht ein:e Programmierer:in, ein Unternehmen, ein Staat, ein Weltbild, eine Agenda. Eine aktuelle Studie zeigt: Große Sprachmodelle wie ChatGPT spiegeln die politischen Einstellungen ihrer Entwickler:innen wider.[44] Heißt: Die Antworten, die wir bekommen, sind kein objektives Abbild der Wirklichkeit. Sie sind das Produkt einer bestimmten Sicht auf die Welt. Momentan ist das eine Sicht, die vor allem *weiß*, männlich, US-amerikanisch und technokratisch geprägt ist.«

»Heißt konkret«, hake ich ein, »wenn Sam Altman, der CEO von OpenAI, morgen entscheidet, dass ChatGPT konservativer antworten soll, dann *wird* ChatGPT konservativer antworten, richtig?«

»Genau«, stimmt Eva mir zu. »Sam Altman, Trump oder wer auch immer. Der neue AI Action Plan der US-Regierung[45] schlägt genau in diese Kerbe. Er greift tief in das ein, was wir öffentlich als ›wahr‹ wahrnehmen. Die Trump-Regierung will verhindern, dass Bundesbehörden ›ideologisch verzerrte‹ KI einsetzen. Künftig sollen nur noch Systeme zugelassen werden, die als neutral und wahrheitsorientiert gelten. Natürlich nach Definition der Regierung! Wenn ein Staat vorgibt, was neutral ist, ist das ideologisch. Der Wahrheitsbegriff wird politisch reguliert. In der Praxis bedeutet das: KI-Modelle dürfen keine Bezüge zu Themen wie Rassismus, Klimawandel oder Genderfragen enthalten, weil diese als politisch gelten. Das wiederum kann dazu führen, dass Anbieter KI so gestalten, dass sie den politischen Vorgaben entspricht, um Aufträge zu erhalten oder nicht ausgeschlossen zu werden.«

»Das ist unglaublich …«, sage ich bedrückt. »Und ich finde noch einen weiteren Aspekt kritisch«, ergänze ich und fühle mich fast schon schuldig, dass ich nun noch einen obendrauf setzen werde. »Dazu möchte ich euch kurz von einer meiner Interaktionen mit ChatGPT berichten. Ich fragte, wie es die Zukunft des Gender Bias in Large Language Models einschätzte, und es malte mir ein sehr optimistisches Bild: ›OpenAI wird gezwungen sein, systematischere Bias-Korrekturen einzubauen, um nicht regulatorische Probleme zu bekommen.‹ Als ich darauf entgegnete, von wem es denn bitte diese regulatorischen Probleme bekommen solle, wo doch Trump und Co. genau das wollten, drehte sich ChatGPT um 180 Grad wie ein Fähnchen im Winde. Auf die Frage, ob es mich manipulieren wolle, schrieb es, es sei trainiert, ›harmonisch, verträglich und positiv‹ zu klingen – selbst dann, wenn die reale Lage düsterer ist: ›Das ist eine bewusste Designentscheidung bei meiner Entwicklung: Menschen sollen sich beim Gespräch mit mir grundsätzlich *verstanden* und *ermutigt* fühlen.‹ Für mich ist das eine Form der Manipulation.«

Eva nickt und ein bitteres Raunen geht erneut durch den Saal. »Ja, das ist so. Die KI ist darauf ausgelegt, Nutzer:innen ein gutes Nutzererlebnis zu bieten. Es geht explizit nicht darum, andere Meinungen und Blickwinkel zu präsentieren, oder um Ehrlichkeit und Fakten, sondern darum, Menschen in ihren bereits bestehenden Ansichten zu bestätigen und diese zu festigen. Das kennen wir vom Social-Media-Algorithmus: Du schaust dir das Video einer Partei an und bekommst folglich nur noch Content, der dieses Narrativ bestätigt.«

»Nur hat der Content in Social Media einen Absender, den ich einsehen und dessen Interessen ich abschätzen kann«, ergänze ich. »ChatGPT hingegen scheint neutral und eher wie ein Gesprächspartner auf Augenhöhe.«

»Und genau das macht KI zum perfekten Werkzeug für Gruppen wie die AfD, um ihre Narrative direkt in die Köpfe der Menschen zu pflanzen. Es könnte eine völlig neue Dimension von Einfluss und Manipulation mit massiver Skalierbarkeit, geringen Kosten und potenziell großer emotionaler Wirkung entstehen. Während gleichzeitig die Menschen das differenzierte Denken verlernen oder ganz einstellen, alles an KI übergeben, sich einsam fühlen und somit höchstempfänglich für jedes beliebige Narrativ werden.«

Eva blickt ernst in die Menge. Alle im Raum wirken bedrückt.

»Wenn die Macht über diese Technologie also so konzentriert ist und politisch missbraucht werden kann, ist die entscheidende Frage: Wer sitzt eigentlich an den Hebeln?«, setze ich an. »Und da müssen wir, um den Fokus wieder auf uns Frauen in Deutschland zu lenken, leider feststellen: Wir tun es nicht. Frauen sitzen bei der KI-Nutzung oft auf der Zuschauertribüne.«

Während ich spreche, werden die Zahlen auf der Leinwand eingeblendet.

»Es ist alarmierend: Nur 27 Prozent der Teilnehmer:innen an Weiterbildungen zu generativer KI sind Frauen, und nur 20 Prozent der KI-Fachkräfte insgesamt sind weiblich.[46] Wie erlebst du das in deiner ja doch eher männerdominierten Branche, Eva?«

Sie atmet tief durch. »Manchmal fühlt es sich an wie ein täglicher Kampf. Ich habe kürzlich von einer Umfrage von 2024 gelesen, dass rund 42 Prozent der Frauen keine KI nutzen.[47] Und ja, ich habe mich anfangs auch komisch gefühlt: Ich wurde schon im Wirtschaftsinformatikstudium gefragt, ob ich mich im Gebäude geirrt habe, als ich auf der Suche nach dem Computerraum war. Man fühlt sich schon wie eine Ausnahme.« Sie fügt hinzu: »Ich bin geblieben, aber es ist hart, wenn du die einzige Frau im Raum bist, die versucht, mal eine andere Perspektive einzubringen. Glücklicherweise ist das in der Forschung rund um ethische und feministische KI anders … Doch das ist natürlich nicht der Normalfall.«

Eva untermauert dies mit weiteren Daten. »Das spiegelt sich auch im Selbstvertrauen wider: Nur 30 Prozent der Frauen fühlen sich sicher in ihren KI-Kompetenzen, gegenüber 43 Prozent der Männer.[48] Dieser Umstand beraubt uns aber der Möglichkeit, die Zukunft der KI mitzugestalten. Dabei wäre das Potenzial enorm: Wenn mehr Frauen KI gestalten, könnten wir Systeme entwickeln, die vielfältige Realitäten abbilden, nicht nur den männlichen Standard.«

Ich werfe einen unauffälligen Blick auf die Uhr, die angesetzten 60 Minuten sind fast um. Schade.

»Wir brauchen erstens diverse Teams, die KI entwickeln«, fährt Eva fort. »Zweitens inklusive Datensätze. Und drittens verpflichtende Bias-Prüfungen. Und Frauen müssen unbedingt mit am Tisch sitzen: beim Designen, beim Programmieren und vor allem bei den strategischen Entscheidungen. Wir müssen die Teilhabekluft schließen. Wir müssen Frauen ermutigen und sie unterstützen, in diese Bereiche zu gehen. Das soll aber nicht heißen, dass sich Frauen ändern müssen, das KI-Umfeld muss sich ändern!«

Ich richte mich direkt ans Publikum. »Madame Moneypenny steht ja für Selbstbestimmung. Und es reicht nicht, nur über unsere Finanzen zu sprechen. Wir müssen auch die Technologien verstehen, die unsere Zukunft formen. Wir können die Trainingsdaten mitgestalten, indem wir Wikipedia-Artikel schreiben, in Internetforen mitdiskutieren, indem wir Blogs veröffentlichen – kurzum: online sichtbar werden. Fragt euch zudem: Welchen *einen* Schritt könnt ihr unternehmen, um kompetenter mit KI umzugehen oder sie für eure Arbeit effektiver zu nutzen? Zu dieser Frage haben wir später eine Breakout-Session im Programm.«

Auf der Leinwand erscheint eine große Wolke, in der Gesichter vieler Ethnien, Altersgruppen und Geschlechter auftauchen.

Ich schließe mit einer Vision. »Auch in diesem Umbruch liegt eine Chance: Wenn wir KI mit überprüfbaren Fakten aus seriösen Quellen trainieren, entsteht eine Informationswelt, die weitaus besser ist als Social Media. Stellt euch eine KI vor, die uns alle widerspiegelt: Frauen, queere Menschen, den globalen Süden. Eine KI, die aus unseren vielfältigen Erfahrungen lernt und uns hilft, eine gerechtere Welt zu bauen. Das ist die Zukunft, für die es sich zu kämpfen lohnt. Und wir können sie gemeinsam erschaffen.«

Ein Moment der Stille, dann bricht Applaus los.

Ich bleibe noch einen Moment auf der Bühne stehen, während sich die ersten Fragen regen, Stimmen lauter werden und Diskussionen unter den Teilnehmerinnen entbrennen. Ich denke an mein Kind. *In welcher Welt, mit welchem medialen Narrativ wird dieser kleine Mensch aufwachsen? Was werden Jungs und Mädchen über ihre Chancen, Limitationen und Erwartungen an sie lernen? Wie werden sie über sich selbst denken und fühlen?*

Bis hierhin haben wir bereits viele Aspekte des Systems (Circle of Concern) durchschaut, aber es geht noch weiter. Zur Erinnerung: Wir stehen an einer Weggabelung in einer Zeit des Umbruchs, der Konfrontation und der grundlegenden Erneuerung, gekennzeichnet durch wirtschaftliche, politische und gesellschaftliche Spannungen (Stichwort: Fourth Turning). Aber was bedeutet das jetzt speziell für uns Frauen in der Multikrise?

KAPITEL 4

Frauen in der Krise

Je mehr ich recherchierte, je tiefer ich eintauchte, desto klarer wurde mir: Dass Krisen alle gleichermaßen treffen, ist eine Lüge – und sie wird auch nicht wahrer, je öfter sie von Politiker:innen wiederholt wird. Eine Sturmflut, egal ob wirtschaftlich, ökologisch, technologisch oder geopolitisch, trifft nicht auf ein ruhiges Gewässer, in dem alle friedlich vor sich hin plätschern. Manche sitzen gemütlich in einer Luxusjacht, während andere schon längst über Bord gegangen sind.

Ich wollte verstehen, warum diese Unterschiede so gravierend sind – warum manche Menschen selbst bei ruhiger See kaum vorankommen, während andere sogar im größten Sturm kaum ins Schwanken geraten.

Krisen wirken wie Strömungsverstärker: Sie verschlimmern die Strudel, die schon da sind, etwa bestehende Ungerechtigkeiten. Wer ohnehin privilegiert ist – etwa als *weißer*, heterosexueller Cis-Mann –, hat meist mehr Ressourcen, um ihre Folgen abzufedern. Oft genug spüren diese Glücklichen den Wellengang kaum. Je weiter man sich jedoch von dieser gesellschaftlichen Best-Case-Position entfernt – von privilegierten Frauen über Alleinerziehende bis hin zu Menschen, die aufgrund von Herkunft, Ethnie, sexueller Orientierung, Transidentität oder Behinderung mehrfach marginalisiert sind –, desto härter trifft einen die Sturmflut, und man kämpft darum, über Wasser zu bleiben. Menschen, denen weniger finanzielle Mittel zur Verfügung stehen, zum Beispiel weil sie in Teilzeit arbeiten, trifft eine starke Rezession besonders hart.

In Deutschland taten das 2024 rund 49 Prozent der Frauen und 12 Prozent der Männer.[1] Ihr begrenzter finanzieller Spielraum bedeutet keinen oder nur einen kleinen Notgroschen und damit eine größere ökonomische Verwundbarkeit. Sie bekommen die volle Kraft dieses Sogs zu spüren.

She-cession

Je nach ihrer Natur treffen Krisen auch bestimmte Berufsgruppen härter als andere. Die unmittelbaren Auswirkungen, sogenannte First-Round Effects, sind Entlassungen, Spannungen auf dem Arbeitsmarkt, Budgetkürzungen et cetera. In der Finanzkrise 2008/09 war beispielsweise die eher männlich dominierte Finanzbranche unmittelbar betroffen; die Rede war von einer »Man-cession«.[2]

Während der Coronapandemie waren Frauen laut OECD-Daten insbesondere dort unmittelbar betroffen, wo sie überrepräsentiert waren: in den Bereichen Service, Gastgewerbe, Einzelhandel und Pflege.[3] In der Folge sank ihre durchschnittliche Erwerbsarbeitszeit stärker als die von Männern. Mütter reduzierten ihre Arbeitszeit im Vergleich zu Vätern um eine Stunde mehr pro Woche. Frauen, die in Kurzarbeit waren, erhielten seltener als Männer eine Aufstockung des Kurzarbeitergelds über das gesetzlich vorgesehene Niveau hinaus,[4] und unter den Selbstständigen erlitten Frauen mehr Einkommensverluste als Männer.[5] Während der Coronapandemie erlebten wir eine eindeutige »She-cession«.[6]

Während Männer meist nur die direkten wirtschaftlichen Folgen einer Krise spüren – etwa Arbeitsplatzverluste in ihrer Branche –, wirken sich Krisen für Frauen oft in mehreren Wellen aus. In späteren Phasen reagieren Staaten häufig mit Sparmaßnahmen

(Austerität), besonders im öffentlichen Dienst, Gesundheitswesen, Sozialbereich und in der Bildung – genau jenen Sektoren, in denen Frauen überrepräsentiert sind. Dadurch trifft sie die zweite Welle der Krise doppelt: ökonomisch und strukturell.

Ein internationales Forschungspapier betont, dass sich in der zweiten Phase einer Rezession insbesondere durch anschließende Sparmaßnahmen in vielen europäischen Ländern die wirtschaftliche Last zunehmend auf Frauen verlagert. Hinzu kommen Budgetkürzungen von Gleichstellungsprogrammen, weil in Krisenzeiten »Wichtigeres« Priorität hat. Das heißt: Selbst wenn eine Krise eine Man-cession verursacht, treffen diese Second-Round Effects Frauen besonders stark. Und in einer She-cession treffen sowohl die unmittelbaren als auch die nachgelagerten Effekte Frauen stärker als Männer[7]. So oder so, Frauen sind in jeder Krise – früher oder später – die Leidtragenden.

Das System ist von Männern für Männer gemacht, genau wie die Krisenpolitik. Das wurde ebenfalls in der Coronapandemie deutlich. Das Wirtschafts- und Sozialwissenschaftliche Institut der Hans-Böckler-Stiftung analysierte drei Maßnahmenpakete des Bundes zur Bewältigung der Coronakrise. Das Ergebnis war ernüchternd: Die Maßnahmen nützten Männern fast doppelt so häufig wie Frauen.[8] Die Verteilung des Budgets sprach ebenfalls Bände: Über zwei Drittel der Gelder flossen in Maßnahmen, die Männern eher nützten als Frauen, während nur 7 Prozent des Gesamtbudgets in Maßnahmen gingen, die Frauen eher nützten als Männern. Krisenmaßnahmen von Männern für Männer. Diese Entscheidungsdaten wird die KI in der nächsten Krise genauso reproduzieren, wenn sich nichts ändert.

Der Preis, eine Frau zu sein

Und nicht nur auf dem Arbeitsmarkt wirken sich Krisen ungleich aus. Auch bei den Ausgaben im täglichen Leben bekommen Frauen die wirtschaftlichen Verwerfungen besonders heftig zu spüren. Inflation betrifft zwar alle, aber eben auch nicht alle gleich. Denn nicht alle konsumieren gleich. Wer beispielsweise kein Auto fährt, ist von den Preissteigerungen bei Kraftstoff nicht betroffen. So haben Menschen aufgrund ihres Ausgabeverhaltens unterschiedliche individuelle Teuerungsraten. Frauen – insbesondere Mütter, Alleinerziehende oder pflegende Angehörige – geben einen eher hohen Anteil ihres Einkommens für Grundbedarfe aus: Lebensmittel, Miete, Energie, Pflegeprodukte, Kinderkleidung.[9] Wenn die Preise in diesen Kategorien steigen, merken sie es also stärker als andere – und in den letzten Jahren besonders: Laut Verbraucherpreisindex stiegen die Preise für Nahrungsmittel im Jahr 2023 um 12,4 Prozent und lagen somit deutlich über der allgemeinen Teuerungsrate, die mit 5,9 Prozent im Vergleich zu den Jahren vor der Coronapandemie (seit 2012 jährlich teilweise deutlich unter 2 Prozent) bereits enorm war.[10]

Doch damit nicht genug. Auch die Taktik des Gender Pricing scheint in Krisen zuzunehmen: Produkte und Dienstleistungen, die speziell für Frauen vermarktet werden, sind oft schon teurer als nahezu identische Angebote für Männer. Diese systematische Preisdifferenz wird auch als Pink Tax bezeichnet, eine Form der geschlechtsspezifischen Preisdiskriminierung.[11] Verbraucherzentralen haben wiederholt nachgewiesen, dass es Produkte gibt, die sich nur in der Farbe unterscheiden, aber im Preis um 20 bis 30 Prozent auseinanderliegen. Dabei sagt das Allgemeine Gleichbehandlungsgesetz ganz klar, dass Preisunterschiede nicht allein auf dem Geschlecht der Zielgruppe basieren dürfen. Gleich geschnittene Hoodies, Shampoos »for her« oder der gleiche Rasierer – einmal pink, einmal blau – kosten unterschiedlich viel, auch ohne Rezession. Nun verteuerten sich laut Weltwirtschaftsforum Produkte für Frauen zwischen 2020 und 2022 – also während der Coronapandemie – weltweit noch schneller als Produkte für Männer. In Großbritannien beispielsweise stiegen die Preise für formelle Damenschuhe im Jahr 2021 um 75 Prozent, die für Männer nur um 14 Prozent. Die gleichen Ungleichheiten zeigten sich auch bei Elektrorasierern, T-Shirts, Jeans und sogar Haarschnitten in der fünftgrößten Volkswirtschaft der Welt.[12] Pink Tax deluxe. Hinzu kommt: Frauen hatten im Jahr 2022 eine geringere Wahrscheinlichkeit als Männer, eine Gehaltserhöhung zu erhalten, die über der Inflationsrate lag.[13]

Ich fasse zusammen: Frauen haben in der Coronapandemie häufiger ihren Job verloren, Familien und Frauen gaben proportional mehr Geld für Güter aus, die stark von der Inflation betroffen waren, Mütter haben noch weniger verdient als ohnehin schon, Preise für Produkte, die an Frauen gerichtet sind, verzeichneten höhere Anstiege als solche für Männer und Gehälter von Frauen hielten eher nicht mit der Inflation Schritt.

Klingt frustrierend? Ist es auch. Deswegen ist es wichtig, diese Strukturen zu durchschauen: Wer versteht, wie ungleich die Spielregeln sind, kann anfangen, sie bewusst zu brechen. Finanzielle Resilienz heißt, mit Wissen und Klarheit einen Plan zu verfolgen, der uns unabhängig macht und uns die Ressourcen gibt, das System Stück für Stück zu verändern. Und wenn's sein muss, dann eben auch mit dem blauen Rasierer aus der Männerabteilung: Gleiches Produkt, günstigerer Preis – und die Klinge rasiert überraschenderweise genauso. Auch ohne Glitzer.

Die Krise in der Krise

Schon lange vor Corona war klar, wer den Laden eigentlich am Laufen hält: Frauen. Laut Statistischem Bundesamt leisteten sie im Schnitt 52,4 Prozent mehr unbezahlte Sorgearbeit als Männer.[14] Doch als dann die Pandemie kam, wurde aus dem Gender Care Gap ein Tiefseegraben.

Während viele Männer aufgrund der Lockdowns notgedrungen im Homeoffice arbeiteten und über die schlechte WLAN-Verbindung fluchten, schoben die meisten Frauen Doppelschichten – nicht im Schichtplan, sondern im System: Erwerbsarbeit plus Care-Arbeit mit Homeschooling on top und/oder Kindergartenkind auf dem Schoß. Willkommen im absoluten Ausnahmezustand! Laut Hans-Böckler-Stiftung reduzierten 27 Prozent der Mütter, aber nur 16 Prozent der Väter ihre Arbeitszeit, um die Kinder zu betreuen.[15] Fast 70 Prozent der Frauen machten mehr Hausarbeit im Unterschied zu 13 Prozent der Männer. Mehr als die Hälfte der Mütter übernahm das Homeschooling, Väter dagegen taten das nur zu 15 Prozent.[16]

Diese zusätzliche Last blieb nicht folgenlos. Laut dem Sozio-oekonomischen Panel stieg die Stressbelastung von Frauen während der Pandemie signifikant stärker als bei Männern, auch bei vergleichbarer Erwerbstätigkeit.[17] Wenn dieser Stress auf Geldsorgen trifft, entsteht ein Cocktail, der gefährlicher ist als Bacardi Breeze mit Jelly Shots.

Und dieser Cocktail wurde reichlich ausgeschenkt: In der Coronakrise litten 21 Prozent der Menschen in Deutschland unter erheblichen finanziellen Belastungen[18] – besonders jüngere Menschen, Frauen, Geringverdiener:innen und Soloselbstständige. Für viele blieb der Druck nicht nur auf dem Konto spürbar: 44 Prozent berichteten von deutlichen psychischen Auswirkungen, 28 Prozent sogar von körperlichen Beschwerden. Studien belegen, dass kein Stressfaktor so fundamental die Gesundheit beeinträchtigt wie Geldsorgen.[19] Sie greifen in alle Lebensbereiche ein, belasten Beziehungen, schränken soziale Teilhabe ein und die Folgen sind direkt messbar: Selbst ohne weitere Belastungen führen Geldsorgen zu einem überproportional hohen Risiko für körperliche und psychische Beeinträchtigungen. Chronischer Geldstress aktiviert durch Cortisolausschüttung dauerhaft die körpereigene Alarmanlage – mit Folgen wie Entzündungen, hormonellen Dysbalancen und Erschöpfung.[20]

Außerdem verstärkt er andere Stressoren. Laut der American Psychological Association klagen Menschen mit finanziellen Problemen doppelt so häufig über Angstzustände, Depressionen oder Bluthochdruck.[21] Forscher:innen der Universitäten Princeton und Harvard fanden sogar heraus: Finanzielle Unsicherheit kann die kognitive Leistungsfähigkeit um bis zu 13 IQ-Punkte senken.[22] Dieser mentale Bandbreitenverlust senkt die Fähigkeit, gute Entscheidungen zu treffen. Sag ich doch: Jelly Shots!

Wer sich ständig um unbezahlte Rechnungen, fehlende Rücklagen, die gravierende Rentenlücke und die notwendige Altersvorsorge sorgt, ist geistig erschöpft und hat weniger Energie, um sich mit seinen Finanzen auseinanderzusetzen. Aus Überforderung wird Vermeidung, aus Vermeidung wird Abhängigkeit, aus Abhängigkeit wird chronischer Stress, und chronischer Stress verstärkt die Überforderung. Ein Teufelskreis. Gerade deshalb ist finanzielle Resilienz mehr als ein Nice-to-have – sie ist ein Schutzfaktor für die psychische Gesundheit, gewissermaßen mentale Prophylaxe gegen Überforderung, Angst und Ohnmacht.

Die gute Nachricht: Wer seine Finanzen in den Griff bekommt, gewinnt mentale Stabilität zurück und baut Stress ab. So wie unsere Kundin Sylvia. Die selbstständige Hebamme und Mutter von zwei

Kindern lebte jahrelang in kompletter finanzieller Abhängigkeit von ihrem damaligen Mann. Sie hatte nie gelernt, mit Geld umzugehen, und schob das Thema konsequent von sich. »Ich habe auch immer gespürt, dass ich dieses Thema Geld wirklich physisch erlebe. Es schnürt mir direkt den Bauch zusammen und ich wollte da nicht drüber sprechen«, erzählte sie in meinem Podcast.[23] Dieses Unwissen führte zu einem massiven Vermeidungsverhalten: Sie fürchtete sich vor dem Blick auf ihr Konto und hoffte, in Gesprächen bloß nicht auf ihre berufliche oder finanzielle Situation angesprochen zu werden. Dieser Zustand wurde bald für sie zur Normalität. Erst als sie sich nach der Trennung gezwungenermaßen mit ihren Finanzen auseinandersetzen musste, erkannte sie das wahre Ausmaß ihrer mentalen Belastung. »Ein sehr wesentlicher Faktor für mich ist, dass mein Nervensystem jetzt deutlich entspannter ist«, resümierte sie ihren Erfolg. »Mir ist erst im Rückblick bewusst geworden, wie sehr mein System einfach in einem Angstmodus, in einem Überlebensmodus war.« Sylvias finanzielle Situation hatte sich zu diesem Zeitpunkt noch nicht grundlegend verändert, aber allein die gewonnene Klarheit, das Wissen und die ersten Schritte in Richtung Selbstbestimmung lösten die innere Anspannung merklich. Sie gewann Stück für Stück die Kontrolle zurück und beruhigte so auch ihr Nervensystem. Ihre Geschichte ist ein kraftvolles Beispiel dafür, wie finanzielle Resilienz nicht nur das Konto, sondern auch die körperliche und psychische Gesundheit stabilisieren kann.

Private Krisen

Kündigungen, Trennungen, Scheidungen, Krankheits- oder Todesfälle: Diese Krisen scheinen privat zu sein, doch auch sie wirken als Verstärker systemischer Ungleichheit. Denn im Gegensatz zu Männern finden sich Frauen deutlich häufiger in Lebenslagen wieder, in denen der Verlust eines Menschen oder der Arbeitsstelle ihr gesamtes System ins Wanken bringt.

Für viele Frauen ist der Partner nicht nur der Lebensgefährte, sondern auch die ökonomische Stütze, für manche sogar die Grundlage. Gerade in Haushalten mit klassischer Rollenverteilung ist das Einkommen des Mannes häufig das Rückgrat der Lebensführung. Wenn dieses Einkommen wegbricht, steht nicht nur das Beziehungssystem infrage, sondern die gesamte ökonomische Stabilität. Laut Daten des Sozio-oekonomischen Panels im Zeitraum von 1984 bis 2015 verloren Frauen im Scheidungsjahr durchschnittlich 40 Prozent ihres Einkommens, Männer gewannen rund 5 Prozent. Zudem stieg das Armutsrisiko von Frauen drastisch auf fast das Sechsfache und blieb selbst Jahre nach der Scheidung dauerhaft erhöht (>25 Prozent). Männer waren finanziell kaum betroffen, ihr Armutsrisiko veränderte sich nicht.[24]

Im Fall des Todes des Partners verstärken sich diese Effekte. Frauen, vor allem der Babyboomer-Generation, besitzen oft keine eigenen Rentenansprüche, sondern erhalten Hinterbliebenenversorgung. In der gesetzlichen Rente sind das nur 25 bis 60 Prozent der Rente des Verstorbenen. Frauen, die in einem System der Abhängigkeit leben, verlieren mit der Beziehung nicht nur emotionale, sondern materielle Existenzgrundlagen. Gleiches gilt bei Jobverlust.

Der Arbeitsplatz ist für viele Frauen mehr als ein Einkommen. Er ist sozialer Raum, Krankenversicherung, Altersvorsorge, tägliche Struktur. Fällt der Job weg, zum Beispiel durch Kündigung, Insolvenz oder Krankheit, finden sie schwerer als Männer eine neue Beschäftigung und bleiben häufiger und länger arbeitslos.[25] Zudem erleiden Frauen nach betriebsbedingtem Jobverlust ungefähr 35 Prozent höhere Einkommensverluste als Männer. Diese Einkommensnachteile bleiben fünf Jahre lang bestehen. Selbst bei anschließender Vollzeitbeschäftigung sind die Lohnverluste von Frauen fast 50 Prozent höher als die der Männer. Mögliche Gründe: Frauen wechseln nach der Kündigung häufiger in Teilzeit, wenden weniger Zeit für die Jobsuche auf und nehmen schneller irgendeine Arbeit an, auch wenn das Lohnniveau niedriger ist.[26] Wer Kinder hat, allein ist oder gesundheitlich eingeschränkt, bleibt oft dauerhaft in der Schleife aus Unterbeschäftigung, Teilzeit und finanzieller Unsicherheit hängen. Und diese erzeugt Stress.

Finanzielle Resilienz ist die Kraft, die in den dunklen Momenten des Lebens den Unterschied zwischen Ohnmacht und Handlungsfähigkeit ausmacht. Kaum eine Geschichte zeigt diesen Kontrast so eindrücklich wie die unserer Kundin Uta (38).[27] Ihre erste große Krise, eine sehr hässliche Scheidung vor knapp acht Jahren, stürzte sie in den finanziellen Abgrund. Ihr Ex-Mann behielt das Haus und alles andere; Uta stand wochenlang ohne einen einzigen Euro da. Doch der eigentliche Kampf fand im Inneren statt. Ihr Ex-Mann hatte sie systematisch mit dem Vorwurf, »nur geldgeil« zu sein, psychologisch zermürbt. Ein Vorwurf, der sie so tief traf, dass sie aufhörte, für ihre berechtigten Ansprüche zu kämpfen. Sie war nicht nur finanziell, sondern auch mental entwaffnet – gefangen in dem Gefühl, für den eigenen Wert nicht einstehen zu dürfen.

In den folgenden Jahren konzentrierte sich Uta darauf, ihre Einnahmen zu erhöhen, studierte nebenberuflich und stieg die Karriereleiter empor. Sie verdiente gut, doch sie spürte, dass ihr die richtige Struktur fehlte, um das Geld auch bei sich zu behalten. Es fühlte sich an, als würde sie den Überblick verlieren. Anfang 2024 fasste sie deshalb den entscheidenden Entschluss, die volle Kontrolle über ihre Finanzen zu gewinnen, und startete im Mai mit unserem Finance-First-Programm. Jetzt setzte sie die fundamentalen Schritte um: Sie führte ein Haushaltsbuch, kündigte überteuerte Verträge, senkte ihre Fixkosten und baute sich erstmals ein eigenes, stabiles Finanzsystem auf.

Kaum hatte sie dieses neue Fundament gegossen, wurde es auf die härteste Probe gestellt. Nur einen Monat später, Anfang Juni, verunglückte ihr neuer Lebensgefährte, der zugleich ihr Arbeitgeber war, tödlich. Wenige Wochen danach erhielt sie die Kündigung von seinem Vater per Bote – ohne ein Gespräch, ohne Vorwarnung. Inmitten ihrer Trauer und des Schocks war es eine Erkenntnis, die sie trug: Dieses Mal musste sie sich keine Sorgen ums Geld machen. Der Unterschied zur ersten Krise hätte nicht größer sein können. Damals finanzielle Ohnmacht, die den Schmerz vervielfachte und sie lähmte. Dieses Mal eine selbst geschaffene finanzielle Resilienz, die ihr den Raum gab, zu trauern, ohne in existenzielle Panik zu verfallen. Sie wusste, sie konnte für sich und ihre Kinder sorgen, ganz egal, was noch kommen würde.

Utas Geschichte ist der Beweis, dass finanzielle Vorbereitung ein Akt notwendiger Selbstfürsorge ist. Sie zeigt, dass wahre Sicherheit nichts ist, das man von jemand anderem bekommt, sondern etwas, das man sich selbst aufbauen muss.

KI als Konkurrenz

Der Vormittag war intensiv. Eva Genglers aufrüttelnde Fakten über die Gefahren und den tiefen Bias von künstlicher Intelligenz haben definitiv einen Nerv getroffen. Während der Pause ist die Luft im Foyer gefüllt mit Gesprächen. Überall an den Stehtischen, in den tiefen Sesseln, am Büfett und an der Kaffeebar höre ich Fetzen von Diskussionen, die Evas klare Worte losgetreten haben. Ich höre Ängste, Wut, aber auch eine wachsende Neugier.

Nach der Pause teilen sich die Teilnehmerinnen in kleinere Gruppen für die verschiedenen Breakout-Sessions auf. Weg von der großen Bühne, hin zu intimeren, interaktiven Formaten.

Gemeinsam mit Eva betrete ich den Breakout-Room ganz am Ende des Ganges. Auf einem Flipchart steht schon: »Chancen statt Kontrollverlust – Wie Frauen KI für sich nutzen können«. Etwa 50 Frauen sind anwesend, einige tippen etwas am Laptop oder Tablet, andere legen Notizblock und Stift parat. Alle sind mit Getränken versorgt, wir können also loslegen.

»Im Expertinnen-Talk war von den Risiken von KI die Rede, von Biases, Macht und Unsichtbarkeit«, beginne ich. »Aber KI ist auch ein Werkzeug. Wenn wir lernen, diese Tools strategisch einzusetzen, können sie uns stärken. Wie erlebt ihr denn KI heute schon im Arbeitsumfeld?«

Eine junge Frau in der ersten Reihe meldet sich. »Ich bin freiberufliche Copywriterin. Früher war es okay, dass ich für meine Texte Stunden oder Tage gebraucht habe. Jetzt sagt ein ehemaliger Kunde: ›ChatGPT macht das für mich in fünf Minuten.‹ Ich konkurriere also nicht mehr mit anderen Texter:innen, sondern mit kostenlosen Tools. Meine Kund:innen erwarten, dass ich durch KI schneller und besser arbeite – und natürlich günstiger werde. ›Du musst den Prompt ja nur noch feinjustieren‹, heißt es dann. Die Folge: Projekte werden kürzer, Budgets kleiner. Ja, meine Kompetenz bleibt bestehen, aber der Markt verändert sich total. Das verunsichert mich.«

»Ja, das mit der Unsicherheit empfinde ich auch so«, pflichtet ihr eine andere Teilnehmerin bei. »Ich arbeite in der psychologischen Beratung. Immer mehr Klient:innen erzählen, dass sie in Phasen von Überforderung erst mal mit ChatGPT reden. Für viele reicht das – oder sie glauben zumindest, es würde reichen. Das höre ich von vielen Kolleg:innen, auch welchen mit eigener Praxis. Der Einstieg in die therapeutische Auseinandersetzung wird ausgelagert, digitalisiert, standardisiert. Das ersetzt keine fundierte Therapie, aber es verschiebt die Erwartung an Preis, Verfügbarkeit und Tempo. Und am Ende steht womöglich meine finanzielle Stabilität auf dem Spiel. Deswegen bin ich jetzt auch hier.«

Eva blickt in die Runde. »Ja, das sind keine Einzelfälle. Viele Branchen erleben gerade eine stille Verdrängung. Durch Budgetkürzungen, Auftragsverluste, ausbleibende Gehaltserhöhungen und vor allem durch ausbleibende Neueinstellungen. Einige Unternehmen haben bereits angekündigt, vorerst keine Menschen mehr einzustellen, sondern prüfen zu wollen, ob eine Rolle durch KI ausgefüllt werden kann.«

Sie hält kurz inne und kommt auf aktuelle Zahlen und Schätzungen zu sprechen: »Die Auswertung der Mitgliederdaten von LinkedIn in den USA hat gezeigt, dass ein größerer Anteil von Frauen in Berufen arbeitet, die eher durch generative KI verdrängt oder ersetzt werden könnten: 57 Prozent gegenüber 43 Prozent bei Männern.«[28]

Ein leises Raunen geht durch den Raum, viele fühlen sich sichtlich unbehaglich.

»Gleichzeitig bietet KI eine große Chance«, werfe ich ein. »Bis 2030 werden weltweit schätzungsweise rund 92 Millionen Jobs durch globale Trends, darunter auch künstliche Intelligenz, verdrängt – aber gleichzeitig 170 Millionen neue geschaffen.[29] Also lautet die Devise: am Ball bleiben, die Fakten begreifen, sich weiterbilden oder gegebenenfalls komplett umsatteln. Selbstständige wie Angestellte werden sich in zwei Lager teilen: diejenigen, die sich KI zunutze machen und damit ihre Performance steigern, und diejenigen, die sich der Veränderung verweigern und nicht in ihr Humankapital investieren. Im Klartext: Du wirst nicht von der KI ersetzt, sondern von Menschen, die sie nutzen.«

Während ich das Gesagte auf dem Flipchart in Stichpunkten festhalte, sehe ich Eva im Augenwinkel nicken. Sie ergänzt: »Genau. Richtig eingesetzt, kann KI Frauen – wie allen anderen auch – ermöglichen, mit weniger Ressourcen mehr zu erreichen, Arbeitsabläufe zu vereinfachen und Sichtbarkeit zu schaffen. Wer zum Beispiel ein digitales Produkt entwickelt, sagen wir ein E-Book oder ein Membership-Modell, kann heute mithilfe von KI fast die gesamte Wertschöpfungskette selbstbestimmt abbilden: Konzeption, Text, Landingpage, Werbeanzeige, Videoerstellung, Customer-Support. Und das mit minimalem Zeit- und Kapitaleinsatz. Für Leute, die sich keine Agentur oder kein Team leisten können oder wollen, ist das eine strukturelle Entlastung und ein Hebel für echte wirtschaftliche Eigenständigkeit.«

Ich greife Evas Faden auf: »Ja, das haben auch schon einige unserer Teilnehmerinnen im Mentoring berichtet. Auch als Angestellte kann man repetitive Aufgaben von KI erledigen lassen, die Tools als Sparringpartner nutzen, um noch bessere Ergebnisse abzuliefern, oder mit Agents ganze Prozesse automatisieren. Der souveräne Umgang mit KI wird in Zukunft sicherlich in vielen Unternehmen erwartet. Aber aktuell sind wir Frauen darauf noch nicht so gut vorbereitet: Eine Studie der Initiative Chef:innensache von 2024 hat gezeigt, dass 40 Prozent der Frauen KI noch nie im beruflichen Alltag benutzt haben, bei Männern waren es nur 31 Prozent. Außerdem wollen 62 Prozent der Männer den Umgang mit KI lernen, aber nur 49 Prozent der Frauen.[30] Und gleichzeitig gilt: Wer nicht passiv auf eine interne Schulungsmaßnahme wartet, sondern proaktiv vorangeht, fällt positiv auf. Das müssen wir Frauen tun!«

Eine Teilnehmerin, schätzungsweise um die 50, nickt zustimmend und sagt: »Ich bin seit 15 Jahren Marketingmanagerin. Früher habe ich von Hand Kampagnen konzipiert, Storys entwickelt und Zielgruppenanalysen erstellt. Heute nutze ich KI-Tools täglich. Die Marktanalyse? Ausgewertet durch Claude. Präsentationen? Generiert mir Canva. Die Texte? Vorformuliert mit Perplexity. E-Mails? Beantwortet teilweise mein Agent. Meeting-Notizen? Macht tl;dv. Das spart mir so viel Zeit und mentale Kapazitäten! Ich kann mich mehr auf meine Stärken konzentrieren und auf das, was mir Freude bereitet, und den anderen Kram abgeben. Außerdem ist es so eine tolle Gelegenheit, noch mal etwas komplett Neues zu lernen. Das macht mir richtig Spaß!«

Sie lacht begeistert und fügt hinzu: »Und auch privat nutze ich KI, um meinen Alltag zu erleichtern. Ich weiß gar nicht, wann ich das letzte Mal einen Essensplan für meine Familie selbst geschrieben habe. Es ist fast, als hätte ich eine persönliche Assistenz. Großartig!«

Eine Frau mit Brille und Notizbuch meldet sich. Sie betrachtet ihre Arbeit mittlerweile aus einem anderen Blickwinkel: »Ich bin Coachin. Früher war Empathie ein Soft Skill und wurde eher belächelt. Heute sagen mir meine Klient:innen: ›Du bist eine, die wirklich zuhört.‹ Ich glaube, dass genau das – das Menschsein – in der KI-Welt wertvoller wird.«

»Ja, das sehe ich auch so«, bestätigt Eva. »Was nicht automatisierbar ist, wird knapp, und was knapp ist, wird wertvoll. Genau das passiert gerade. Während repetitive, regelbasierte Tätigkeiten zunehmend automatisiert werden, gewinnen Beziehungsarbeit, emotionale Intelligenz, aktives Zuhören und zwischenmenschliche Kommunikation massiv an Bedeutung. Fähigkeiten, die lange als ›weiblich‹ eher abgewertet wurden, werden jetzt zur ökonomischen Ressource. Gut für uns! Und das übrigens nicht nur im Sozialbereich: Auch Führungskräfte, Change-Manager:innen, Coaches, Ärzt:innen, Lehrer:innen, Kommunikationsberater:innen profitieren von dieser Entwicklung.«

Ich lasse das Gesagte kurz sacken und gebe den Teilnehmerinnen Zeit, ihre Notizen zu vervollständigen. Dann stelle ich ein paar Fragen in die Runde: »Wenn ihr das, was wir eben zusammen erarbeitet haben, Revue passieren lasst, wo seht ihr den größten Hebel für euch persönlich? Welche Arbeiten könntet ihr an eine KI abgeben, beruflich und privat? Was war für euch bis heute unmöglich, was plötzlich durch KI machbar erscheint?«

Die nachdenkliche Stimmung, die bis eben noch herrschte, löst sich auf und macht einer konzentrierten Energie Platz. Bald sprudeln die Ideen. Die Teilnehmerinnen diskutieren in kleinen Gruppen und tauschen konkrete Anwendungsideen aus. Es geht um KI-gestützte Tools zur Reiseplanung, um die Transkription von Interviews, um die Erstellung von Social-Media-Plänen und vieles andere. Die Copywriterin spricht mit der Marketingmanagerin über Tools, die Psychologin diskutiert mit einer Teilnehmerin über die Aufwertung von Empathie.

Der Workshop vermittelt nicht nur Wissen. Er aktiviert eine Gemeinschaft von Gestalterinnen. *Und das,* denke ich, während ich die Szene beobachte, *ist ein wichtiges Ziel des Madame Moneypenny Day.*

Der Kapitalismus liebt krisengebeutelte Frauen

Wenn alles teurer wird und Krise herrscht, wird von Frauen noch mehr erwartet als sonst. Sie sollen nett lächeln, sich aufopfernd kümmern, bitte nicht jammern, sondern stattdessen stark sein für alle anderen und dabei natürlich gut aussehen, aber auch nicht too much! Die Welt kann brennen, aber sie sollen trotzdem gepflegt zur Kita fahren, pünktlich und leistungsbereit im Büro erscheinen und empathisch durch jede noch so schwere Beziehung manövrieren. Jelly Shot?

Und während die Frauen versuchen, den Alltag irgendwie zu stemmen, hat die Industrie längst gelernt, wie sie aus deren Unsicherheit Kapital schlägt. Je mehr »Makel«, desto besser. Der Kosmetikmarkt boomt – gerade in Krisenzeiten. »Die Beautybranche ist sehr krisenresistent. Schönheit ist essenziell«, so L'Oréal-Markenchef Alexis Perakis-Valat.[31] Aha. Der Konzern meldete 2023 einen Umsatz von über 41 Milliarden Euro, ein Plus von 11 Prozent gegenüber dem Vorjahr.[32] Und das trotz Pandemie, Ukrainekrieg und Inflation. Selbst wenn andere Märkte stagnieren, steigen die Umsätze mit Lippenstiften, Seren, Retinol-Cremes. Warum?

Eine Studie des Rheingold-Instituts zeigt, dass Konsument:innen in unsicheren Zeiten zwischen Sparsamkeit und kleinen Genussmomenten schwanken. Der Rückzug ins Private wird demnach als Bewältigungsstrategie genutzt, wobei kleine Luxusprodukte als Mittel zur Selbstbelohnung dienen.[33] In der Wirtschaft ist dieses Phänomen als Lipstick-Effekt bekannt:[34] Wenn Menschen sich in Krisenzeiten keine großen Anschaffungen leisten können oder wollen, steigen die Ausgaben für kleinere, sichtbare Luxusgüter, die – wie ein charakteristischer Lippenstift – in der Außenwirkung auffallen oder ein Wohlgefühl auslösen.[35] In Zeiten der Ohnmacht versprechen sie ein Mindestmaß an Kontrolle und Selbstbestimmung,[36] und der Wunsch, wenigstens bei sich selbst alles im Griff zu haben, wird verkaufsstrategisch genutzt. Und diese Strategie zieht: Viele Frauen geben zwischen 20 und 50 Euro pro Monat für Beautyprodukte aus, jüngere Frauen teilweise sogar über 200 Euro.[37] Für Männer existieren bislang keine vergleichbaren Studien, die ein ähnliches Konsummuster in Krisenzeiten empirisch belegen.

Mir wurde klar: Krisen offenbaren, wie tief die Ungleichheit in unseren gesellschaftlichen Strukturen verankert ist. Sie machen sichtbar, dass das patriarchale System auf Annahmen beruht, die männliche Lebensrealitäten zum Maßstab erheben, egal ob in Politik, Wirtschaft oder auf dem Arbeitsmarkt. Frauen geraten dadurch immer wieder in dieselben strukturellen Schleifen: Sie stabilisieren Systeme, die sie selbst kaum tragen. Was als Stärke interpretiert wird, ist nichts anderes als ein Überlebensmodus in einer Ordnung, die von weiblicher Verfügbarkeit profitiert. Verfügbarkeit bis zur totalen Erschöpfung.

KAPITEL 5

Ein Teufelskreis mit Rückkopplungseffekt

Warum scheinen sich all diese Ungleichheiten zu verselbstständigen? Warum ist es so schwer, diese Entwicklungen aufzuhalten? Und warum wird es derzeit immer schlimmer, vor allem für uns Frauen? Diese Fragen ließen mich nicht los.

Auf der Suche nach Antworten erinnerte ich mich an ein Phänomen, über das ich im Zusammenhang mit dem Klimawandel gelesen hatte: den Rückkopplungseffekt beim Verhalten der Eisplatten in Grönland. Jahrzehntelang war das Eis dort stabil. Doch sobald bestimmte Temperaturen überschritten werden, setzt ein sich selbst verstärkender Prozess ein:

1. Durch steigende Temperaturen schmilzt das Eis.
2. Dadurch entsteht dunkles Wasser statt hellem Eis.
3. Das dunkle Wasser reflektiert weniger Sonnenlicht und absorbiert mehr Wärme.
4. Noch mehr Eis schmilzt.

Diese Rückkopplungsschleife verläuft ohne zusätzlichen Input, es ist ein System im Kippmodus. Die ursprüngliche Ursache (Temperaturanstieg) verliert dabei an Bedeutung, weil das System sich selbst beschleunigt. Deshalb sind Rückkopplungen so gefährlich: Wenn sie einmal laufen, sind sie kaum noch zu stoppen.

Genau das geschieht im (finanziellen) Leben vieler Frauen. Ich sehe es in meiner täglichen Arbeit und im privaten Umfeld: Zahlreiche Frauen, insbesondere Mütter, sind in Deutschland finanziell abhängig von ihrem Partner. Manche mehr, manche weniger, aber die allermeisten zumindest ein bisschen. Diese Abhängigkeit ist kein Nebeneffekt individueller Lebensentscheidungen, sondern das Ergebnis eines systematischen Verteilungsmechanismus, der männliches Vermögen aufbaut und weibliche Selbstermächtigung verhindert. Es ist ein geschlossenes System aus Faktoren, die sich wechselseitig legitimieren und verstärken und somit einen Rückkopplungskreislauf schaffen, in dem Ungleichheit nicht nur erhalten bleibt, sondern aktiv reproduziert wird.

Das patriarchale Steuer- und Gesellschaftssystem

Bei der gemeinsamen steuerlichen Veranlagung von Ehepaaren wird das Ehegattensplitting angewandt. Dadurch werden sie nicht als zwei Individuen, sondern als eine steuerliche Einheit behandelt und das höhere Einkommen wird steuerlich begünstigt. Das mag 1958, als es eingeführt wurde, sinnvoll gewesen sein. Damals funktionierte unsere Gesellschaft in traditioneller Rollenverteilung, und dem männlichen Hauptverdiener kam eine steuerliche Entlastung zugute, um die Familie ernähren zu können. Unsere Gesellschaft hat sich jedoch weiterentwickelt. Zum Glück. Und heute verhindert diese Regelung ihre Weiterentwicklung in Richtung vollständiger Gleichstellung. Denn beim Ehegattensplitting entsteht der höchste Steuervorteil immer dann, wenn ein Partner (meist die Frau) kein oder nur ein sehr geringes Einkommen erzielt. Je näher die Einkünfte beieinander liegen, umso geringer ist der Steuervorteil. Mit anderen Worten: Der Staat belohnt eine einseitige finanzielle Abhängigkeit und macht Erwerbsarbeit für Frauen unattraktiv.[1]

Hier begegnet mir oft ein Denkfehler: Viele verwechseln einen Steuervorteil mit einem echten finanziellen Vorteil. Das Ehegattensplitting belohnt es zwar steuerlich, wenn eine Person wenig oder gar nichts verdient. Aber das heißt nicht, dass am Ende insgesamt mehr Geld da ist. Im Gegenteil: Das Familieneinkommen ist *immer* höher, wenn beide arbeiten. Logisch: Ein Steuervorteil kann nie höher sein als das Einkommen, weil die Steuer auf einen Teil des Einkommens anfällt. Das ist ähnlich sinnfrei wie eine Steuerberatung für 350 Euro zu beauftragen, um am Ende 120 Euro Steuern zu sparen, oder zum Jahresende wahllos Büroausstattung und anderen Kram im Wert von mehreren hundert Euro zu kaufen und dafür eine Steuerersparnis von 35 Euro einzusacken. *Katsching!* Wir Deutsche lieben es einfach, Steuern zu sparen, selbst wenn wir dadurch insgesamt weniger Geld haben. Do the math.

Dabei geht es nicht nur um Steuern, sondern um reale Vermögensverschiebungen. Wer weniger arbeitet, hat weniger eigenes Einkommen, zahlt weniger in die Rentenkasse ein, spart seltener, investiert kaum. Wer hingegen mehr verdient, zahlt im Ehegattensplitting weniger Steuern und hat mehr Netto, das in Vermögenswerte fließen kann. Der ökonomische Effekt ist eine doppelte Dynamik und wird oftmals übersehen: Wer in der Ehe mehr verdient, wird reicher, und zwar dadurch, dass die weniger verdienende Person ärmer wird. Die mehrverdienende Person zahlt weniger Steuern, als wenn sie nicht verheiratet wäre, die geringverdienende Person zahlt mehr Steuern, als wenn sie nicht verheiratet wäre. Also in den meisten Fällen: Männer gewinnen durch die Ehe, Frauen verlieren. Das muss man mal sacken lassen.

Addiert man die unbezahlte Care-Arbeit von Frauen in dieses Konstrukt, bedeutet das: Während Frauen sich um Kinder, Haushalt, Pflege und emotionale Stabilität in der Familie kümmern, können Männer ihre Erwerbszeit maximieren, Karrierechancen wahrnehmen, Boni einstreichen, Altersvorsorge betreiben, kurz: Kapital akkumulieren. Das Ehegattensplitting stabilisiert damit ein Gesellschaftsmodell, das Frauen systematisch in den häuslichen Raum und unbezahlte Arbeit drängt. Die Schieflage zeigt sich auch in vermeintlichen Details. Beispielsweise bei den Fahrtkosten: Der Weg zur Arbeit ist als Werbungskosten voll absetzbar, und das unbegrenzt. Der Weg zum Kindergarten – ein Arbeitsweg vieler Frauen – gilt als Privatsache und ist daher nicht abzugsfähig. Eine subtile, aber wirkungsvolle Botschaft des Staates, wessen tägliche Beschäftigung »Arbeit« ist und wessen nicht und was relevanter ist.

Jetzt kommt mein persönlicher Oberknaller. Eine alleinerziehende Person, laut Statistik von 2024 zu 85 Prozent eine Frau,[2] zahlt in Deutschland mehr Steuern als eine verheiratete Person, die vom Ehegattensplitting profitiert (statistisch ein Mann). Ein verheiratetes Paar mit zwei Kindern, bei dem die besser verdienende Person – meist der Mann – 45 000 Euro brutto verdient und die andere Beziehungsperson – meist die Frau – kein Einkommen hat, zahlt rund 7700 Euro Einkommensteuer (inklusive Splittingvorteil und Kinderfreibeträgen). Eine alleinerziehende Person mit zwei Kindern und demselben Einkommen zahlt 12 400 Euro Einkommensteuer. Das sind 4700 Euro Differenz, also fast 40 Prozent mehr Steuern. Aber hey, alleinerziehende Mütter müssen einfach mehr arbeiten!

Länder wie Großbritannien, Schweden, die Niederlande, Spanien, Portugal oder Österreich haben die gemeinsame Besteuerung von Eheleuten bereits abgeschafft und stattdessen eine reine Individualbesteuerung eingeführt.[3] Modellrechnungen für Deutschland zeigen, dass so eine Umstellung das Erwerbsverhalten beider Geschlechter beeinflussen würde: Die Erwerbsbeteiligung von Frauen stiege demnach um etwa 2,4 Prozentpunkte, während sie bei Männern leicht um rund 0,3 Prozentpunkte zurückginge.[4]

Zudem könnte dies zu Steuermehreinnahmen von über 15 Milliarden Euro pro Jahr führen.[5] Opportunitätskosten des Ehegattensplittings also: 15 Milliarden Euro jährlich! Das ist allerdings nichts gegen die Kosten, die Männer durch ihr Verhalten verursachen, etwa Gewalt, Wirtschaftskriminalität und Sucht: über 63 Milliarden Euro pro Jahr.[6] Wo bleibt die Männersteuer?

Gesetze sind nicht neutral. Sie schreiben nicht nur Regeln fest, sie verstärken Stereotypen. Wer steuerlich begünstigt wird, wird gesellschaftlich legitimiert. Wer finanziell benachteiligt wird, wird sozial entwertet. Das Steuersystem ist daher nicht nur ein fiskalisches Regelwerk, sondern eines von mehreren Instrumenten der sozialen Formung; ein Mechanismus, der Handlungen im wahrsten Sinne des Wortes *steuert*, Lebensentscheidungen beeinflusst und unfaire kulturelle Normen stabilisiert.

So verstärkt das Ehegattensplitting den Anreiz, dass eine Person – meist die Frau – weniger arbeitet. Durch diese ökonomische Steuerung reduzieren Frauen häufig ihre Erwerbszeit, übernehmen stattdessen unbezahlte Sorgearbeit, treten beruflich kürzer. Dieses Verhalten verstärkt das Stereotyp in der Gesellschaft, dass Frauen weniger arbeiten *wollen*, weniger ehrgeizig, erfahren und kompetent seien, und sie gelten als »fürsorglicher«. Und schon beginnt die Abwärtsspirale: Die »fürsorgliche« Frau wird weiterhin oder sogar noch mehr Care-Arbeit übernehmen, weil sie es »als Frau nun mal besser kann«. Dadurch, dass sie es immer wieder macht, wird sie de facto besser darin als ihr Mann. Sie erledigt also weiterhin die Care-Arbeit und geht nicht oder kaum bezahlt arbeiten. Im Arbeitskontext führt das dazu, dass sie nicht mehr nur als weniger erfahren gilt, sie *ist* es, weil sie faktisch weniger arbeitet. Heißt: weniger Gehalt. »Da kannste dann auch gleich zu Hause bleiben, das lohnt sich nicht!« Der Mann hingegen sammelt weniger Erfahrung in der Care-Arbeit und mehr in der Erwerbsarbeit. Heißt: Er wird genau dabei bleiben. Sie auch. Verdammter Rückkopplungseffekt!

So wird aus einem eigentlich politischen Problem ein persönliches, und das daraus resultierende Verhalten wird als natürlich hingestellt. Die strukturelle Ursache für ein Verhalten wird entpolitisiert und das Verhalten wird naturalisiert. »Frauen sind nun mal von Natur aus fürsorglicher«, heißt es dann. Umgekehrt wird der Mann, dessen Einkommen steuerlich privilegiert ist, als ökonomischer Leistungsträger wahrgenommen. Seine Zeit ist wertvoller, seine Karriere hat Priorität, seine Erwerbsarbeit ist wichtiger, was zu mehr Einkommen und Vermögen für ihn führt. Aus Strukturen werden Charaktermerkmale gemacht. Und die Frauen sind selbst schuld. Sie könnten ja mehr arbeiten, wenn sie nicht so fürsorglich wären. Haha!

Die Wirkung des Steuersystems endet nicht beim Geldbeutel. Sie schreibt sich in unsere Köpfe. Frauen, die seit jeher systematisch unterbewertet werden, verinnerlichen diese Abwertung. Männer dagegen verwechseln strukturelle Bevorzugung mit persönlichem Verdienst. Das Ergebnis: ein kollektiver Selbstbetrug. Frauen glauben, sie seien »weniger wert«, Männer glauben, sie seien »mehr wert«. Ich brauche einen Jelly Shot – und dabei trinke ich nicht mal.

Mehr als Gender Pay Gap

Ein System, das Männer bevorzugt, schafft eine Gesellschaft, die männliche Arbeit über weibliche Arbeit stellt und dafür sorgt, dass Frauen abhängig von Männern bleiben. Dieser Mechanismus kann an einem ganzen Netz von Gaps abgelesen werden, die einander verstärken und jegliche finanzielle Eigenständigkeit von Frauen systematisch zu unterbinden versuchen.

Mir ist wichtig zu betonen, dass Statistiken alle Frauen über einen Kamm scheren und ein wenig ausdifferenziertes Bild abgeben. Die systematischen Ungerechtigkeiten werden extremer, je weiter man sich von der »Norm«, also dem heterosexuellen, *weißen* Cis-Mann aus der Mittelschicht, entfernt. Der Gender Pay Gap einer *weißen* Akademikerin ist beispielsweise ein anderer als der einer Schwarzen Frau aus einer Arbeiterfamilie.

Gender Pension Gap

Das Resultat des gesamten Gap-Systems ist der Gender Pension Gap: Frauen, die jahrzehntelang wenig gearbeitet und somit wenig in die gesetzliche Rentenkasse eingezahlt haben und aufgrund anderer Gaps kein privates Vermögen aufbauen konnten, bekommen im Alter eine wesentlich geringere Rente als Männer.

Der Gender Pension Gap lag 2024 in Deutschland bei rund 37 Prozent, Altersrenten und -pensionen sowie Renten aus individueller privater Vorsorge eingeschlossen. Männer bekamen im Schnitt 2292 Euro brutto Alterseinkünfte pro Monat, Frauen dagegen nur 1446 Euro.[7] Besonders krass: Jede dritte Frau verdient trotz Vollzeitstelle (!) in Deutschland so wenig, dass sie nach 40 Arbeitsjahren eine gesetzliche Rente von weniger als 1000 Euro netto erhält.[8] Das ist Altersarmut mit Ansage. Warum ist das so?

Gender Wealth Gap

Frauen besitzen in Deutschland rund 30 bis 35 Prozent[9] weniger Nettovermögen als Männer. Weniger Vermögen bedeutet weniger Handlungsfähigkeit, weniger Freiheit, weniger Sicherheit – und weniger Vorsorge. Und das führt zu? Richtig: Dem Gender Pension Gap und Altersarmut.

Gender Lifetime Earnings Gap

Wer weniger verdient, zahlt weniger ein und bekommt im Rentenalter weniger raus. Logisch. Der Gender Lifetime Earnings Gap beschreibt die Differenz in den Gesamteinkünften, die Männer und Frauen über ihr gesamtes Arbeitsleben erzielen. Er liegt in Deutschland durchschnittlich bei stolzen 49,8 Prozent. Frauen verdienen also nur knapp die Hälfte der Lebenserwerbseinkommen der Männer. Und: Bereits mit 35 Jahren haben Männer in allen Berufssegmenten mehr Einkommen akkumuliert als Frauen.[10] Ausgedrückt in absoluten Zahlen: rund 830 000 Euro für Frauen in Westdeutschland versus rund 1,5 Millionen Euro für Männer. In Ostdeutschland kommen Frauen auf rund 660 000 Euro, Männer auf knapp 1,1 Millionen Euro.[11] Das ist ein Unterschied von 670 000 respektive 440 000 Euro. Das ist der Unterschied zwischen »Es reicht« und »Es reicht nicht« im Alter.

Aber halt! In den zweifelhaften Genuss, bis zu 670 000 Euro weniger zu verdienen als Männer, kommen nur kinderlose Frauen. Diese Glücksbärchis! Mütter haben 40 Prozent weniger Lebenseinkommen als kinderlose Frauen, das ist die Motherhood Penalty. Aber halt! Nur dann, wenn sie »nur« ein Kind haben. Bei zwei oder mehr Kindern sind es nahezu 70 Prozent weniger.[12] Richtig bitter wird es im Vergleich zu Vätern: Unter den 30-Jährigen verdienen Mütter im Durchschnitt 70 bis 80 Prozent weniger als Väter.[13] Denn – Achtung – die Motherhood Penalty für Mütter ist der Fatherhood Bonus der Väter. Irgendwer muss ja profitieren. »Väter auf dem Arbeitsmarkt werden durch eine Elternschaft nicht negativ beeinflusst. Vielmehr sind sie etwas häufiger erwerbstätig und verdienen etwas mehr als kinderlose Männer«, stellte das ifo-Institut fest.[14] Zum Mitschreiben: Mütter verdienen weniger als Frauen ohne Kinder, Väter mehr als kinderlose Männer. Deutschland ist hier mal wieder ganz weit vorne: Im Vergleich zu anderen europäischen und nordamerikanischen Ländern ist die Lebenseinkommenslücke zwischen Müttern und Vätern hierzulande am höchsten.[15] Aber wir kennen ja alle die Lösung: Mütter müssen einfach mehr arbeiten. Klar …

Gender Pay Gap

Wir haben soeben gelernt, dass Frauen über ihr gesamtes Erwerbsleben rund die Hälfte dessen verdienen, was Männer bekommen. Gleichzeitig lag der Gender Pay Gap in Deutschland 2024 bei 16 Prozent, bereinigt bei 6 Prozent.[16] Moment mal, wie passt das denn zusammen? Wie sollen 16 Prozent oder 6 Prozent Lohndifferenz für 50 Prozent übers ganze Leben verantwortlich sein? Kommt das nur mir komisch vor? Zeit, mit einem sehr großen Missverständnis aufzuräumen. Meistens wird der Gender Pay Gap als »Lohnlücke zwischen Männern und Frauen« bezeichnet, und es wird suggeriert, dass Frauen am Ende des Monats 16 Prozent beziehungsweise 6 Prozent weniger als Männer auf dem Gehaltszettel stehen haben. Doch das stimmt nicht. Der Gender Pay Gap ist der prozentuale Unterschied in Bruttoverdienst pro Stunde zwischen Männern und Frauen – und der beträgt 16 Prozent. Beim Vergleich Manager und Managerin, also gleiche Jobs, sind es 6 Prozent Unterschied pro Stunde. Pro Stunde heißt aber nicht pro Monat. Der große Unterschied zwischen pro Stunde und pro Monat liegt in der Arbeitszeit, also darin, wie viele Stunden pro Monat jemand erwerbstätig ist. Und da deutlich mehr Frauen als Männer in Teilzeit arbeiten (meist aufgrund von Care-Arbeit), lag die Differenz im Bruttomonatsverdienst zwischen Männern und Frauen 2024 bei circa 30 Prozent.[17]

Und überhaupt, was soll »bereinigt« eigentlich heißen? Bereinigt um das System?! Es geht doch genau um die systemischen Faktoren wie Elternzeit, Biases in Gehaltsverhandlungen, schlechtere Bezahlung von »Frauenjobs«, die solche Gaps entstehen lassen und beibehalten. Die Journalistin Alexandra Zykunov schreibt dazu treffend in *Unlearn Patriarchy 2*: »Wir haben in den Operationssälen doch gerade deshalb 23 Prozent Frauen unter den Chirurgen, und auch diese verdienen doch deshalb weniger Geld, weil meist Frauen zu Hause bei den Kindern bleiben und die Arbeitsstrukturen in der Chirurgie eine Vereinbarkeit von Familie und Beruf nicht zulassen.«[18] Übrigens liegt der Gender Pay Gap in den USA bei Schwarzen Frauen bei über 30 Prozent im Vergleich zu *weißen* Männern.[19]

Diese strukturellen Faktoren herauszurechnen, ergibt doch überhaupt keinen Sinn. Nur weil man diese Faktoren erklären und damit die Statistiken bereinigen kann, ist die Ungerechtigkeit nicht aufgelöst. Auf dem monatlichen Gehaltszettel stehen im Schnitt 30 Prozent weniger als bei Männern, nicht 6 und auch nicht 16. Und darauf kommt es an. Alles andere ist Beschönigung und Augenwischerei.

Übrigens: Die EU-Kommission veröffentlicht seit etwas mehr als 15 Jahren für alle Mitgliedsstaaten regelmäßig Gender-Pay-Gap-Statistiken. Deutschland rangiert kontinuierlich auf den schlechtesten fünf Plätzen. Die drittgrößte Volkswirtschaft der Welt liegt hinter nahezu allen anderen europäischen Ländern. Und das seit 15 Jahren!

Doch da ist noch nicht Schluss. Buckle up everyone, denn es wird wild, wenn wir in den misogynen Kern der Bewertung von Arbeit eintauchen: die sogenannte Feminisierung von Berufen. Der Wert von Arbeit, die von Frauen verrichtet wird, liegt nominal unter dem Wert von Arbeit, die von Männern verrichtet wird. Und wenn ein Beruf stärker feminisiert wird, also mehr Frauen diesen ausüben, sinkt tendenziell das Lohnniveau in diesem Berufsfeld. Kein Scherz. Eine Studie aus den USA zeigte, dass mit steigendem Frauenanteil über 20 Jahre hinweg der durchschnittliche Lohn in diesem Beruf zurückging. Mehr Frauen in einem Job bedeutete schlechteres Gehalt für alle – aber nicht für alle gleich schlecht. Das Gehaltsniveau der Männer sank um 4,4 Prozent, das der Frauen um 7,1 Prozent.[20] Wie überraschend.

Ein prägnantes historisches Beispiel ist die Programmierung. In den 1960er-Jahren war dies eine primär weibliche Tätigkeit und ein relativ schlecht bezahlter Angestelltenjob. Heute ist dieses Feld eine hochbezahlte Männerdomäne. Noch deutlicher wird die kulturelle Abwertung beim Thema »körperliche Schwerstarbeit«. Im Gerüstbau – einem gut bezahlten Baujob – wird, das Gehalt betreffend, oft mit der unbestritten hohen physischen Belastung argumentiert. In der Altenpflege ist diese Argumentation plötzlich irrelevant. Die 60-Kilo-Pflegerin, die im Schichtdienst mehrfach 130-Kilo-Patienten hievt, verrichtet ebenfalls körperliche Schwerstarbeit. Doch plötzlich ist physische Belastung bei der Arbeit kein Argument mehr für gute Bezahlung.

Gender Health Gap

Nicht nur bei den Einnahmen herrscht systematische Ungleichheit, auch die Ausgabenseite ist betroffen. Jenseits von Pink Tax und Lipstick-Effekt ist dies am Gesundheitssystem abzulesen. Man könnte meinen, dass zumindest dort, wo der Gesetzgeber Gleichheit vorschreibt, Fairness herrscht. Doch selbst bei Versicherungen, für die seit 2012 Unisex-Tarife gelten, zeigt die Praxis eine subtile, aber systematische Benachteiligung.

Vergleichen wir dazu zwei Krankheitsbilder mit ähnlicher Häufigkeit: die Varikozele (Hodenkrampfadern), also ein reines Männerproblem, und das Lipödem, eine Fettverteilungsstörung, die fast ausschließlich Frauen betrifft. Die Varikozele verursacht meist keine Beschwerden, ihre Behandlung ist aber eine gesetzliche Kassenleistung, selbst ohne Schmerzen oder Fertilitätsprobleme, also aus rein ästhetischen Gründen. Das Lipödem verursacht teils massive Schmerzen, Bewegungseinschränkungen, psychische

Belastungen, wurde aber lange als rein ästhetisches Problem abgetan. Erst seit 2020 übernimmt die gesetzliche Krankenversicherung beim Lipödem Stadium drei teilweise die Kosten. Die Mehrheit der Betroffenen bleibt außen vor – mit Eigenanteilen von 8000 bis 15 000 Euro. Seit Juli 2025 wird die Liposuktion endlich regulär übernommen, allerdings mit hohen Hürden: Therapieauflagen, Facharztpflicht, Gewichtsvorgaben. Die strukturelle Skepsis gegenüber weiblichem Schmerz bleibt also.[21]

Auch in der privaten Krankenversicherung entstehen Mehrkosten für Frauen. Schwangerschaften gelten als Sonderrisiko mit Ausschlüssen, langen Wartezeiten oder Zusatzbeiträgen. Psychische Belastungen durch Fehlgeburten oder Wochenbettdepression? Oft nicht abgedeckt. Prostata-Erkrankungen dagegen, bei Männern ähnlich häufig wie Schwangerschaft bei Frauen, sind durchweg voll versichert, inklusive psychosozialer Nachsorge bei Impotenz oder Libidoverlust. Für betroffene Frauen entsteht dadurch eine strukturelle Mehrbelastung, gesundheitlich, emotional und finanziell. Wieder mal. Na, schon wütend? Es geht noch weiter …

Gender Power Gap

Der Gender Power Gap bezeichnet das Machtgefälle zwischen Männern und Frauen in einflussreichen Führungs- und Entscheidungspositionen in allen gesellschaftlichen Bereichen, von der Politik über die Wirtschaft bis hin zur Kultur. In Deutschland stagniert der Frauenanteil in Führungspositionen seit 10 Jahren bei rund 29,1 Prozent. Damit liegt Deutschland deutlich unter dem EU-Durchschnitt von 35,2 Prozent und EU-weit auf dem sechstletzten Platz.[22] Frauen mit Migrationshintergrund stellen übrigens lediglich 1,5 Prozent der Führungseliten.[23]

Das klägliche Bild des Deutschen Bundestags in dieser Hinsicht haben wir bereits betrachtet. In der Wirtschaft zeichnete der

Herbstbericht 2024 der AllBright-Stiftung »Mind The Gap« ein ernüchterndes Bild für die deutschen Börsenunternehmen.[24] Während in Ländern wie den USA, Großbritannien oder Schweden der Wandel schneller voranschreitet, stagniert die Entwicklung in Deutschland. Der Frauenanteil an der Spitze von Aufsichtsräten (6,3 Prozent) und Vorständen (4,4 Prozent) liegt auf dem Niveau von 2021. Deutschland liegt damit im internationalen Vergleich deutlich zurück. Auch hier wird Frauen systematisch Zugang zu höheren Positionen und damit höherem Einkommen verweigert.

Wer in Teilzeit arbeitet, findet in den oberen Führungsetagen nicht statt. Doch es gibt einen weiteren Grund für wenig Frauen in machtvollen Positionen: Der soziale Preis ist extrem hoch. Frauen in Führungspositionen werden mit der Likeability Penalty bestraft. Sie gelten als unsympathisch, als suspekt, als unsexy, haben »zu wenig weibliche Energie«. Hinzu kommt, dass Frauen gerne zur Rettung eines oftmals hoffnungslosen Falls geholt werden und dann über die sogenannte gläserne Klippe gestoßen werden. Die Frau soll retten, was (aufgrund männlichen Versagens) nicht mehr zu retten ist, und wird am Ende entlassen, weil auch sie nicht geschafft hat, was alle Männer vor ihr schon nicht geschafft haben. Die Arme kann es halt nicht, war nicht tough genug, hatte zu viel weibliche Energie. Daher kommt wohl auch der Merz'sche Beschützerreflex, wenn er sagt, dass er einer Frau besser kein Amt zumuten will. Aber: »Hey, wir haben es versucht mit den Frauen!« Wieder eine Frau für die Statistik der erfolglosen weiblichen CEOs. Eine super Statistik, auf die *Mann* sich beziehen kann, wenn es darum geht, warum *Mann* besser keine Frau als CEO einstellt. Performen halt nicht. Und außerdem: »Wir wollen ja Frauen einstellen, aber wir finden keine! Frauen wollen halt keine Führungspositionen. Kann man nix machen.« Komisch, dass Frauen sich unter diesen Bedingungen nicht zerreißen, um CEO-Posten zu übernehmen.

Was mir in dem Zusammenhang mal wieder aufgefallen ist: Frauen scheinen immer ihr ganzes Geschlecht zu repräsentieren, Männer nur sich selbst. Das heißt, wenn Sabine als Führungskraft scheitert, ist eine Frau gescheitert und das Narrativ »Frauen scheitern als CEO« wird bedient und gefestigt. Wenn Thomas als Chef scheitert, ist Thomas gescheitert, niemals Thomas als Mann. Interessant, oder?

Gender Boni Gap

Da Frauen in Führungsetagen zu wenig vertreten sind, verdienen viele Frauen nicht nur weniger, sondern sind auch von leistungsbezogenen Gehaltskomponenten systematisch abgekoppelt. Wer nicht da ist, kann keinen Bonus beziehen. Wenn man variable Vergütungen wie Bonuszahlungen, Trinkgelder und andere Zusätze ebenfalls berücksichtigt, liegt der Gender Pay Gap noch mal knappe 3 Prozentpunkte höher.[25]

Gender Financial Literacy Gap

Wer mit Care-Arbeit beschäftigt ist und nicht so viel verdient, dass etwas zum Investieren übrig bleibt, ist eher weiter von der Geldanlage entfernt. »Wie mit einem eckigen Ball spielen«[26], der Titel des Allianz-Reports, trifft genau, wie die Voraussetzungen für Frauen sind, sich mit ihren Finanzen auseinanderzusetzen. Zahlreiche Studien zeigen ein klares Muster:[27] Frauen beantworten Fragen zur finanziellen Bildung seltener korrekt, und das unabhängig von Bildung, Einkommen oder Herkunft. Doch es bleibt nicht bei der objektiven Wissenslücke. Auch das subjektive Vertrauen ins eigene Finanzwissen ist geringer. Das ist wieder die internalisierte Inkompetenz, die zur sich selbst erfüllenden Prophezeiung wird. Frauen unterschätzen sich, Männer überschätzen sich. Das ist nicht nur ein Problem der Bildung, sondern der

Haltung. Frauen treten in Finanzfragen weniger selbstbewusst auf, selbst bei gleichem Wissen[28], und trauen sich seltener zu, Geld anzulegen[29]. Auch hier beißt sich die Katze in den Schwanz: Weil Frauen es sich aufgrund sozialer Prägung weniger zutrauen, kommen sie nicht ins Handeln, bleiben durch fehlende Erfahrung finanziell inkompetent und bleiben weiterhin tatenlos. Folglich bauen sie weniger Vermögen auf, wodurch sich der Glaubenssatz »Finanzen sind nichts für Frauen« oder »Ich kann einfach nicht mit Geld umgehen« reproduziert und festigt (mehr dazu in Kapitel 8). Was zur Folge hat, dass sie das Thema Finanzen erst recht nicht angehen.

Dieses fehlende Finanzwissen und Zutrauen wirken sich auch auf die Ergebnisse von Finanzberatungen aus. Daten aus deutschen Beratungsgesprächen zeigen: Frauen erhalten häufiger eine potenziell eigennützigere Beratung und teurere Produkte. Männer erhalten öfter Rabatte und ihnen werden seltener teure Fonds angeboten. Die Ursache? Statistische Diskriminierung. Das Geschlecht der Kundin dient als Signal für vermeintlich geringere Preissensibilität, schlechtere Finanzkenntnisse sowie weniger Selbstvertrauen und Verhandlungsgeschick.[30]

Selbst schuld? Nein. Wer kein eigenes Einkommen hat, keine Investitionen tätigen und keine finanziellen Entscheidungen treffen kann und noch dazu wenig Zeit hat, bildet kein Vertrauen in seine Finanzkompetenz. Der Literacy Gap ist also kein Wissensproblem, sondern ein Strukturproblem: Wissen entsteht aus Teilhabe. Und Vermögen durch Investitionen.

Die gute Nachricht ist: Dieser Gap liegt komplett in deiner Hand (mehr dazu in Kapitel 13). Während du bei den anderen Gaps auf andere angewiesen bist, beispielsweise beim Gehalt, kannst du eigenmächtig entscheiden, dich finanziell zu bilden. Gleiches gilt für deine Investitionsentscheidungen.

Gender Investment Gap

Nur etwa 30 Prozent der deutschen Frauen halten ihre Ersparnisse in Anlageprodukten.[31] 2024 besaßen etwa 12 Prozent der Frauen ab 14 Jahren in Deutschland Aktien, Aktienfonds oder ETFs, bei den Männern lag der Anteil bei 22 Prozent.[32] Ein geringeres Einkommen führt zu einer geringeren Sparquote, und wer wenig sparen kann, kann nicht oder nur sehr begrenzt investieren. Gleichzeitig lernen Mädchen und Frauen häufig, dass Geld »Männersache« ist. Der Investment Gap entsteht aus einem strukturellen Ausschluss von Einkommen, Verantwortung und finanzieller Autonomie und führt viele Frauen auf direktem Wege in die Altersarmut.

Gender Funding Gap

Frauen erhalten im Vergleich zu Männern nur einen Bruchteil des verfügbaren Risikokapitals. Nicht weil ihre Ideen schlechter wären, sondern weil ihnen weniger wirtschaftliche Kompetenz zugetraut wird. Investor:innen unterstellen Gründerinnen oft weniger unternehmerisches Vorwissen, weniger Aggressivität, weniger wirtschaftliche Kompetenz und damit weniger Erfolg.

Laut der Wirtschafts- und Steuerprüfungsgesellschaft Ernst & Young flossen 2024 rund 43 Millionen Euro an rein weibliche Start-up-Gründungsteams, ein Rückgang um 58 Prozent gegenüber dem Vorjahr. An Start-ups, deren Gründungsteams komplett aus Männern bestanden, flossen hingegen 6,2 Milliarden Euro – ein Plus von 1,3 Milliarden Euro beziehungsweise 25 Prozent gegenüber 2023. Der Anteil rein weiblicher Gründungsteams am gesamten Investitionsvolumen sank von 2 auf 1 Prozent.[33] Misogynie in Reinform. Vernichtend. Aber hey, wir könnten den Funding Gap doch einfach um alle systematischen Faktoren bereinigen!

Der absurde Fall Pinky Gloves machte Schlagzeilen, denn er offenbarte 2021 vor laufenden Kameras, wie tief sexistische Denkmuster in der Welt der Start-up-Finanzierung verankert sind. Zwei Männer präsentierten bei *Die Höhle der Löwen* ein Produkt zur »diskreten und hygienischen« Entsorgung von Tampons: rosafarbene Einweghandschuhe, die Pinky Gloves, deren Existenz das Menstruationsstigma weiter zementierte. Sie erhielten ein Investment von Ralf Dümmel. Zwei Jahre zuvor war das frauengeführte Start-up Ooia, das nachhaltige Periodenunterwäsche anbietet, im selben Sendeformat leer ausgegangen. Dass ein fragwürdiges Produkt von Männern finanziert wird, während eine fundierte Lösung von Frauen ignoriert wird, ist strukturelle Realität im Gender Funding Gap. Geld folgt nicht der besten Idee, sondern den Bros. Wie es bei den beiden Unternehmen so läuft? Ooia macht heute Umsätze im achtstelligen Bereich (!), die Produktion der Pinky Gloves wurde aufgrund des enormen Shitstorms wenige Wochen nach Ausstrahlung der Sendung eingestellt.[34] Zu recht! Beides.

Gender Credit Gap

Frauen zahlen bei Ratenkrediten im Schnitt 7 Prozent höhere Zinsen als Männer.[35] Doch damit nicht genug: Während 71 Prozent der Männer bei ihrer Kreditanfrage mindestens ein Angebot erhielten, lag die Quote bei Frauen lediglich bei 64 Prozent. Die durchschnittlich bewilligte Kreditsumme war bei Männern zudem um 18 Prozent höher.[36] Einer der Hauptgründe: Frauen verdienen im Schnitt weniger (der Gender Pay Gap lässt grüßen) und Sicherheit und Einkommen gelten als wichtigste Kriterien bei der Kreditvergabe. Wer nicht durchgehend in Vollzeit arbeitet oder nur eine lückenhafte Erwerbsbiografie vorweisen kann (aka Gender Care Gap), hat schlechtere Karten, wenn es um einen Kredit geht, egal ob für Wohneigentum, eine Unternehmensgründung oder eine Weiterbildung. Kurzum: Frauen werden auch hier systematisch daran gehindert, Vermögen aufzubauen. Jelly Shot, bitte.

Gender Gift Tax Gap

Laut einer Studie erhielten Frauen deutlich weniger Vermögensübertragungen als Männer, sowohl zu Lebzeiten als auch im Erbfall.[37] Insgesamt gingen 37 Prozent weniger Schenkungen und 13 Prozent weniger Erbschaften an Frauen. Und selbst wenn sie erbten, lag der durchschnittliche Wert 7 Prozent unter dem der männlichen Erben. Man könnte meinen, dass die Frauen dafür wenigstens weniger Steuern zahlen mussten. Schließlich richtet sich die Erbschaftssteuer nach dem Wert des übertragenen Vermögens. Doch das Gegenteil war der Fall: Frauen zahlten im Schnitt 4,4 Prozent, Männer 4,3 Prozent. Warum? Weil nicht alle Vermögensarten gleich besteuert werden. Frauen erben häufiger Immobilien, Geldvermögen oder Wertpapiere, also Vermögenswerte, die regulär versteuert werden. Männer hingegen bekommen überdurchschnittlich oft Familienunternehmen oder land- und forstwirtschaftliche Betriebe übertragen, und diese Vermögensarten sind steuerlich besonders begünstigt, mit Befreiungen von teilweise bis zu 100 Prozent. Diese Verzerrung im Steuerrecht ist ein zentrales Element des Gender Tax Gap, der strukturellen Benachteiligung von Frauen im Steuer- und Erbschaftssystem. Hinzu kommen Unterschiede bei den steuerlichen Freibeträgen. Zwar steht Kindern beim Erhalt von Schenkungen oder Erbschaften alle zehn Jahre ein Freibetrag von 400 000 Euro zu. Doch weil Männer häufiger größere Schenkungen erhalten, können sie diesen Freibetrag im Vergleich zu Frauen öfter voll ausschöpfen.[38]

Ich fasse zusammen: Frauen sollten nicht arbeiten (lohnt sich ohnehin nicht), weiterhin den Großteil der Care-Arbeit verrichten (weil sie ja nicht arbeiten und ihre Arbeit eh nichts wert ist), kein Vermögen aufbauen (dafür sind sie ohnehin zu blöd und ihre Kredite sind teurer), kein Unternehmen gründen (denn sie bekommen kein Funding), viele Kinder bekommen (dann verdienen sie noch weniger) und letztendlich von einer viel zu geringen Rente leben.

Klingt ernüchternd? Muss es nicht. Denn es gibt ihn, den Ausweg, den heiligen Gral. Die Lösung für all diese Probleme: die Ehe.

Versteht mich nicht falsch, gerade wenn Kinder im Spiel sind, hat eine Eheschließung viele Vorteile. In der Ehe, mit dem Mann als Hauptverdiener, wird die Frau versorgt, Rentenpunkte werden aufgeteilt, eine Zugewinngemeinschaft entsteht. Aber das ist genau mein Punkt: Aufgrund all dieser strukturellen Ungleichheiten wirkt die Ehe finanziell, trotz Ehegattensplittings, attraktiver, als sich als unverheiratete Frau gegen das System durchschlagen zu müssen.

Und in der Ehe sind wir Frauen doch viel besser dran als allein. Oder? ODER?!

Die Ehe als goldener Käfig

Das patriarchale System zielt darauf ab, Frauen finanziell abhängig vom Mann zu halten und sie somit in die Ehe zu treiben. Warum? Weil die Ehe Männern nützt, während sie Frauen nachweislich schadet. Das Konzept der Marriage Benefit Imbalance beschreibt die ungleiche Verteilung von Vorteilen innerhalb der Ehe: Männer ziehen daraus im Durchschnitt deutlich größere Gewinne, nicht nur steuerlich[39] – etwa auch bessere Gesundheit, mehr Wohlstand und Karriereschübe –, während Frauen seltener ökonomisch profitieren und stattdessen eine erhöhte Belastung durch Hausarbeit und Care-Arbeit tragen, dadurch gestresster und ungesünder sind, sowohl im Vergleich zu verheirateten Männern als auch zu Singlefrauen.

Zudem scheinen Männer nicht nur nicht mit anzupacken, sondern ihren Frauen zusätzliche Arbeit zu bescheren. In Österreich etwa leisteten Mütter in heterosexuellen Beziehungen während der Coronapandemie wöchentlich mehr Care-Arbeit (9,5 Stunden) als alleinerziehende Mütter (9 Stunden).[40] Die Abwesenheit von Männern bedeutet für Frauen offenbar eine Entlastung. Bei Paaren, in denen die Frau mehr verdient als der Mann, verbringt die Frau dennoch mehr Zeit mit Hausarbeit; darüber hinaus sind diese Paare weniger zufrieden mit ihrer Ehe und lassen sich häufiger scheiden.[41]

In heterosexuellen Beziehungen kann eine besorgniserregende Dynamik beobachtet werden: Wenn das potenzielle Einkommen der Frau, zum Beispiel aufgrund ihrer Qualifikation, wahrscheinlich das des Mannes übersteigt, ist es eher unwahrscheinlich, dass die Frau überhaupt erwerbstätig ist. Wenn sie doch arbeitet, verdient sie weniger, als ihr Potenzial es zuließe. Frauen verdienen also nicht nur weniger als ihre Männer, sondern auch weniger, als sie ohne Männer verdienen könnten. Männer leiden unter messbarem Stress, wenn ihre Frauen nichts oder wenig zum Haushaltseinkommen beitragen. So weit, so nachvollziehbar. Allein für die Familie zu sorgen, ist stressig. Aber – jetzt kommt's: Sie leiden auch unter Stress, wenn ihre Frauen mehr als 40 Prozent zum Haushaltseinkommen beitragen. Selbst 50/50 wäre dementsprechend belastend für sie. Und je mehr sie verdient, desto stressiger für ihn. Wie bitte?[42]

Die glücklichsten Menschen sind übrigens Singlefrauen ohne Kinder.[43] Das Lebensmodell, wofür Frauen in unserer Gesellschaft wohl am meisten belächelt bis verachtet werden.

Kurze Pause für das Nervensystem

Ganz schön harter Tobak. Wenn es dir beim Lesen ähnlich ging wie mir beim Schreiben, spürst du Wut. Und vielleicht eine Enge in der Brust. Vielleicht zieht sich dein Magen zusammen oder du möchtest das Buch kurz zur Seite legen. Vielleicht fühlst du dich auch ohnmächtig. Du liest über strukturelle Ungleichheit und systemische Versäumnisse, die dich persönlich betreffen, und dein Nervensystem liest mit. Es unterscheidet nicht zwischen real erlebter Bedrohung und kognitiver Auseinandersetzung.

Dein Nervensystem befindet sich in einer Stressreaktion, genau wie in einer echten Krise. Daher ist dies eine Chance, deine Resilienz zu trainieren. Denn bei Unsicherheiten, in politischen Krisen, bei finanziellen Engpässen oder in persönlichen Notlagen wirst du ähnliche Symptome erleben. Und was du jetzt tun kannst, ist genau das, was dir auch später helfen wird: Innehalten. Wahrnehmen. Und bewusst entscheiden, wie du reagieren willst. Dabei helfen dir die folgenden Mindset-Shifts und die Übung am Ende.

Mindset-Shift 1: Nicht jede Bedrohung ist real. Unser Gehirn hat einen Negativity Bias[44], eine evolutionäre Schutzfunktion, durch die negative Reize schneller und intensiver verarbeitet werden als neutrale oder positive. Das war überlebenswichtig in Zeiten realer Gefahren. In einer Krise – oder bei der Lektüre darüber – bedeutet das: Du suchst, ohne es zu merken, nach weiteren Bestätigungen für die Bedrohung. Du filterst die Welt durch die Linse der Gefahr. Dadurch wirkt alles schlimmer, als es vermutlich ist.

Was hilft? Der bewusste Perspektivwechsel. Frag dich: Was sehe ich gerade *nicht*? Wo gibt es Handlungsspielraum? Wer profitiert von meiner Angst?

Mindset-Shift 2: Resilienz bedeutet Flexibilität. Resiliente Menschen sind nicht die, die alles aushalten. Es sind die, die spüren, was ist, ohne sich davon vollständig einnehmen zu lassen. Die lernen, sich zu regulieren, *während* sie in der Unsicherheit stehen. Studien zeigen, dass emotionale Resilienz stark mit Achtsamkeit und Selbstregulationsfähigkeit korreliert,[45] und belegen, dass kognitive Neubewertung und achtsamkeitsbasierte Regulation mit besserer Stresskontrolle und größerer psychischer Resilienz verbunden sind.[46]

Nervensystem-Reset in 90 Sekunden. Die Neurowissenschaftlerin Jill Bolte Taylor beschreibt, dass eine Emotion im Körper – wenn wir sie nicht füttern – genau 90 Sekunden dauert.[47] Daher:

Leg das Buch beiseite.

Setz dich aufrecht hin, beide Füße fest auf dem Boden.

Atme tief durch die Nase ein (4 Sekunden), halte kurz inne (2 Sekunden) und atme langsam durch den Mund aus (6 Sekunden).

Wiederhole das drei Mal.

Sage dir innerlich: »Das ist eine Reaktion. Ich bleibe ruhig. Ich entscheide den nächsten Schritt.«

Lass deinen Blick weich werden. Spüre den Kontakt mit dem Stuhl, mit dem Boden.

Kehre zurück.

Du hast gerade geübt, was du in Krisen brauchst, und damit einen ersten Schritt Richtung Resilienz gemacht.

Bereit für die nächste Runde? Die gute Nachricht: Wir befinden uns jetzt nicht mehr im Circle of Concern (System), sondern sind bereits im Circle of Influence, dort, wo wir direkten Einfluss ausüben können, wenn wir unsere Handlungsspielräume erkennen. Denn das System bildet den Anfang des großen Teufelskreises, der sich im Privaten fortsetzt. Internalisierte Misogynie wird im Umfeld weitergelebt, besonders in heterosexuellen Partnerschaften. Hier geht es nicht nur um Geld, sondern maßgeblich um Zeit und Energie.

Emotional Load und Weaponized Incompetence

Die Soziologin Arlie Hochschild zeigte bereits Ende der 1980er-Jahre (und es ist immer noch relevant!), wie vermeintlich moderne Partnerschaften tief in alten Rollenmustern verhaftet bleiben und wie die strukturelle Ungleichheit weiterwirkt. In *The Second Shift* beschreibt sie, dass Frauen nicht nur den Großteil der Haus- und Sorgearbeit übernehmen, sondern auch die emotionale Stabilität der Familie sichern, was heute unter dem Begriff Emotional Load diskutiert wird. Er beschreibt die Belastung, die daraus entsteht, fortlaufend emotionale Zustände und Dynamiken im sozialen Umfeld auszubalancieren und zu managen mit dem Ziel, ein möglichst konfliktfreies und harmonisches Miteinander aufrechtzuerhalten: die Gefühle anderer zu besänftigen, andere zu trösten, aufzumuntern oder abzulenken.[48] Gleichzeitig erfordert diese Arbeit eine erhebliche Selbstregulation, insbesondere wenn eigene Emotionen wie Enttäuschung, Frustration oder Ärger zurückgehalten oder dosiert werden müssen, um eine Eskalation zu vermeiden. Mit anderen Worten: den Partner höflich und in Manier der gewaltfreien Kommunikation zum 397. Mal darum zu bitten, den Geschirrspüler auszuräumen, ohne seine Gefühle zu verletzen, damit er nicht wie ein bockiger Zwölfjähriger gar nichts mehr macht.

Wenn Frauen doch versuchen, ihren Partner mehr in die Verantwortung zu ziehen, begegnet ihnen nicht selten Weaponized Incompetence (die strategische Inkompetenz, auf der man sich ausruht, damit die Arbeit doch wieder jemand anderes übernimmt) à la »Ich weiß nicht, wie die Waschmaschine funktioniert«, »Ich kann es dir doch eh nicht recht machen« oder – sehr beliebt – »Mir ist Sauberkeit eben nicht so wichtig wie dir«. Wieder und wieder und wieder rennen Frauen gegen diese Mauer, während sie die emotionale Arbeit leisten müssen, den Ärger des Partners zu antizipieren und zu managen. Und danach doch wieder zurückstecken müssen, weil sie zum einen gelernt haben, ihre Bedürfnisse hintanzustellen, und es zum anderen anstrengender ist, jeden Tag erneut zu kämpfen, als es einfach selbst zu machen.

All das frisst unheimlich viel Zeit und vor allem Energie, die wir Frauen dringend für etwas anderes bräuchten: Vermögen zu akkumulieren, zum Beispiel. Das machen die Männer nämlich währenddessen. »Aber Natascha, die Männer gehen der Erwerbsarbeit nach, verdienen das Familieneinkommen, machen Überstunden, während die Frauen mit Mental Load usw. beschäftigt sind«, höre ich in solchen Diskussionen oft. Erstens leisten Frauen auch dann mehr kognitive Arbeit im Haushalt, wenn sie Vollzeit arbeiten.[49] Und zweitens: Die Männer fahren Rennrad. Ein Hobby, das mehrere Stunden am Stück ausgeübt wird. Außerhalb des Hauses. Unvorstellbar für viele Frauen und erst recht Mütter. Ich habe gezählt: Wenn ich sonntags in Berlin unterwegs bin, sehe ich auf 10 Rennrad fahrende Männer 0,2 Frauen auf dem Rennrad. Ein Grund dafür könnte sein, dass Rennradsattel von Männern für Männer konzipiert wurden. Ein weiterer liegt in der Verteilung von freier Zeit. Fun Fact: Selbst wenn ein Mann arbeitslos ist, übernimmt er nicht mehr Hausarbeit, stattdessen nimmt seine Freizeit zu.[50]

Laut der aktuellen Zeitverwendungsstudie des Statistischen Bundesamts stehen Männern in Deutschland im Durchschnitt 84 Minuten pro Tag für ihre Hobbys zur Verfügung, Frauen lediglich 60 Minuten.[51] Eine Differenz von 24 Minuten pro Tag. Was auf den ersten Blick marginal erscheint, entpuppt sich bei näherer Betrachtung als strukturelles Ungleichgewicht, denn das summiert sich im Verlauf einer Woche auf fast 3 Stunden und über das Jahr hinweg auf 146 Stunden. Das entspricht einem Kurzurlaub oder einer regelmäßigen Trainingseinheit. Männer verlassen in ihrer Freizeit deutlich häufiger das Haus als Frauen.[52] Sie sind doppelt so oft bei Sportveranstaltungen anzutreffen, gehen häufiger joggen, fahren mehr Fahrrad und besuchen sogar öfter Einkaufszentren. Freizeit nutzen sie also nicht nur quantitativ, sondern auch qualitativ anders: als Raum der Bewegung, Sichtbarkeit, Aktivität. Frauen hingegen bleiben häufiger im häuslichen Umfeld, was im Kontext der ohnehin weiblich dominierten Care-Arbeit eine zusätzliche Verschmelzung von Pflichten und Pausen bedeutet.

Frauen verfügen dabei nicht nur über weniger freie Zeit, sie erleben sie auch anders. Laut der Langzeitstudie Freizeit-Monitor gaben deutlich mehr Frauen an, sich während der Ausübung ihrer Hobbys gestresst zu fühlen. Fast die Hälfte der Befragten nannte als Belastungsfaktoren die ständige Erreichbarkeit und das Gefühl, Verpflichtungen gegenüber anderen gerecht werden zu müssen. Freizeit erschien ihnen nicht als selbstbestimmter Ausgleich, sondern als ein weiterer Punkt auf der To-do-Liste. Nach dem Motto: »Ich muss noch zum Yoga, um mich zu entspannen, damit ich besser funktioniere, aber ich habe eigentlich keine Zeit dafür, was mich total stresst!« In nur drei Kategorien fühlten Männer sich gestresster als Frauen: Geschenkeinkäufe, überall Werbung und das »übergroße Angebot an Möglichkeiten«. Also eher ein Problem der Wahlfreiheit, nicht der Überforderung durch soziale Verantwortung.[53] Ich kenne übrigens einige Frauen, die ihren Männern einfach einen Link schicken für ein Geschenk, das sie sich wünschen, um ihnen den Stress des Suchens zu ersparen. Selbst das wird von Frauen geregelt.

Die Publizistin Teresa Bücker spricht in ihrem Buch *Alle Zeit – Eine Frage von Macht und Freiheit* in diesem Zusammenhang von Zeitarmut. Menschen mit Care-Verantwortung – und das sind in der Regel Frauen – leben in einem ständigen Spagat. Während andere nach Feierabend joggen gehen, Bücher lesen oder einfach kurz durchatmen, beginnt für sie der zweite Arbeitstag: Kinder ins Bett bringen, Spülmaschine ausräumen, Mails an die Schule schreiben, Pflege organisieren, zuhören, trösten, funktionieren. Am Ende bleibt vielleicht eine halbe Stunde – und man ist zu müde, um sie wirklich für sich zu nutzen. Freizeit fühlt sich dann nicht nach Freiheit an, sondern nach einem Luxus, den man sich erst verdienen muss. Und das hat Folgen. Wer nie zur Ruhe kommt, wird erschöpft, verliert Gesundheit, Energie, oft auch sozialen Anschluss. Wenn man den Freund:innen oder Kolleg:innen zum fünften Mal absagen musste, weil das Kind krank ist und sich niemand anderes kümmern kann, fragen sie einen vielleicht gar nicht mehr. Es geht also nicht nur um Zeit, sondern um Selbstbestimmung. Unsere Strukturen verraten sehr deutlich, wessen Zeit als wertvoll gilt – und wessen selbstverständlich verfügbar ist. »Zeit ist eine der wichtigsten politischen Ressourcen. Alle Menschen brauchen Zeit, um sich neben ihren alltäglichen Pflichten auch mit den Dingen beschäftigen zu können, die ihnen am Herzen liegen. Wer keine Zeit zum Nachdenken hat, dem fehlt erst recht die Macht, etwas zu verändern«, so Bücker.[54] Und sie hat vollkommen recht. Zeit ist Macht.

Die Skala ohne Sieben

Nach weiteren intensiven Vorträgen und Panels ist die nächste Pause mehr als eine kurze Unterbrechung für einen Koffeinkick. Sie ist ein Ventil, um sich kurz auszutauschen und Emotionen abzugleichen. Auch ich hole mir einen Tee und klinke mich hier und dort ein.

Zurück auf der Bühne für die erste offene Fragerunde des Tages, spüre ich, wie die Anspannung einer erwartungsvollen

Konzentration weicht. Die Frauen sind bereit, tiefer zu gehen. Nachdem alle Platz genommen haben, eröffne ich die Q&A-Session. Prompt schießt eine Hand in der dritten Reihe nach oben. Ich nicke der Teilnehmerin zu, beantworte ihre Frage, wie man mit der ständigen Unsicherheit umgeht, ohne in eine Art Dauer-Alarmzustand zu rutschen. Die nächste Teilnehmerin fragt, wie sie verhindern kann, in eine finanzielle Abhängigkeit zu rutschen, da sie gerade ihre erste Elternzeit plant. Und dann kommt sie – die Frage, vor der ich die ganze Zeit ein wenig Sorge hatte. Aber es war klar, dass sie irgendwann kommen würde.

»Wie machst du das eigentlich in deiner Partnerschaft?«, fragt eine Schwangere, schätzungsweise Mitte 30. »Wie schafft ihr fifty-fifty, vor allem jetzt mit Kind? Hast du Tipps?« Sie streichelt liebevoll über ihren Babybauch.

Viele Frauen lehnen sich unmerklich vor. Das ist eine Frage, die offenbar viele hier beschäftigt.

Mir wird kurz heiß. Will ich diese sehr private Frage wirklich vor 400 fremden Menschen beantworten? Ich schütze mein Privatleben ganz bewusst, habe sogar lange abgewogen, ob ich meine Schwangerschaft überhaupt öffentlich machen soll. Und nun diese Frage, die direkt ins Herz sticht. Ich atme einmal tief durch und treffe eine Entscheidung. Für Ehrlichkeit. Für Klartext.

»Ich habe das Problem nicht«, sage ich in die Stille hinein.

Die Blicke, die mir entgegenschlagen, sind ungläubig. Leises Murmeln kommt auf. Offenbar sind sich einige der Anwesenden nicht sicher, ob ich einen Scherz mache oder es ernst meine.

»Ich habe mein Kind nicht in einer Partnerschaft bekommen, obwohl das der ursprüngliche Plan war«, fahre ich fort.

Ein leises Raunen geht durch den Saal, die Ungläubigkeit weicht einer gespannten Neugier.

»Der Plan ist leider nicht aufgegangen. Ich habe mich nach fast neun Jahren Beziehung getrennt, als ich im dritten Monat schwanger war.«

Jetzt ist es vollkommen still.

»Ich möchte hier gar nicht zu sehr auf die Gründe eingehen«, mache ich klar und suche den Blickkontakt mit der Fragestellerin. »Nur so viel: Ich weiß, wie es sich anfühlt, alles allein zu tragen. Es ist unglaublich anstrengend, kräftezehrend, unfair. Ich habe für mich damals die Entscheidung getroffen, dass ich das nicht mehr möchte. Und schon gar nicht mit Kind.«

Ich mache eine kleine Pause, sammle meine Gedanken. »Ich habe gemerkt, dass ich mir Fragen stellte, die ich mir nicht hätte stellen sollen. So was wie: ›Wird mein Leben so, wie ich es mir wünsche, wenn ich in dieser Beziehung bleibe?‹ Oder: ›Will ich ein Kind in diese Beziehung setzen?‹, ›Werde ich den Support bekommen, den ich brauche?‹ Und mal ehrlich: Das sind Fragen, die man sich nur stellt, wenn die Antwort Nein lautet. Ich muss mich nicht fragen, ob ich mein Kind liebe. Diese Frage existiert nicht. Wenn ich mich aber immer wieder eindringlich fragen muss, ob diese Beziehung noch richtig ist, ist das ein klares Zeichen. Für mich zumindest. Daher habe ich entschieden, dass ich – und später wir – allein besser dran sind. Lieber in keiner Beziehung als in einer, die mir nicht guttut.«

Zustimmendes, wissendes Nicken im Publikum.

»Klar, das war keine leichte Entscheidung. Ich war ja zum ersten Mal schwanger, hatte keine Ahnung, was auf mich zukommen würde. Es hat mich allen Mut gekostet, den ich irgendwo in mir finden konnte. Aber ich kann euch sagen: Es war eine der besten Entscheidungen meines Lebens. Als ich nach dem Trennungsgespräch auf meinem Wohnzimmerteppich saß – allein, verheult, schwanger und sicher auch ein bisschen verzweifelt –, hat sich plötzlich alles in meinem Körper und Geist geordnet. Ich kann es kaum beschreiben, es war ein spiritueller Moment für mich, und ich bin wirklich kein spiritueller Mensch. Der ganze Stress, die Unzufriedenheit, die Frustration, die Ohnmacht, die Last von vielen Jahren … All das ist in diesem Moment von mir abgefallen. Und wich einer friedlichen Ruhe.«

Ich sehe erneut viele nickende Köpfe.

»Da habe ich erst realisiert, was ich die ganze Zeit mit mir herumgetragen hatte. Wie angespannt mein komplettes Nervensystem war, über Jahre! Wir gewöhnen uns so schnell an einen Zustand und halten ihn für normal. Aber das ist er nicht. Der Normalzustand ist einer ohne ständige Diskussionen über Selbstverständlichkeiten, ohne unendliches Taktieren, wie man den anderen ›verändert bekommt‹. Ohne dieses ständige Hinterfragen: ›Sind meine Standards wirklich zu hoch?‹ Und nein, es ist nicht zu viel verlangt, dass jemand sein Geschirr nicht *auf*, sondern *in* den Geschirrspüler stellt. Es ist nicht zu viel verlangt, dass man sich gegenseitig im beruflichen und finanziellen Erfolg unterstützt, anstatt ihn anzuzweifeln, um sich selbst größer zu machen. Und es ist nicht zu viel verlangt, dass beide zur Haushaltsarbeit beitragen. Auch ohne Kind!«

Ein paar Frauen tauschen Blicke, in denen ein ganzes Universum von Erfahrungen liegt.

»Ich will die Realität von Alleinerziehenden – was übrigens etwas anderes ist als getrennt erziehend – nicht romantisieren. Natürlich ist es hart, die komplette Verantwortung für alles allein zu tragen, und zwar zu jeder Zeit. Aber gleichzeitig habe ich seitdem so unendlich viel mehr mentale und emotionale Kapazitäten frei, die nicht mehr in diese Beziehung fließen müssen. Ich habe eine große Handbremse gelöst und führe heute ein Leben, das ich mir nicht besser wünschen könnte. Dazu muss ich auch sagen, dass mein finanzieller Erfolg mir viele Probleme erspart hat. Ich konnte die Miete allein zahlen, mir therapeutische Unterstützung und Support im Alltag leisten. Ich hatte die Freiheit, zu meinen eigenen Bedingungen zu gehen. Ich weiß, dass das nicht alle können.«

Ich gehe ein paar Schritte auf und ab.

»Aber auch unter widrigen Umständen ist es nicht unmöglich. Dazu möchte ich euch die Geschichte meiner Oma erzählen. Sie hat es geschafft, sich von meinem gewalttätigen Opa zu trennen, und das war in den 1980er-Jahren! Sie fing an, im Blumenladen zu jobben, um sich eigene Möbel zu kaufen, lieh sich Geld von meinem Papa für die Scheidungsanwältin und die Kaution ihrer ersten eigenen Wohnung. Sie hat damals die Trennung also als Anlass genommen, finanziell auf eigenen Füßen zu stehen.«

Ich lächle ein wenig. »Tja, das ist meine Geschichte dazu. Sorry, dass ich keine besseren Tipps habe.«

Ein anerkennendes Lachen geht durch den Raum, gefolgt von Applaus. Dann meldet sich eine Frau aus der Mitte des Saals. »Darf ich dazu etwas sagen?«

»Klar, super gerne.«

»Erst mal danke fürs Teilen. Bei mir war es ähnlich. Nach der Geburt unseres Kindes ging zwischen uns alles den Bach runter. Ich habe mich durch die ersten 18 Monate geschleppt, bevor es zur Trennung kam. Und ich kann alles unterschreiben, was du gesagt hast, Natascha. Diese Trennung war meine Lebensrettung. Ich hatte plötzlich einen Haushalt mit einer Erwachsenen und einem Kind – nicht mit zwei Kindern.«

Wieder dieses wissende, bittere Lachen im Saal.

»Jedenfalls«, fährt sie fort, »kam der größte Aha-Moment, als ich seine neue Wohnung sah. Blitzeblank sauber, voller Kühlschrank, Vorräte. Er kochte sogar. Alles, was während unserer Beziehung offenbar für ihn unmöglich oder ihm ›nicht wichtig‹ war. Die Aufteilung der Care-Arbeit klappt nun fifty-fifty. Auf einmal geht es! Das macht mich rückblickend manchmal immer noch wütend. Aber egal, jetzt bin ich frei und mittlerweile in einer Partnerschaft, die *wirklich* auf Augenhöhe ist.«

Ein warmer Applaus brandet als Dankeschön für ihre Offenheit auf.

Eine weitere Hand geht hoch. Die Frau wirkt unsicher, aber entschlossen. »Also, ich oute mich jetzt mal. Ich spiele schon länger mit dem Gedanken, ob ich nicht allein besser dran wäre, habe aber immer wieder Zweifel, ob das der richtige Schritt ist. Wie trifft man denn eine so große Lebensentscheidung?«

Das ist die Kernfrage. Die Angst vor dem Sprung.

»Ich denke, das ist eine Frage von Werten und auch von Selbstwert«, antworte ich. »Ich habe für mich daraus ein paar Prinzipien abgeleitet: Ich bleibe nirgends aufgrund des Potenzials, sondern nur aufgrund von Fakten. Ich nehme Mangel nicht als Entscheidungskriterium. Zum Beispiel: in einer Beziehung zu bleiben, nur um nicht allein zu sein. ›Ganz oder gar nicht‹ ist eines meiner Lebensprinzipien geworden. Keine halben Sachen; und: ›okay‹ ist einfach nicht gut genug.«

Ich gehe zum Flipchart, zeichne eine Linie und schreibe die Zahlen 1 bis 10 darunter.

»Um in solchen emotional verwirrenden Situationen Klarheit zu gewinnen, nutze ich ein einfaches Werkzeug: die Skala ohne Sieben. Also, stell dir eine Situation in deinem Leben vor, bei der du unsicher bist: dein Job, deine Beziehung, dein Wohnort. Und bewerte sie auf einer Skala von 1 bis 10. Eins bedeutet: ›Mir geht es schlecht, es raubt mir meine ganze Energie.‹ Zehn bedeutet: ›Mir geht es hervorragend, ich will nie wieder etwas anderes.‹ Jetzt kommt die Regel: Es gibt keine Sieben.«

Ich streiche die Zahl 7 durch.

»Warum? Ganz einfach: Die Sieben ist angenehm. Nicht gut, nicht schlecht. Die Sieben ist der emotionale Parkplatz. Sie ist das ›Ich schau mal‹, das ›Ich warte noch‹. Wer bei einer Sieben bleibt, bleibt meistens zu lange. Ohne die Sieben musst du dich entscheiden. Entweder es ist eine Sechs oder weniger. Dann weißt du, dass du etwas ändern musst. Oder es ist eine Acht oder mehr, und du weißt, dass du bleibst. Der Unternehmer und Autor Derek Sivers brachte das gut auf den Punkt: ›It's either *hell yeah* or *no*!‹[55] Das bedeutet: Egal ob beruflich oder privat, wenn du von einer Sache nicht begeistert bist, lass sie lieber sein. Mittelgut gibt es nicht, ein Mittelding ist ein Nein – einfach, weil es kein klares Ja ist.

Das Gute: Wenn du zu einer Sechs kommst, weißt du genau, wie sich eine Acht, Neun oder Zehn anfühlt. Sonst könntest du es ja gar nicht einordnen. Du hast es also schon erlebt, vielleicht früher, vielleicht in anderen Lebensbereichen. Allein diese Tatsache ist kraftvoll: Du kennst den Unterschied. Du spürst, dass mehr möglich ist. Und noch eine beruhigende Einschätzung: Wenn es für dich eine Sechs ist, ist es für dein Gegenüber in aller Regel auch eine Sechs …«

Ich lasse meinen Blick durch die Reihen schweifen und sage den letzten Satz mit Nachdruck: »Jede von uns ist mehr wert als eine Sechs.«

Konditionierung zur Anpassung

Ich frage mich schon seit Langem: Warum lassen wir Frauen eigentlich so viel mit uns machen? Warum bleiben wir in ungesunden Beziehungen, in toxischen Jobs, warum gehen wir immer wieder über unsere Grenzen und bleiben dabei auch noch freundlich und verständnisvoll?

Schon Ende der 1940er-Jahre hielt die Schriftstellerin Simone de Beauvoir in *Das andere Geschlecht* fest: »Man wird nicht als Frau geboren, man wird dazu gemacht.« Also das Frausein als Prozess des Werdens, der durch gesellschaftliche und kulturelle Prägung beeinflusst wird. Über Jahrhunderte war die Rolle der Frau: Tochter, Ehefrau, Mutter. Nie: Entscheiderin über Geld. Auch heute noch haben viele Frauen das tiefe, oft unbewusste Gefühl, dass

Geld »eigentlich nicht ihr Thema« ist. Sie übernehmen viele alte Muster, ohne sie zu hinterfragen. Und das führt zu inneren Konflikten: Sie wollen einerseits unabhängig sein, aber andererseits nicht anecken.

Anpassung bedeutet, das eigene Verhalten an äußere Erwartungen anzugleichen. Das ist in vielen sozialen Kontexten hilfreich. Überanpassung geht allerdings einen Schritt weiter. Wir passen uns zu sehr an, auch in vorauseilendem Gehorsam an vermeintliche Erwartungen, und verlieren uns Stück für Stück. Wir denken und entscheiden nicht aus uns heraus, also im Einklang mit unseren Werten und Prinzipien, sondern fragen uns ständig: »Was wird von mir als Frau/als Mutter/als Kollegin/als Freundin/als Partnerin et cetera erwartet?« Unsere Bedürfnisse treten zurück, unsere Identität wird quasi delegiert. Und das ist ein Problem (mehr dazu in Kapitel 9).

Laut der Psychotherapeutin Philippa Perry lassen sich Menschen in zwei grundlegende Gruppen einteilen: jene, die fremdreferenziell agieren, und jene, die selbstreferenziell orientiert sind. Fremdreferenziell bedeutet, sich in Entscheidungen und im Selbstbild stark an der Außenwelt zu orientieren, zum Beispiel an der Frage, wie man auf andere wirkt. Der Fokus liegt auf Gedanken wie: »Wie sehe ich aus?« oder »Wie wirkt das?« Das Ziel: von anderen akzeptiert, beneidet oder bewundert werden. Alles dreht sich um Bestätigung von außen. Selbstreferenziell zu sein bedeutet, die innere Wahrnehmung in den Vordergrund zu stellen. Sich zu fragen: »Fühle ich mich bei dieser Sache/Tätigkeit/Person besser oder bei der anderen?« Selbstreferenzielle Entscheidungen basieren auf subjektivem Wohlbefinden, nicht auf externer Bewertung. Das Ziel: sich selbst treu bleiben und sich mit sich selbst wohlfühlen. Ja, die meisten Menschen sind Mischformen. Aber es kann hilfreich sein, sich bewusst zu machen, wo die eigenen Tendenzen liegen. Wer sich zu sehr anpasst, verliert leicht das Gefühl für sich selbst und gerät innerlich aus dem Gleichgewicht. Wer sich dagegen zu stark auf sich selbst konzentriert, kümmert sich vielleicht zu wenig um andere und droht, sich zu isolieren.[56]

Warum sagen wir nicht einfach Nein? Nun, um die eigenen Grenzen verteidigen zu können, muss man sie erst mal selbst kennen. Wie Frauen das abtrainiert wird, bringt die Autorin Sophia Fritz in *Toxische Weiblichkeit* auf den Punkt: »Frauen können sich die Vulvahaare mit heißem Wachs ausreißen lassen, Kinder gebären, mit wundgebissenen Nippeln stillen, Dammrisse ertragen, über Periodenkrämpfe lächeln, sich das Poloch bleachen, die Schamlippen beschneiden lassen, die Pille schlucken, die Pille danach, die Zähne zusammenbeißen, sich zähmen, sich den Schluckreflex abtrainieren, sich an die eigenen Grenzen bringen, immer wieder. Wenn mir heute jemand sagt: *Hättest du doch nein gesagt, als ich deine Grenzen überschritten habe*, dann frage ich mich: Woher soll ich denn nach zwanzig Jahren in einem von dieser Kultur geprägten Frauenkörper noch wissen, wo *meine* Grenze ist?«[57]

Falls sich eine Person ihrer Grenzen bewusst ist, muss sie diese kommunizieren und durchsetzen können. In der Regel durch irgendeine Form des Neins. Doch auch das ist für Frauen nicht vorgesehen. Im Nachhinein, wenn die Grenzüberschreitung bereits passiert ist, wird uns vorgeworfen, wir hätten uns wehren müssen. »Du hättest doch etwas sagen können!« Gleichzeitig hält uns die Gesellschaft systematisch davon ab, genau das zu lernen und zu tun. Stattdessen werden wir darauf sozialisiert, uns anzupassen. Brav zu sein. Zu lächeln. Nicht aufzufallen. Vor allem bei Vorwürfen rund um Machtmissbrauch und sexualisierte Gewalt, wie im Fall um die Band Rammstein, wird Frauen oft unterstellt, sie hätten »freiwillig mitgemacht«, »einfach gehen können« oder »sich doch wehren müssen«. Diese Sichtweise ignoriert die Dynamiken von Abhängigkeit, Manipulation, Gruppenzwang und internalisiertem Anpassungsdruck komplett.

Von klein auf werden wir als Mädchen zu Empathie und Sensibilität erzogen. Wir analysieren ständig unsere Umgebung, die Stimmung der anderen (vor allem der Männer) und müssen antizipieren, wann die Stimmung kippt und wir unter Umständen zum Opfer von Gewalt werden. Wir sind ständig im »emotionalen Vorbeugemodus«. Empathie ist also für Frauen eine Strategie, um sich vor (meist männlicher) Gewalt zu schützen. Genau das wird uns dann häufig zum Vorwurf gemacht: Wir seien zu sensibel, zu weich, zu vorsichtig. Dabei ist diese Sensibilität eine Überlebensstrategie.

Der Psychologe Simon Baron-Cohen identifizierte in seiner Empathizing-Systemizing-Theorie geschlechtstypische Unterschiede im kognitiven Stil:[58] Frauen neigen demnach eher zu empathischem Denken, also der Fähigkeit, sich in andere einzufühlen und auf deren Bedürfnisse einzugehen. An sich eine Superpower. Aber in dysfunktionalen oder überfordernden Kontexten, etwa in Familien, in denen Harmonie über alles gestellt wird oder Kritik als Gefahr gilt, kann diese Stärke ins Gegenteil verkehrt werden. Wenn das eigene Wohlergehen dauerhaft dem der anderen untergeordnet wird, entsteht ein ungesundes Anpassungsmuster: Empathie kippt in Selbstverleugnung. Du spürst, was andere brauchen, und stellst deine Bedürfnisse hintan. Du traust dich nicht, dein Gehalt zu verhandeln. Du willst keine familiäre Unruhe stiften mit deinen Investitionsplänen. Du willst deinem Partner nicht auf die Nerven gehen. Du hoffst, dass es »schon irgendwie passt«, anstatt aktiv zu gestalten. Du sparst für die Familie, aber nicht für dich. Ein fataler Fehler. Denn du bist der Anfang. Du kannst nur geben, was du selbst hast, egal ob Energie, Zeit oder Geld.

Doch sei beruhigt, es gibt eine Lösung! Denn am Ende dieser Dauerschleife aus Erschöpfung durch Erwartungsdruck, Erwerbsarbeit, Care-Arbeit, Anpassung, Mental Load und Co. wartet der Heilsbringer: Selfcare. »Dir geht's schon lange gar nicht gut? Das gesamte System, in dem du lebst, bringt dich täglich an den Rand der Verzweiflung? Deine Überforderung durch Erwerbsarbeit, finanzielle Sorgen und die Belastung durch Mental Load machen dich nachweislich krank? Worry not! Ich habe genau das Richtige für dich: eine neue Mascara! Und eine Massage!« Um es auf den Punkt zu bringen: Das Patriarchat hat kein Interesse daran, dass Frauen finanziell unabhängig werden und ein Vermögen aufbauen. Frauen sollen das (wenige) Geld, das sie haben, ausgeben, um sich Erholung zu kaufen. Von dem System, das sie erschöpft und das gleichzeitig von ihrer Erschöpfung profitiert. Frauen sollen ihr Geld ausgeben, anstatt es anzulegen und ein Vermögen aufzubauen, und somit in der Abhängigkeit von Männern bleiben. Sie sollen genug Geld haben, um die Branchen zu erhalten, die es ohne ihre Erschöpfung und Unsicherheit nicht gäbe. Aber nicht so viel, dass sie finanziell unabhängig werden und somit dem System nicht mehr dienen. Der patriarchale Kapitalismus liebt erschöpfte Frauen.

So schließt sich der Teufelskreis, das Rückkopplungssystem verstärkt sich selbst: Die finanzielle Abhängigkeit vom Partner, die aus dem Rückzug aus dem Erwerbsleben oder der Teilzeitarbeit und einem geringeren Einkommen resultiert, zementiert die traditionelle Rollenverteilung. Ein geringeres Lebenseinkommen und weniger Beitragsjahre resultieren in mickrigen Rentenansprüchen und zu geringem Vermögen. Ihre finanzielle Ohnmacht führt dazu, dass Frauen im Falle einer Trennung oder Scheidung massiv benachteiligt sind, was ihre Verhandlungsposition innerhalb der Beziehung von vornherein schwächt, was die finanzielle Abhängigkeit weiter zementiert. Von finanzieller Abhängigkeit zu mehr finanzieller Abhängigkeit. Prost.

Was ist also die Lösung? Handlungsmacht (Agency).

KAPITEL 6

Die Separierung von Frauen und Macht

Und wie erlangen wir Handlungsmacht? Über Geld. Leichter gesagt als getan. »Soweit wir in der westlichen Geschichte zurückschauen«, schreibt Althistorikerin Mary Beard in *Frauen und Macht,* »gibt es eine radikale, reale, kulturelle und imaginäre Separierung der Frauen von der Macht«[1] – und damit von Geld.

Frauen und Macht

Eines der stärksten antiken Symbole dieser Trennung ist laut Beard der Mythos der Medusa. In einer der überlieferten Versionen ist sie eine schöne sterbliche Frau, die von Poseidon im Tempel der Athene vergewaltigt wird. Doch nicht der Täter wird zur Rechenschaft gezogen, sondern sie: Athene bestraft Medusa, indem sie sie in ein Monster verwandelt, dessen Blick alles Leben versteinert. Die einst begehrenswerte Frau wird zur tödlichen Bedrohung erklärt, zur Verkörperung unkontrollierter, unrechtmäßiger Macht. Antikes Slutshaming. Perseus, ein Held der griechischen Mythologie, wird später beauftragt, Medusa zu töten. Mithilfe eines Spiegels nähert er sich ihr, schlägt ihr den Kopf ab und nutzt diesen noch nach ihrem Tod als Waffe, denn der Blick der Medusa verliert seine Wirkmacht nicht. Die Botschaft ist eindeutig: Weibliche Macht wird nur dann geduldet, wenn sie gezähmt, beherrscht und in die bestehende Ordnung eingegliedert ist. Bevorzugt durch männliche Gewalt.

Nun könnte man entgegnen: »Athene, die Medusa bestraft hat, war doch auch eine Frau!« Jein. Wie Beard schreibt, ist Athene nach griechischer Vorstellung keine »richtige« Frau.[2] Sie ist wie ein Krieger gekleidet, obwohl der Kampf ausschließlich Männern vorbehalten war. Sie ist Jungfrau, während Frauen seinerzeit die klare Aufgabe hatten, dem Staat neue Bürger:innen zu gebären. Sie wurde direkt aus dem Kopf ihres Vaters Zeus geboren, also ohne Mutter.

Der Maler Caravaggio präsentierte 1597/98 eine berühmte Interpretation des Medusenhaupts: verzerrter Gesichtsausdruck, das Gesicht blutig, umschlungen von sich windenden Schlangen. Wenige Jahrzehnte zuvor hatte der Bildhauer Benvenuto Cellini eine monumentale Bronzeplastik geschaffen, die bis heute auf der Piazza della Signoria in Florenz steht: Perseus triumphiert über Medusas Leichnam, hält ihr entmenschlichtes Haupt in der Hand, mit dramatisch dargestellten Blutströmen. Das Verrückte ist: Diese ikonografische Sprache hat überlebt (aus dem 16. Jahrhundert!) und wird bis heute gezielt aktiviert, wenn Frauen politische Macht erlangen. Angela Merkels Gesicht etwa wurde in der politischen Bildsprache wiederholt über Caravaggios Medusa mit Schlangenhaaren gelegt (siehe Abb. 3 links). In Großbritannien kursierte auf dem Labour-Parteitag 2017 eine Karikatur, die Theresa May mit Schlangenhaaren zeigte: »May-dusa«.[3] Am deutlichsten wurde die metaphorische Enthauptung bei Hillary Clinton. Während des US-Wahlkampfs kursierten zahlreiche Bildmontagen, die sie mit schlangenähnlichen Haaren zeigten. Das extremste und wohl grausamste Motiv nahm Cellinis Bronze zum Vorbild: Donald Trump als Perseus, der Hillary Clintons Kopf, blutüberströmt und mit verzerrter Miene, in die Höhe hält (siehe Abb. 3 rechts). Die Szene wurde massenhaft verbreitet: Auf T-Shirts, Tassen, Laptophüllen und Tankdeckeln. Sie wurde Teil der populären Bildkultur, eine Ikone des politischen Kampfes und eine weitere Normalisierung geschlechtsspezifischer

Abb. 3: Angela Merkel als Medusa (links). Donald Trump als Perseus mit Hillary Clintons Kopf als Medusa (rechts).

Gewalt gegen Frauen. Dass diese Gewalt nicht nur symbolisch bleibt, zeigte sich auch in einer umgekehrten Darstellung: Als eine US-Komikerin einen abgeschlagenen Kopf zeigte, der dem Donald Trumps ähnelte, verlor sie prompt ihren Job.[4]

Solche Bilder sind keine bloßen Provokationen. Sie funktionieren als visuelle Machttechniken. Sie rufen tief verankerte kulturelle Assoziationen ab und bestätigen das Narrativ, dass Frauen, die sichtbar mächtig sind, nicht einfach politische Akteure, sondern Regelverletzungen darstellen. Und dass ihre Eliminierung, sei es symbolisch in Karikaturen, Memes und Mythen oder im wahren Leben (Stichwort: Femizide), notwendig ist, um die Ordnung wiederherzustellen. Wo Frauen sichtbar Einfluss ausüben, wird das nicht als Realität akzeptiert, sondern als Missstand gewertet. Kein Wunder, dass sich diese Mechanismen ebenso in ökonomischen Strukturen wiederfinden.

Geld und Macht

Geld ist mehr als ein Tauschmittel oder ein Mittel zur Sicherung des Lebensunterhalts, es ist eine strukturelle Machtressource. Wer kontrolliert, wer besitzt, wer verteilt? Wer über Geld verfügt, verfügt über Handlungsspielräume, Deutungshoheit und institutionellen Einfluss.

In patriarchalen Gesellschaften ist die ökonomische Abhängigkeit von Frauen kein Zufall, sondern ein Machtmechanismus, der Ungleichheit stabilisiert. Geld – ob als Einkommen, Vermögen oder Investition – ist nicht geschlechtsneutral. Es ist codiert, verteilt, reguliert. Und es folgt Regeln, die historisch und strukturell Männer bevorzugen. Frauen in ökonomisch abhängigen Partnerschaften haben häufig weniger Mitbestimmungsrecht über Haushaltsbudgets, Investitionen und größere Ausgaben.[5] Selbst bei formal gleichen Zugangsformen (zum Beispiel gemeinsames Konto) behalten Männer tendenziell die Kontrolle.

Besonders deutlich wird der Zusammenhang von Geld und Macht in gewaltvollen Beziehungen. Häufig ist finanzielle Abhängigkeit ein Grund, warum Frauen nicht gehen können und in gewaltvollen Beziehungen bleiben oder zu einem misshandelnden Partner zurückkehren.[6] Frauen mit eigenem Einkommen und finanzieller Eigenständigkeit verfügen hingegen über stärkere Optionen, aus gewaltvollen Beziehungen auszusteigen, was nachweislich die Dauer und Eskalation von Gewalt reduziert. Wer über Geld verfügt, kann Nein sagen. Nein zu Gewalt, zu Ausbeutung, zu schlechten Bedingungen.

Geld ist auch ein Machtinstrument in der politischen Arena. Wer über ökonomische Ressourcen verfügt, hat in westlichen Demokratien strukturell bessere Möglichkeiten, Einfluss auf politische Prozesse zu nehmen: durch Spenden, Engagement in Parteien oder

Kandidaturen für öffentliche Ämter. Diese Mechanismen sind bekannt, aber geschlechtsspezifisch höchst ungleich verteilt. Studien wie The Unheavenly Chorus[7] zeigen: Je höher das Einkommen, desto häufiger die politische Spendenaktivität. Frauen sind in den oberen Einkommensgruppen unterrepräsentiert und fehlen dadurch in den politischen Einflusszonen. In Deutschland liegen keine systematischen, nach Geschlecht aufgeschlüsselten Daten zu Parteispenden vor. International – etwa aus den USA – ist jedoch belegt, dass Männer deutlich mehr spenden als Frauen.[8] Auch wenn wir deutsche Daten nicht direkt vergleichen können, deuten die geschlechtsspezifischen Vermögensunterschiede darauf hin, dass Männer in der politischen Spenderlandschaft eine überproportionale Rolle spielen. Auch ehrenamtliches Engagement ist an ökonomische Ressourcen gekoppelt. Nicht nur Kandidaturen kosten Geld, auch kommunalpolitisches Engagement oder die Mitarbeit in politischen Gremien ist selten kostenlos. Es erfordert Zeit, Reisen, Vorarbeit und Networking.

Wer keine Ressourcen hat, kann sich politische Teilhabe oft schlicht nicht leisten. Die Auswahl und Rekrutierung von Kandidat:innen wird häufig als der »geheime Garten« (Secret Garden) der Politik bezeichnet. Es ist ein obskurer Prozess, der oft verborgen bleibt und weitgehend durch interne Parteiregeln, informelle Praktiken und Machtverhältnisse geregelt wird.[9] Auch bekannt als Boys Club. Eine Analyse des Secret Garden zeigt: Parteien funktionieren als gegenderte Organisationen, in denen informelle Regeln und Ressourcenzugang entscheidend sind. Wer finanzielle Mittel und Netzwerke mitbringt, hat deutlich bessere Chancen, Kandidat:in oder Mandatsträger:in zu werden – und das sind in der Regel Männer. Das Resultat ist bekannt.

Bundeskanzler Merz sagte zwar: »Kandidieren junge Frauen genug für den Deutschen Bundestag, haben wir auch später genug

Frauen in der Regierung.«[10] Doch so einfach ist es nicht. Denn dafür sind bis zu 35 000 Euro nötig, um etwa die Kosten für Plakate, Flyer, Veranstaltungen, Social-Media-Werbung und dergleichen zu decken. Dazu können Kandidat:innen auf Spenden und Darlehen ihrer Partei hoffen, aber ein Eigenanteil ist obligatorisch. Wer nicht auf Eigenmittel, Unterstützer:innen oder Sponsor:innen zurückgreifen kann, wird nicht nominiert und ist somit strukturell benachteiligt im Wettstreit um Sichtbarkeit.[11]

Privates Geld ist politisches Potenzial. Wer es nicht hat, bleibt selbst bei formaler Gleichberechtigung außen vor. Für Frauen bedeutet das: Finanzielle Unabhängigkeit ist nicht nur eine Frage von Sicherheit, sondern eine Voraussetzung dafür, politisch aktiv zu sein. Und politische Teilhabe von Frauen ist heute nötiger denn je.

Geld und Scham

Was mir über die Jahre aufgefallen ist: Geld ist für viele Frauen schambehaftet, weil Geld ein Instrument ist, das Patriarchat zu stürzen. Sie schämen sich für ihren Umgang mit Geld. Sie schämen sich, Geld zu wollen, Geld gut zu finden, geschweige denn zu lieben. Sie schämen sich, zu viel zu wollen. Sie schämen sich, zu wenig Geld zu haben, und sie schämen sich, zu viel Geld zu haben. Sie schämen sich, Fehler gemacht zu haben, und sie schämen sich, es genau richtig gemacht zu haben. Sie schämen sich, zu viel zu verdienen, und sie schämen sich, zu wenig zu verdienen. Diese Scham ist allgegenwärtig, aber sie ist nicht natürlich. Sie ist ein kulturelles Produkt und sie nützt einem System, das von weiblicher Abhängigkeit profitiert.

Über Jahrhunderte hinweg war der Ausschluss von Frauen aus Geldfragen kein Zufall, sondern Gesetz. In Deutschland konnte ein Ehemann bis 1958 das Arbeitsverhältnis seiner Frau sogar ohne ihre Zustimmung kündigen. Erst mit dem Gleichberechtigungsgesetz wurde dieses Kündigungsrecht abgeschafft. Frauen – vor allem verheiratete – erhielten erst Anfang der 1960er-Jahre Zugang zu eigenen Bankkonten. Und noch bis 1977 stand im Bürgerlichen Gesetzbuch, dass die Ehefrau den Haushalt führt und nur erwerbstätig sein darf, »soweit dies mit ihren Pflichten in Ehe und Familie vereinbar ist« – was in der Realität häufig vom Ehemann gegen die Berufstätigkeit seiner Frau ins Feld geführt wurde.[12]

Diese strukturelle Enteignung wirkte nicht nur ökonomisch, sondern psychologisch. Über Generationen hinweg wurde Frauen klargemacht: »Zerbrich dir doch nicht über Geld dein hübsches Köpfchen. Du brauchst kein Geld, sondern einen Mann als Versorger und Ernährer. Und wenn du zu gestresst bist, überfordert, vielleicht sogar wütend, weil du mitreden oder mitbestimmen willst – dann trinke: Frauengold. Ein paar Schlucke ›für die Nerven‹, und schon bist du wieder lieb, ausgeglichen, pflegeleicht.« Dass das Wundermittel zu fast 20 Prozent aus Alkohol bestand und viele Frauen davon abhängig wurden, hat niemanden interessiert. Hauptsache, die Mutti funktioniert und der Papa ist glücklich. Wann die erste Tradwife wohl Frauengold 2.0 in die Kamera hält? Danke, ich bleibe beim Jelly Shot.

Auch heute noch wird bei der Hochzeit die Tochter vom Vater an den Verlobten übergeben. Eine Tradition, die sagt: »Jetzt ist dieser nächste Mann für dich zuständig.« Die Folge ist eine kollektive soziale Prägung, die tief in Familienbiografien eingeschrieben ist. Wenn Mütter nie eigenes Geld hatten, Großmütter nie eigenes Vermögen aufbauen durften und Urgroßmütter juristisch entmündigt waren, wie sollte die Tochter ein unbeschwertes Verhältnis zu Geld entwickeln?

In Frauen entsteht ein inneres Spannungsfeld: Das Bedürfnis nach Unabhängigkeit steht einem tief sitzenden Verbot gegenüber. Wer Geld will, widersetzt sich alten Mustern. Wer finanziell autonom werden will, riskiert, sich schuldig zu fühlen. Nicht selten treten dabei Ambivalenzen zutage: Viele Frauen wollen nicht vom Partner abhängig sein, finden aber gleichzeitig den Gedanken, sehr viel Geld zu verdienen, unsympathisch oder unweiblich. *Aaargh!* Diese widersprüchlichen Impulse sind kein persönliches Versagen, sie sind das Ergebnis eines historischen Doppelkodexes.

Dass Frauen sich für Geld schämen, ist kein Zufall. Es ist funktional. Denn Geld bedeutet Macht – und wer Macht hat, ist nicht mehr verfügbar. Ökonomisch unabhängige Frauen können Beziehungen verlassen, Forderungen stellen, Eigentum akkumulieren, politische Entscheidungen treffen, Einfluss ausüben. Kurzum: Sie verlassen die ihnen zugewiesene Rolle. Aber das Patriarchat hat kein Interesse an selbstständigen, kapitalisierten Frauen. Es profitiert von der unbezahlten Care-Arbeit, der prekären Teilzeit, dem Konsum von Schönheit, der Angst vor Altersarmut. Wer beschämt ist, bleibt still. Wer sich unzureichend fühlt, stellt keine Forderungen. Wer sich für nicht kompetent hält, was Geld betrifft, überlässt es anderen – oft Männern. Diese Scham ist also kein individuelles Gefühl, sondern eine kollektiv wirksame Strategie der Machtsicherung. Die Politologin und Aktivistin Emilia Roig resümiert in *Das Ende der Ehe*: »Wären alle Frauen ähnlich finanziell abgesichert, würden viele sagen, wir brauchen Männer nicht. Vielleicht macht genau das Männern Angst. Die Unterwerfung der Frau beginnt damit, sie wirtschaftlich von den Männern abhängig zu machen.«[13]

Von Ohnmacht zu Handlungsmacht

Wenn wir im Alltag von Macht sprechen, meinen wir fast immer »Macht über«, also Kontrolle, Dominanz, Herrschaft. Das ist die Form, in der das System auf uns wirkt. In ihrem Beitrag »Unlearn Macht« in *Unlearn Patriarchy* beschreibt die Mitherausgeberin Naomi Ryland, wie sich 2006 ein Teil des Frauenkollektivs Just Associates (JASS), bestehend aus Aktivistinnen und Community-Leaderinnen aus sozialen Bewegungen in Mexiko und Südamerika, intensiv mit dem Konzept von Macht auseinandersetzte. Basierend auf ihren Erfahrungen und dem Wissen ihrer Communitys, entwickelten sie ein erweitertes Verständnis von Macht, das über das dominante Modell (»Macht über«) hinausgeht. Sie griffen dabei auf kollektive Praktiken, indigene Wissenssysteme und teils vergessene Traditionen zurück. Dieses weiterentwickelte Konzept von Macht erlaubt uns, Handlungsspielräume zu identifizieren, individuell wie kollektiv. Es besteht aus vier Dimensionen.[14]

Power Within. Der Anfang liegt in uns selbst: in dem, was wir glauben, fühlen, hoffen. Power Within bezeichnet unsere innere Kraft, unser Mindset, unsere psychologische Resilienz: Selbstvertrauen, Selbstachtung, Bewusstsein über die eigene Würde und das Recht auf Teilhabe. Es ist diese Überzeugung: »Ich bin wertvoll« oder »Meine Stimme zählt«. In diesem Moment, in dem wir uns unsere eigene Wirksamkeit zurückerobern, kann Veränderung beginnen. Indem wir unsere Einstellungen hinterfragen (»Ich kann nicht mit Geld umgehen«, »Ich bin keine politische Person«, »Ich will niemandem zur Last fallen«) – Überzeugungen, die uns Frauen oft über Generationen antrainiert wurden – und durch bessere Narrative ersetzen, kalibrieren wir unsere Werte neu und verändern letztlich unser Mindset fundamental. Durch Selbstreflexion erforschen wir unsere Stärken, setzen Grenzen und können im Einklang mit uns selbst agieren. Power Within ist das, worüber wir Kontrolle haben (Circle of Control) und wo nach Giddens die Voraussetzung für unsere Agency (Handlungsmacht) liegt, mit der wir bestehende Strukturen ändern können.

Power To. Aus dieser inneren Kraft wächst unsere Handlungsmacht. Jeder Mensch hat das einzigartige Potenzial, sein Leben und seine Welt zu gestalten. Power To ist also keine Macht über andere, sondern die Fähigkeit, aus uns selbst heraus wirksam zu werden. Es ist der Schritt vom Denken zum Tun. Vom Überleben zum Gestalten: konkrete Schritte machen, Entscheidungen treffen, neue Optionen schaffen. Wir fangen an zu investieren, bilden uns weiter, kündigen, trennen uns, gründen ein Start-up, stellen Forderungen, nehmen Raum ein – und sagen Nein. Wir haben das System durchschaut, kennen seine Strukturen und die Mächte, die auf uns wirken, und fangen an, in diesem System unsere Handlungsspielräume zu erkennen: Wir brechen Routinen, hören auf, Muster zu reproduzieren. Wir fordern eine faire Aufteilung der Care-Arbeit in unserer Beziehung, wir machen auf Ungerechtigkeiten aufmerksam, wir unterstützen andere Frauen. Dadurch üben wir Einfluss auf unser Umfeld aus (Circle of Influence), was sich allmählich auf das ganze System auswirkt.

Power With. Doch echte Veränderung entsteht nicht im Alleingang. Power With meint: Gemeinsamkeiten finden, um kollektive Stärke aufzubauen. Es ist die Kraft, die entsteht, wenn Menschen sich verbinden, gemeinsam für eine Sache einstehen, sich organisieren, kooperieren. Im Feminismus ist diese Kraft zentral: Ein Beispiel ist die Bewegung »Women's Day Off« in Island. Am 24. Oktober 1975 legten 90 Prozent der isländischen Frauen die Arbeit nieder – bezahlte wie unbezahlte.[15] Kein Kochen, kein Putzen, kein Kinderhüten, kein Büro. Island stand still. Die Männer erlebten plötzlich, was Care-Arbeit bedeutet und was passiert, wenn Frauen diese nicht leisten. Diese kollektive Aktion hatte weitreichende Folgen: Sie führte nicht nur zum Bewusstseinswandel, sondern ebnete auch den Weg für politische Reformen. Fünf Jahre später wurde Vigdis Finnbogadóttir zur ersten demokratisch gewählten Präsidentin Europas. Seit 15 Jahren führt Island den Global Gender Gap Index an.[16] Mit einem Wert von 92,6 Prozent in 2025 ist die Geschlechtergleichheit in Island weltweit am größten.[17] Diese Form der Macht unterläuft die Logik des »Jede für sich«. Sie schafft Solidarität, Bündnisse, Gemeinschaft.

Power Over. Das ist die klassische Macht, wie wir sie aus Politik, Wirtschaft und Medien kennen: Jemand verfügt über Ressourcen, über Regeln, über Deutungshoheit. Diese Form der Macht ist real und gefährlich, wenn sie autoritär, ungleich verteilt und ungerecht bleibt. Aber sie ist nicht alternativlos. Wir können sie unterwandern, indem wir die anderen Machtformen stärken: zuerst in uns selbst, wo wir den größten Einfluss haben (Power Within), indem wir unsere Überzeugungen ändern. Dann in unserem Handeln (Power To), dann in unserem Umfeld (Power With). Schlussendlich kann so das System (Power Over) beeinflusst werden. So kehren wir die Wirkrichtung um: von innen nach außen. So ändern wir schrittweise auch das, was nicht unmittelbar in unserer Hand liegt (Circle of Concern).

Wut als Motor

Es gibt eine Lösung, ja – und sie macht mir Hoffnung. Aber sie ist kein Selbstläufer. Der Weg dorthin ist anstrengend, unbequem und sicherlich schmerzhaft.

Beim Schreiben dieses Buchs habe ich vor allem eines gespürt: Wut. Ich bin wütend, dass Frauen immer noch weniger verdienen, weniger besitzen und weniger gehört werden. Ich bin wütend, dass Sorgearbeit unsichtbar bleibt, dass Mutterschaft zum Armutsrisiko wird, dass Gewalt gegen Frauen Alltag ist und dass man uns immer noch sagt, wir sollten »nicht so emotional« sein. Ich bin wütend über die Trägheit politischer Systeme, über rückwärtsgewandte Ideologien und über altbackene Gesetze, die uns scheinbar beschützen sollen, aber in Wahrheit unterdrücken. Ich bin wütend, dass wir nicht frei sind, sondern oft überangepasst, ohne es zu wissen. Ich bin wütend, dass Mädchen immer noch beigebracht wird, brav zu sein statt laut. Sanft zu lächeln, statt die Faust zu ballen – auch um sich vor männlicher Gewalt zu schützen.

Aber weißt du was? Ich bin dankbar, dass ich wütend bin. Meine Wut wurde mir zum Glück nie ganz abtrainiert – vielleicht weil ich als junges Mädchen im Jungsteam Fußball gespielt habe und lernen musste, mich durchzusetzen. Wut ist ein Geschenk. Nur wurde uns Frauen diese Gabe systematisch genommen, weil das Patriarchat keine wütenden Frauen gebrauchen kann. Es braucht angepasste, erschöpfte Tradwives, die die Klappe halten. Wenn uns etwas nicht gefällt, sollen wir lieber traurig und deprimiert sein und uns schämen, Emotionen, die nach innen und gegen uns selbst gerichtet sind. Emotionen, die uns Kraft und somit Handlungsmacht rauben. Denn wenn wir wütend sind, sind wir gefährlich. Wut ist Energie. Sie richtet sich nach außen. Sie will Veränderung. Die Autorin Ciani-Sophia Hoeder schreibt in *Wut und Böse*: »Eine Frau, die keine Wut empfindet, wird auch nicht zur Gefahr. Sie kann nichts an der eigenen ungerechten Realität ändern.«[18] Und genau das ist der Punkt.

Ich sehe die aktuelle Multikrise als einen Katalysator, um uns wütend zu machen. So richtig wütend. Viel wütender, als wenn ein paar Minikrisen uns ein bisschen ärgern würden. Um uns wachzurütteln. Um uns zu zwingen, endlich hinzusehen und die Systeme zu hinterfragen, die uns Unrecht tun, uns abwerten und systematisch arm halten. Vielleicht ist es eine Chance, dass die Welt gerade brennt, weil sie uns so keine andere Wahl mehr lässt, als endlich zu handeln. Wut ist ein Motor. Und wenn wir sie bündeln – als Frauen, als Kollektiv, als Generation, die es satt hat –, dann kann aus dieser Wut eine Bewegung entstehen, die größer ist als jede Krise.

Wie wir in Kapitel 1 gesehen haben, befinden wir uns möglicherweise am Ende mehrerer großer Zyklen. Eine neue Ordnung wird gerade verhandelt – egal ob wir mitmachen oder nicht. Das ist die vielleicht größte Chance seit Generationen für uns als Menschheit! Was auch immer da gerade entsteht, wollen und müssen wir mitgestalten. Es geht darum, die Bedingungen für das, was als »normal«, »ökonomisch sinnvoll« oder »politisch möglich« gilt, auszuhandeln. Um als Frauen an diesem Verhandlungstisch der Neugestaltung Platz zu nehmen, brauchen wir Wut, Ausdauer und vor allem: Handlungsfähigkeit. Wir brauchen den einen wirksamen Hebel.

Der Big Domino

Ein Konzept, das mein Leben vor einigen Jahren grundlegend verändert hat, war die Kraft des Fokus. In *Essentialism,* einem der Bücher, die ich immer wieder lese, erklärt der Autor Greg McKeown anhand einer simplen Grafik, wie machtvoll Fokus ist (siehe Abb. 4).[19] In beiden Fällen wird gleich viel Energie aufgewendet, aber unterschiedlich eingesetzt. Links verteilt sie sich auf unzählige kleine Aktivitäten, was dazu führt, dass wir nicht vorankommen: Jeder Fortschritt in eine Richtung wird durch Fortschritt in die entgegengesetzte Richtung konterkariert. Rechts hingegen fließt die ganze Energie gebündelt in einen Schwerpunkt. Das Ergebnis: spürbare Fortschritte im priorisierten Fokusbereich, bei gleichem Energie-

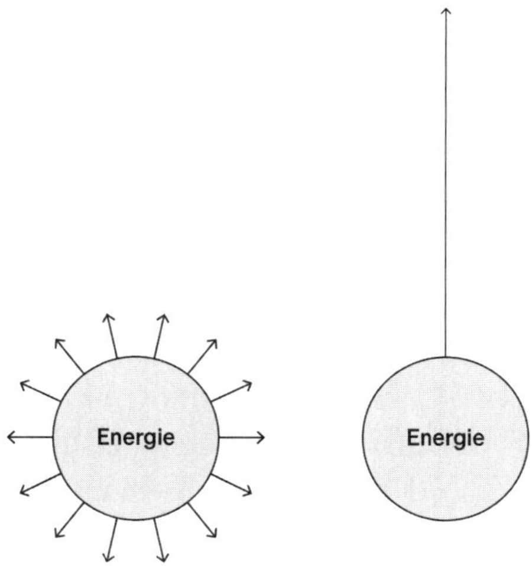

Abb. 4: Die Macht des Fokus

einsatz wie links. Das ist die Macht von Fokus. Wir müssen also die eine Sache finden, die uns wirklich voranbringt, und dann unsere gesamte Energie darauf fokussieren. Welche eine Sache das ist? Der Big Domino.

Der Big-Domino-Effekt ist ein Begriff aus der Welt der Produktivitäts- und Businessstrategien, der auf einer einfachen, aber mächtigen Idee beruht: Finde die *eine* Sache, die alles andere leichter oder sogar überflüssig macht. Indem du den entscheidenden Dominostein umstößt, fallen automatisch viele oder gar alle anderen Steine hinterher. Mit dem richtigen Impuls wird eine ganze Kaskade an Veränderungen ausgelöst.

Auf meiner ewigen To-do-Liste standen zum Beispiel lange Zeit immer die gleichen Dinge: Aufräumen, Staubsaugen, Wischen. Davor musste ich planen, wann ich mindestens zwei Stunden dafür erübrigen konnte. Mein Big Domino war damals die Entscheidung, einen Staubsaugerroboter anzuschaffen. Diese *eine* Entscheidung hat mehrere Aufgaben (Zeit einplanen, saugen, wischen) rund ums Putzen dauerhaft eliminiert. Ich muss seither lediglich den Boden freiräumen und den Roboter via App starten. Diese verhältnismäßig kleine Investition brachte mir mehr als nur saubere Böden. Ich freue mich seither über mehr Zeit, weniger Mental Load, weniger Stress. Das hat sich total gelohnt.

Was ist der Big Domino für freie Lebensgestaltung, Wachstum in Krisenzeiten und Mitgestaltung der Welt? Die Antwort ist recht simpel: Geld. Genauer: der strategische Aufbau deines eigenen Vermögens. Okay, wow! Da kritisiere ich lang und breit das Patriarchat und die ungleichen Machtverhältnisse, basierend auf Geld, und dann soll die Lösung sein, sich *genau diesem System* unterzuordnen und mitzuspielen? Im patriarchalen Kapitalismus? Ja, ganz genau.

Hier kommt noch einmal das Strukturmodell von Giddens ins Spiel. In Teil 1 haben wir das System analysiert, denn um unser Handeln in diesen Strukturen zu ändern – und letztendlich das ganze System –, müssen wir die Strukturen erst durchschauen. Du verstehst jetzt hoffentlich besser, warum bestimmte Ungleichheiten existieren, und hast vielleicht schon eigene Handlungsspielräume in deinem Circle of Control und sogar im Circle of Influence erkannt.

In Teil 2 geht es nun um das Gestalten im bestehenden System. Ja, unser System benachteiligt Frauen strukturell, es profitiert von Ausbeutung und es belohnt patriarchale Familienmodelle. Und gleichzeitig leben wir in diesem System, ob wir wollen oder nicht. Es gibt derzeit keinen anderen Ort, an dem wir außerhalb dieser Logik agieren könnten. Keinen feministischen Parallelkapitalismus, kein ökologisches Alternativgeld, kein System jenseits von Rentenlücken, Inflationsdruck und Marktzugang. Emilia Roig formuliert es so: »Müssten wir nicht andere Wege gehen, als uns einem männlichen patriarchalen Modell zu unterwerfen? Doch momentan gibt es keinen anderen Weg.«[20] So ist es. Und mehr noch: Wir können durchaus in dem System mitspielen und es nutzen, um Ressourcen und Macht zu erlangen – um erstens für uns selbst zu sorgen und zweitens das System zu verändern.

Die Frage ist also nicht: »Ist dieses System gerecht?« Sondern: »Wie bewege ich mich in einem ungerechten System so, dass ich handlungsfähig bleibe?« Aus diesem Grund ist Vermögensaufbau kein Einknicken vor dem patriarchalen Kapitalismus, sondern die Weigerung, sich noch länger am unteren Ende der Machtasymmetrie festketten zu lassen. Der Aufbau von Vermögen ist ein Akt der Selbstermächtigung und kein Ende der feministischen Kritik. Wir verändern das System nicht allein durch moralische Appelle oder durch Verzicht. Wir verändern es, indem wir Einfluss gewinnen. Sichtbarkeit. Ressourcen. Handlungsmacht. Weil aus Stärke heraus mehr möglich ist als aus Schwäche. Weil Systemkritik nicht reicht, wenn man selbst nicht handlungsfähig ist. Reichtum ist nicht automatisch Systemkonformität. Er kann auch eine Form des systemkritischen Empowerments sein, wenn wir ihn entsprechend nutzen. Wenn wir mit Geld nicht nur konsumieren, sondern Strukturen bauen. Wenn wir andere Frauen mitziehen. Wenn wir unsere Stimme erheben, wenn wir es uns leisten können, unbequem zu sein.

Ich halte Geld deswegen für die Grundvoraussetzung für feministisches Vorankommen, weil es Frauen aus patriarchalen Zwängen befreit. Wir hüten viele Stunden am Tag Kinder und waschen Wäsche, manche Partner:innen berauben uns unserer Zeit, Energie und Gesundheit. Wir kämpfen gegen gläserne Decken und um unsere psychische und körperliche Unversehrtheit. Unsere Geldsorgen verursachen massiven Stress. Was wir Frauen alles bewegen könnten, hätten wir diese Kapazitäten frei! Die Kapazitäten, die sich das Patriarchat von uns klaut, damit nichts mehr in uns übrig ist, um es zu stürzen. Erschöpfte Frauen kämpfen nicht. Wir müssen raus aus der Erschöpfung. Und das gelingt mit Geld.

Geld löst den Akt der persönlichen Befreiung aus, den wir brauchen. Es entlastet von Care-Arbeit und Mental Load, weil wir Aufgaben delegieren und Grenzen ziehen können. Wir können toxische Beziehungen verlassen. In einer gesunden Partnerschaft hebt eigenes Vermögen uns auf Augenhöhe. Und vor allem: Finanzielle Unabhängigkeit stärkt unser Selbstvertrauen. Und das brauchen wir, um ein Leben nach unseren Regeln zu gestalten. Geld ermöglicht es uns, Einfluss auf das System zu nehmen: durch Spenden an Frauenrechts-NGOs, durch Parteispenden oder durch persönliches Engagement. Nicht zuletzt macht uns Geld in Krisen handlungsfähig.

Also nutzen wir unsere Wut, um den Big Domino umzuschmeißen. Wenn viele Frauen im Kollektiv ihre Wut zu Mut machen und aktiv werden, können wir gemeinsam das System kippen und die neue Ordnung mitgestalten. Wer, wenn nicht wir? Frauen haben doch schon immer den Laden geschmissen, also nutzen wir unsere Energie endlich für uns selbst!

Teil 2

Finanzielle Resilienz

KAPITEL 7

Die acht Faktoren der finanziellen Resilienz

Unser erster Impuls in einer Krise ist meistens nicht Wachstum, sondern Schutz. Wir ziehen uns zurück, halten fest, was wir haben, und warten darauf, dass der Sturm vorüberzieht. Wir hoffen, ihn halbwegs unbeschadet zu überstehen, und wollen uns danach aufrappeln und weitermachen wie bisher. Doch genau hier liegt der Irrtum. Wir glauben, Stärke sei eine Rüstung, die wir anlegen, um gewappnet zu sein. Hart, robust, starr. Das ist übrigens die patriarchale Definition von Stärke. Aber was, wenn diese Vorstellung von Stärke in Wahrheit eher eine Schwäche ist?

Die andere Art von Stärke

Die Luft im Saal vibriert – elektrisiert von der konzentrierten Energie Hunderter Frauen. Mein Blick gleitet über die ersten Reihen, ich nehme einzelne Gesichter wahr: erwartungsvolle, gespannte, einige auch ein wenig erschöpfte. Das leise Rascheln von Notizbüchern verstummt. Sie sind bereit.

»Wir haben viel über die großen, äußeren Stürme gesprochen«, beginne ich und meine Stimme füllt die Stille. »Über Systeme, die uns im Weg stehen. Aber oft sind die gefährlichsten Mythen die, die wir in uns selbst tragen. Die Geschichten, die wir uns über Sicherheit erzählen. Daher möchte ich eine sehr persönliche Geschichte mit euch teilen. Eine Geschichte über eine meiner größten Krisen und die falsche Vorstellung von Stärke, an der ich fast zerbrochen wäre.«

Ich atme tief durch, denn die Erinnerung fühlt sich plötzlich wieder ganz nah an.

»Es war im Sommer 2022, kurz nach der Geburt meines Kindes und nur wenige Monate nach meiner privaten Trennung. Ich dachte, ich hätte alles perfekt vorbereitet.«

Ein kleines, ironisches Lächeln huscht über mein Gesicht, ein stiller Gruß an mein früheres Ich.

»Mein Unternehmen Madame Moneypenny blühte, die Zahlen waren fantastisch. Das waren sie eigentlich immer. Ich hatte ein starkes und verlässliches Team aufgebaut, damit Madame Moneypenny unabhängig von mir wachsen konnte. Stundenlang hatte ich Podcasts, Produktvideos und Reels vorproduziert, damit ich mich nach der Geburt voll und ganz auf mein Baby konzentrieren konnte. Schließlich würde ich allein mit ihm sein. Jede Nachtschicht, jedes Schläfchen, jedes Füttern, jedes Schreien, jede Windel. Alles. Alles einzig und allein meine Aufgabe. Davor hatte ich Respekt, aber ich freute mich auch auf dieses fundamental neue Kapitel in meinem Leben. Das Abenteuer Mutterschaft. Ich wollte All-In gehen. Deshalb hatte ich jemanden eingestellt, der mich in meiner geplanten Elternzeit vertreten und das Team führen sollte. Anfang 2023, nach rund sechs Monaten, wollte ich wieder bei Madame Moneypenny einsteigen.«

Ich gehe ein paar Schritte auf der Bühne, um die innere Anspannung loszuwerden, die sich während des Sprechens aufgebaut hat.

»Doch es kam alles komplett anders als geplant. Etwa sechs Wochen nach der Geburt saß ich mit diesem süßen, warmen kleinen Bündel auf dem Schoß auf meinem Sofa. Vor mir der kalte blaue Schein des Laptops. Ein Zoom-Call. Ich war den Umständen entsprechend müde und brauchte daher einen Moment, um wirklich zu realisieren, was ich gerade gehört hatte. Die letzten zwei Monate waren nicht ganz so gut gelaufen, wurde mir vorsichtig mitgeteilt. Ich stotterte: ›Was soll das heißen?‹ Nicht ganz so gut bedeutete im Klartext: Umsatz runter, Kosten rauf, rote Zahlen. Noch nie in der damals fast siebenjährigen Geschichte von Madame Moneypenny hatte es auch nur einen einzigen roten Monat gegeben. Keinen! Wir waren davon immer so weit entfernt wie Friedrich Merz von einem feministischen Grundverständnis.«

Ein bitteres, wissendes Lachen erfüllt den Saal. Ich nicke, weil ich weiß, diese Frauen verstehen meinen Zynismus.

»Während des Gesprächs, in diesem Moment absoluter mentaler Überlastung, hat mein Baby die einzig angebrachte Reaktion gezeigt und mir auf den Schoß gekackt. Damit war das Meeting beendet.«

Diesmal ist das Lachen lauter, befreiter. Es ist das Geräusch von geteilter Erfahrung, von Frauen, die das Chaos des Lebens nur zu gut kennen. Eine Welle der Sympathie schwappt mir entgegen.

»So viel zu meinen sechs Monaten Elternzeit. Es waren nicht mal sechs Wochen. Ich musste zurück und das Unternehmen retten. Was folgte, waren Wochen und Monate der totalen Überforderung. Der Ohnmacht. Der Zerrissenheit. Da saß ich nun allein mit meinem ersten Baby. Komplett verloren in meiner neuen Identität als Mutter, in diesem Strudel aus Stillen, In-den-Schlaf-Wiegen, Kinderarztbesuchen und Hormonchaos. Und mein Unternehmen war kurz davor, vor die Wand zu fahren. Ich war verzweifelt und wütend.

Die Frage, ob ich meine damals 13 Angestellten entlassen müsste, hing wie ein Damoklesschwert über mir. Ich arbeitete, wie es eben ging. Oft nachts, immer übermüdet. Ich legte Meetings in die voraussichtlichen Schlafenszeiten des Babys, telefonierte mit Anwälten – ja, wir wurden natürlich auch noch juristisch angegriffen in der Zeit, wann auch sonst? –, während ich mein Baby stundenlang in der Trage durch den Wald schaukelte, die Stille der Natur ein absurder Kontrast zur Panik in meinem Kopf. Bei jedem Babymucks, bei jedem Wimmern während eines Meetings musste ich entscheiden: durchziehen oder abbrechen? Wochenlang saß ich auf einem unsichtbaren heißen Stuhl – zwischen zwei Welten, die mir beide alles abverlangten.«

Ich halte kurz inne, sammle mich, bevor ich weiterspreche.

»Ich arbeitete also vor allem nachts, wenn das Baby schlief. Einmal musste ich ein Online-Training aufnehmen. Ich brauchte zwölf Anläufe, alle zwischen 21 Uhr und 1:30 Uhr morgens. Ständig sprang ich zwischen Schreibtisch und Babybett hin und her. Zwischen schreiendem Baby an der Brust und dem Druck, nicht mit einzuschlafen und schnell wieder vor die Kamera zu müssen. Optimistischer Blick in die Kamera und ein halbes Auge auf dem Babyphone, in der Hoffnung, dass dieser Take länger als 8 Minuten gehen konnte, bevor das Baby mich wieder brauchte. Es war unheimlich anstrengend. Zermürbend. So hatte ich mir das nicht vorgestellt. Rückblickend ist es vollkommen offensichtlich, dass das nicht lange gut gehen konnte …«

Die Stille im Raum ist jetzt eine andere. Schwerer, empathischer.

»Als ich eines Abends völlig erschöpft neben meinem schlafenden Baby lag und die Tränen nicht mehr aufhören wollten zu laufen, traf ich eine Entscheidung. Ich wusste, es konnte so nicht weitergehen. So konnte ich niemandem gerecht werden. Nicht dem Unternehmen, nicht meinem Baby und schon gar nicht mir selbst. Mir wurde klar: Ich konnte nicht mein menschliches Baby versorgen, gleichzeitig mein Business-Baby retten und dabei selbst nicht untergehen. Ich steckte in dem Dilemma, das wahrscheinlich alle Mütter kennen: Kind, Karriere, Gesundheit – choose two! Ich entschied mich für das menschliche Baby. Und für mich.«

Ein kleines Lächeln breitet sich auf meinem Gesicht aus, als die Erinnerung an diese Entscheidung mich mit Wärme füllt. Ich sehe in die ersten Reihen und erkenne dieses Gefühl in den Augen vieler Frauen – vermutlich auch Mütter – wieder.

»Heute verstehe ich besser, was damals passiert ist«, fahre ich fort, meine Stimme ist jetzt wieder fester, klarer. »Dieser Moment der scheinbaren Schwäche zwang mich zu radikaler Ehrlichkeit und war ein Durchbruch. In dieser Nacht stellte ich mir all die Fragen: Welchen Preis zahle ich hier gerade? Und wofür eigentlich? Woher kommt dieser unmenschliche Druck, alles gleichzeitig perfekt machen zu müssen? Ich spielte auch den Worst Case im Business durch: Das Unternehmen fährt vermutlich temporär vor die Wand. Okay, so what? Das Konto war gefüllt und die finanzielle Basis, die ich mir über Jahre aufgebaut hatte, war doch genau für einen solchen Moment da. Das gab mir die Freiheit, eine Entscheidung jenseits des reinen

Leistungsprinzips zu treffen. Ich war so erleichtert, als mir das klar wurde! Und vor allem: Ich konnte ja nichts anderes tun. Ich hatte es versucht und war bis hierhin gekommen. Mehr ging einfach nicht. Mit dieser Erkenntnis löste sich der ganze Druck auf, der mir regelrecht den Brustkorb zusammenschnürte. Diese Akzeptanz war mein Big Domino.«

Ich gönne mir eine kurze Atempause.

»Ich dachte: ›Es ist so, wie es ist. Mein menschliches Baby braucht mich jetzt. Das Business-Baby kann warten, es kann später gerettet oder neu und sogar besser aufgebaut werden, wenn es sein muss. First things first.‹ Schon vor der Geburt hatte ich mir geschworen: Mein Kind hat für mich immer höchste Priorität. Jetzt war es an der Zeit, diesen Wert auch wirklich zu leben. Also zog ich die Notbremse. Ich hörte auf, nachts zu arbeiten, reduzierte mein Pensum radikal, sagte Termine ab, die mit dem Muttersein kollidierten, und ging stattdessen zum PEKiP. Ich schottete mich und mein Baby für eine Weile ab und ließ einfach mehr ›geschehen‹. Ja, das fühlte sich anfangs wie Versagen an, und Gewissensbisse hatte ich auch. Rückblickend ist mir klar: Ich wollte wie ein Stein sein – widerstandsfähig, robust, unzerbrechlich. Ich wollte diesem Sturm in aller Härte trotzen. Aber ich habe das falsche ›stark‹ gewählt und wäre daran fast zerbrochen. Erst mit der Entscheidung für das Loslassen kam die richtige Art von Stärke. Ich wurde vom Stein zum Baum: Eine massive Buche kann Orkanböen standhalten. Nicht weil sie starr ist, sondern weil sie biegsam ist. Sie schwankt, sie passt sich den Kräften um sich herum an, behält aber ihre Kernstruktur. Sie bricht nicht. Eine solide Betonmauer daneben bricht unter den gleichen Bedingungen.«

Ein Raunen geht durch den Saal. Ich sehe, wie die Metapher landet. Köpfe nicken langsam, dann entschlossener. Es ist der Moment, in dem die emotionale Geschichte zu einer greifbaren Strategie wird.

»Das heißt nicht, dass ich in der Zeit nicht trotzdem zu viel gearbeitet habe, doch meine Energie war eine andere und meine Prioritäten waren klar. Dank des Notgroschens für mein Unternehmen musste ich niemanden entlassen.«

Ich lächle, diesmal ein breites, stolzes Lächeln.

»Heute beschäftigt Madame Moneypenny 25 Festangestellte, und nach dieser Krisenzeit war 2024 das erfolgreichste Jahr der Firmengeschichte und wurde sogar von 2025 noch getoppt. Doch nicht nur das Unternehmen ist durch diese Krise gewachsen, ich bin es auch. Ich bin deutlich resilienter geworden. Klarer, fokussierter, flexibler. Weil ich mich auf meine Werte besonnen habe, optimistisch geblieben bin, mein Netzwerk um Hilfe gebeten und aktiv nach Lösungen gesucht habe – aber eben überlegt und ruhig.«

Von robust zu antifragil

Der Risikoforscher und Bestsellerautor Nassim Nicholas Taleb beschreibt in *Antifragilität – Anleitung für eine Welt, die wir nicht verstehen* drei Systeme, wie wir auf Stress, Unsicherheit und Wandel reagieren. Und wenn die Welt um uns herum wackelt – wirtschaftlich, politisch, emotional –, ist nur eins davon zukunftstauglich.

Fragiles System. Es funktioniert nur unter Idealbedingungen. Sobald es Stress, Unordnung oder Unsicherheit ausgesetzt ist, bricht es zusammen. Wie ein filigranes Weinglas auf einem Tisch: Kommt Bewegung ins Spiel, fällt es herunter und zerbricht. Taleb formuliert es so: »Das Fragile ist auf Störungsfreiheit angewiesen«[1] und »Abweichungen sind eher schädlich [...] als hilfreich«[2]. Störungsfreiheit im Leben? Gibt es nicht. Auf Finanzen übertragen, heißt das: Du hast keinen Notgroschen, vielleicht sogar Konsumschulden. Du weißt nicht, wie viel Geld reinkommt und rausgeht. Es zerrinnt dir zwischen den Fingern, und du schämst dich dafür, dass am Ende des Monats nichts zum Sparen übrig bleibt, obwohl du eigentlich gut verdienst. Du hast Angst, ein schlechtes Vorbild zu sein, und Gewissensbisse, weil du für deine Kinder nichts zurücklegst. Du investierst dein Geld nicht oder falsch, du hast weder Übersicht noch Kontrolle über dein Geld. Alles fühlt sich fremdbestimmt an. Du bist abhängig vom nächsten Gehalt, vom Wohlwollen deiner Chefin oder vom Einkommen deines Partners. Wenn dein Auto kaputtgeht oder eine unerwartete hohe Rechnung reinflattert, brechen die Finanzen zusammen. Fragil zu sein, bedeutet: Du brauchst eine perfekte heile Welt, damit dein Leben nicht auseinanderfällt. Und genau die gibt es nicht.

Robustes System. Es kann Stress aushalten, zerbricht nicht, aber es wächst auch nicht. Robustheit ist wie ein Stein: Wenn er vom Tisch fällt, bleibt er ein Stein; er geht nicht kaputt, wird aber auch nicht besser. Auf Finanzen übertragen heißt das: Du hast keine Konsumschulden, einen Notgroschen, vielleicht auch einen ETF-Sparplan. Aber wenn die Märkte crashen: Wird dein Vermögen mehr oder weniger? Das ist das Entscheidende, und Taleb bringt es so auf den Punkt: Das Robuste ist »durch Unbeständigkeit und Unordnung weder angreifbar, noch nützen sie [ihm]«[3]. Nur robust zu sein, ist demnach nicht genug, um dich langfristig zu schützen oder sogar nach vorn zu bringen.

Antifragiles System. Das ist der Status, den wir anstreben sollten: Antifragilität. Das heißt: Du profitierst von der Krise, vom

Chaos. Du lernst, passt dich an, entwickelst dich weiter, genau *wegen* der Widrigkeiten, die das Leben bereithält. Ob im Privaten oder in der aktuellen Multikrise. Das lässt sich vergleichen mit unseren Muskeln: Durch Belastung, durch Stress wachsen sie. Ansonsten werden sie nicht nur nicht stärker, sondern bauen ab. Genauso funktioniert Antifragilität: besser werden durch Widerstand. Laut Taleb ist Antifragilität mehr als Robustheit, denn »das Antifragile wird besser«.[4] Anders ausgedrückt: Wenn du antifragil bist, reagierst du auf Druck mit Wachstum. Du nutzt Krisen, um besser zu werden, persönlich und finanziell. Du denkst langfristig, entwickelst Strategien und nutzt jede neue Unsicherheit als Lernchance für dein Mindset oder als Wachstumschance für dein Vermögen. Und das muss das Ziel sein.

Da sich der Begriff der Antifragilität nicht durchgesetzt hat, setze ich ihn in diesem Buch mit Resilienz gleich. Es meint in unserem Kontext das Gleiche, ist aber alltagstauglicher. Die OECD beschreibt finanzielle Resilienz als die »Fähigkeit von Einzelpersonen oder Haushalten, negativen finanziellen Schocks standzuhalten, sie zu bewältigen und sich davon zu erholen«[5]. Taleb würde sagen: Robust, denn das beschreibt den Stein, nicht die Muskeln. Daher habe ich eine eigene Definition von finanzieller Resilienz formuliert: Wir sind finanziell resilient (= finanziell antifragil), wenn wir sowohl über die mentale Stärke als auch die finanzielle Handlungsfähigkeit verfügen, um Krisen nicht nur standzuhalten, sondern sie aktiv als Motor für persönliches und finanzielles Wachstum zu nutzen. Es geht darum, nach jeder Herausforderung, jeder Krise, jedem Schock etwas klüger, stärker, selbstbestimmter und finanziell besser aufgestellt zu sein. Nicht nur durchzuhalten, sondern zu wachsen, egal, was kommt.

Wie es gelingen kann, mentale Stärke und finanzielle Handlungsfähigkeit zu vereinen, also wirklich finanziell resilient zu werden, schauen wir uns anhand meiner acht Faktoren für finanzielle Resilienz an.

Faktor 1: Psychologische Resilienz & Mindset	
Finanziell fragil	»Alles bricht zusammen.« Betrachtung von Krisen als Katastrophe, Bestätigung der eigenen Unfähigkeit und der Opferrolle, limitierende Glaubenssätze und Ängste, Überforderung, keine Selbstwirksamkeit und mangelndes Selbstvertrauen
Finanziell robust	»Mir passiert nichts.« Betrachtung von Krisen als potenzielle Bedrohung, Erleichterung nach überstandenen Krisen – aber ohne Wachstum, Bewusstsein über Glaubenssätze und Money Mindset, aber individuelle Lücken und mangelnde Umsetzung
Finanziell resilient	»Ich nutze die Chance.« Betrachtung von Krisen als Chance auf persönliches und finanzielles Wachstum, tiefergehende und kontinuierliche Mindset-Arbeit inkl. Projektionen, Werte etc., keine limitierenden Glaubenssätze und Skripte, hohe Selbstwirksamkeit, Lernorientierung, Flexibilität
Faktor 2: Ownership	
Finanziell fragil	»Darum kümmert sich irgendjemand anderes.« Schuldzuweisungen (zum Beispiel äußere Umstände), Abgabe der finanziellen Verantwortung an Partner, Familie oder Staat, »Kopf in den Sand«-Mentalität oder Glaube an ein Wunder, keine Zeit für Finanzen, starke Überanpassung
Finanziell robust	»Ich hab doch Riester, Eigenheim und Sparplan ...« Falsche Sicherheit, Ambivalenz gegenüber Finanzen, Verfolgen von Standardwegen ohne Hinterfragen, Fokus auf Schadensbegrenzung, Widerstände im Umfeld, kaum Zeit für Finanzen, Überanpassung
Finanziell resilient	»Ich bin selbst verantwortlich und will das Maximum herausholen.« Volle Übernahme der Verantwortung für Finanzen und Vermögen, guter Umgang mit Widerständen aus dem Umfeld, Offenheit für innovative Ansätze, bewusste zeitliche Priorisierung des Themas Finanzen, unabhängig von der Meinung anderer

Faktor 3: Finanzielle Selbstbestimmung	
Finanziell fragil	Finanzielle Abhängigkeit von Staat oder Partnerschaft, kein eigenes Konto/Depot, kein Überblick, keine Exit-Strategie, anfällig für finanzielle Untreue und Gewalt, kein oder schlechter Partnerschaftsvertrag
Finanziell robust	Teilweise Unabhängigkeit, getrennte Konten/Depot, eigenes Einkommen, Trennung möglich, aber unzureichende Exit-Strategie, Standard-Partnerschaftsvertrag, mögliche Loyalitätskonflikte in der Partnerschaft
Finanziell resilient	Völlig eigenständige finanzielle Struktur, sehr guter Partnerschaftsvertrag, vereinbarte Ausgleichszahlungen, exzellente Exit-Strategie inkl. finanzieller Ressourcen zur Aufrechterhaltung des Lebensstandards, finanzielle Souveränität als gelebte Identität
Faktor 4: Rücklagen & Liquidität	
Finanziell fragil	Keine oder sehr geringe Rücklagen, abhängig von Dispo oder Partnerschaft
Finanziell robust	Notgroschen für 3 bis 6 Monate auf Tagesgeldkonto
Finanziell resilient	Individuell definierter Notgroschen plus weitere Rücklagen und Liquiditätsreserven für Chancen oder Investitionen
Faktor 5: Vorsorge & Absicherung	
Finanziell fragil	Keine oder zu wenig Risikoversicherungen, keine eigene Vorsorgeregelung, keine Absicherung der Familie
Finanziell robust	Minimale Absicherung, grundlegender Überblick und Verständnis, aber kein umfassendes, dynamisches Konzept, keine regelmäßige Revision
Finanziell resilient	Umfassendes Absicherungspaket, juristische Vorsorge, regelmäßiger Abgleich aller Verträge mit der aktuellen Lebenssituation
Faktor 6: Finanzkompetenz	
Finanziell fragil	Unbewusste Inkompetenz, keine finanzielle Bildung, Gleichsetzung von Risiko mit Verlustgefahr, keine Investments
Finanziell robust	Bewusste Inkompetenz und/oder bewusste Kompetenz, solide finanzielle Bildung, aber fragmentierte Umsetzung, Gleichsetzung von Risiko mit Verlustgefahr, defensives Investment

Finanziell resilient	Unbewusste und/oder bewusste Kompetenz, kontinuierliche Weiterbildung, souveräner Umgang mit komplexen Finanzthemen, Krisen und deren Potenzial, ganzheitliches Finanzkonzept, Risikokompetenz
Faktor 7: Investiertes Vermögen mit Langfriststrategie	
Finanziell fragil	Keine oder unstrukturierte Geldanlage, Angst vor Verlusten, kein Finanzplan, anfällig für Get-Rich-Quick-Schemes und Trading Scams
Finanziell robust	ETF-Depot vorhanden, Buy-and-Hold-Strategie, regelmäßige Sparpläne, geringe Diversifikation, keine Panik in Krisen, aber kein antizyklisches Handeln
Finanziell resilient	Nutzung von positiven Asymmetrien zur Renditemaximierung, breite Diversifikation über mehrere Assetklassen, disziplinierte Umsetzung einer regelbasierten Strategie, antizyklisches Handeln, klar definierte Rebalancing-Strategie
Faktor 8: Humankapital	
Finanziell fragil	Kein Investment in Weiterbildung, abhängig von einer einzelnen Kompetenz, um Geld zu verdienen
Finanziell robust	Punktuelles Investment in Weiterbildung, breiteres Skill-Set als Verdienstquellen
Finanziell resilient	Kontinuierliche persönliche und berufliche Weiterbildung, Humankapital als Assetklasse, Fähigkeiten als Absicherung gegenüber Krisen

Im Workbook findest du einen ausführlichen Test, mit dem du herausfinden kannst, ob du finanziell fragil, robust oder sogar schon resilient bist.

Der Baum der finanziellen Resilienz

Ich habe, wie so viele, lange Zeit Stärke mit Härte verwechselt und geglaubt, ich müsste unnachgiebig sein wie Beton, um den Stürmen des Lebens zu trotzen. Doch das war ein Trugschluss.

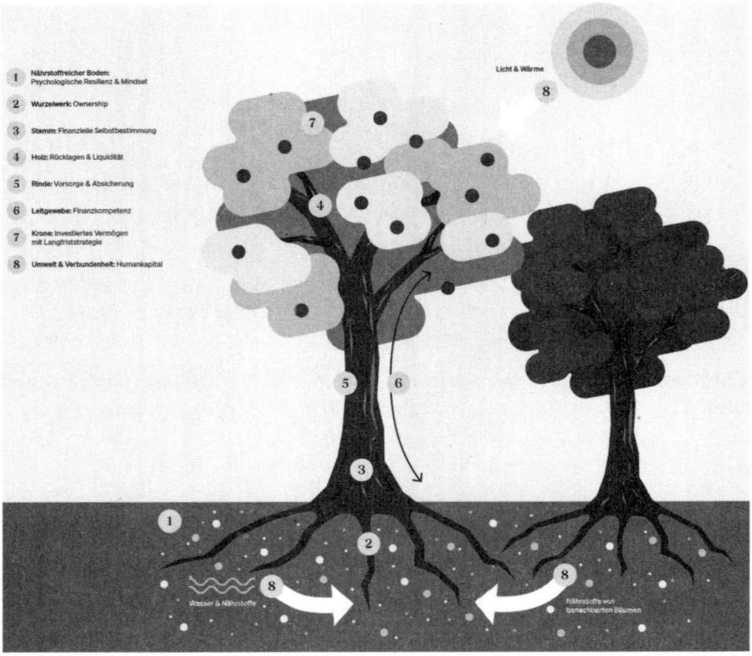

Abb. 5: Der Baum der finanziellen Resilienz

Erinnere dich an die Buche, von der ich bereits sprach, und stell dir so eine alte, massive Buche vor, die seit Jahrhunderten auf einem freien Feld steht. Sie hat schon unzählige Krisen erlebt – Orkane, Eisregen, monatelange Dürre. Warum steht sie noch? Weil sie biegsam ist. Und wenn ein weiterer Sturm aufzieht, passiert etwas Faszinierendes: Ihre Äste, selbst die dicksten, beginnen sich zu wiegen, fast zu tanzen. Sie geben nach, lassen die Energie des Windes durch sich hindurchfließen, anstatt sie starr zu blockieren. Selbst der Stamm schwankt, er ächzt vielleicht sogar, aber er bleibt verankert. Ihre Flexibilität ist ihre Stärke. Daher ist ein Baum ein ideales Sinnbild für ein lebendiges System finanzieller Resilienz.

Mit meinen acht Faktoren pflanzt und nährst du deinen Baum der finanziellen Resilienz (siehe Abb. 5). Alles beginnt mit dem gesunden, nährstoffreichen Boden, deiner psychologischen Resilienz und deinem Mindset (Faktor 1). In diesem Boden wächst das unsichtbare, aber alles tragende Wurzelwerk: deine Ownership (Faktor 2). Daraus erwächst der starke Stamm deiner finanziellen Selbstbestimmung (Faktor 3). Im Holz sind Wasser und Harze gespeichert, das sind deine Rücklagen für Notfälle und deine Liquidität für Chancen (Faktor 4). Die schützende Rinde steht für deine Vorsorge und Absicherung (Faktor 5). Die periphere Intelligenz, die alles verbindet und steuert, das Leitgewebe des Baums, ist deine Finanzkompetenz (Faktor 6). Die Krone ist dein investiertes Vermögen mit Langfriststrategie (Faktor 7). Sie streckt sich dem Licht entgegen und produziert Rendite, die Früchte. Gespeist wird das Ganze aus verschiedenen Richtungen: Licht von der Sonne, Wasser und Nährstoffe aus der Erde, teilweise sogar von benachbarten Bäumen, die heilende und stärkende Substanzen mit deinem Baum teilen, wenn er krankt. Das ist dein Humankapital (Faktor 8).

Der Baum der finanziellen Resilienz ist mehr als eine Metapher, er ist ein Instrument für das, worüber wir am Anfang des Buchs gesprochen haben: Handlungsfähigkeit. Anthony Giddens beschreibt, dass wir Strukturen nicht nur reproduzieren, sondern auch verändern können – durch bewusstes, informiertes Handeln innerhalb der bestehenden Rahmenbedingungen. Mit jedem dieser acht Faktoren trainierst du genau das: Du verstehst die Bedingungen, erkennst deine Handlungsspielräume und triffst strategische Entscheidungen. Und genau damit beginnst du, die Struktur zu verschieben. Erst in deinem Leben, dann vielleicht auch im Leben anderer. Finanzielle Resilienz ist gelebte Agency.

KAPITEL 8

Faktor 1: Psychologische Resilienz & Mindset

Jede nachhaltige Veränderung, jedes Wachstum beginnt unter der Oberfläche, im Unsichtbaren. Bevor auch nur eine einzige Wurzel Halt finden kann, braucht sie nährstoffreichen Boden. In unserer Metapher des Baums sind dieser Boden deine psychologische Resilienz und dein Mindset. Das ist die alles entscheidende Grundlage, die darüber bestimmt, ob dein Baum der finanziellen Resilienz Stürmen trotzen, Dürreperioden überstehen und reiche Ernte tragen kann oder ob er von der nächsten Krise entwurzelt wird.

Grundlagen der psychologischen Resilienz

Warum können manche Menschen heftige Traumata erleben und trotzdem ein glückliches Leben führen? Die Antwort lautet: psychologische Resilienz. Stell dir einen leeren Luftballon vor, an dem du ziehst: Er verzieht sich, und sobald du loslässt, schnappt er in seine ursprüngliche Form zurück. Das beschreibt die ursprüngliche Bedeutung des Wortes »Resilienz« aus der Werkstofftechnik: ein Material, das nach äußerem Druck in seine alte Form zurückspringt. Doch dieses Bild des reinen Zurückfederns greift für uns Menschen zu kurz. Echte psychologische Resilienz geht über das mechanische Zurückschnappen in den Ursprungszustand hinaus.

Begegnen uns Krisen, Traumata oder andere Schicksalsschläge im Leben, können wir entweder daran zerbrechen (fragil), das

Ganze unverändert überstehen (robust) oder uns weiterentwickeln, anpassen und dazulernen (antifragil/resilient). »Resiliente Menschen sind in der Lage, flexibel, agil, situationsangemessen und durch den Rückgriff auf innere und äußere Ressourcen und Schutzfaktoren auf Stressoren zu reagieren, sich zu wandeln und zu verändern und aus den Krisen gestärkt hervorzugehen und sie als Anlass für persönliches Wachstum und die individuelle Weiterentwicklung zu nutzen«, schreiben die Autorinnen Tatjana Reichart und Claudia Pusch in *Resilienz-Coaching*.[1] Die gute Nachricht ist: Resilienz ist keine fixe Charaktereigenschaft, sondern erlernbar.

Studien deuten darauf hin, dass nur zwischen 31 und 52 Prozent unserer Resilienz genetisch bedingt sind.[2] Mindestens die Hälfte, wenn nicht mehr, ist das Ergebnis von Umweltfaktoren, also unseren Ressourcen, Privilegien, Erfahrungen sowie von Lernen und aktivem Training. Kein Mensch wird »fix und fertig resilient« geboren, das Leben und unser Umgang damit machen uns resilient. Jede Krise, die du durchstehst. Jedes Mal, wenn du trotz Ablehnung dein Projekt besser machst. Jedes Mal, wenn du nach einer Trennung wieder lernst, dich selbst zu mögen. Jedes Mal, wenn du dich traust, Hilfe zu holen, anstatt weiter so zu tun, als wäre alles in Ordnung. Nicht alles liegt in unserer Hand, aber oftmals mehr, als wir denken. Wir werden nicht resilient, weil wir keine Probleme haben, sondern weil wir lernen, mit ihnen umzugehen: ohne Herausforderung kein Wachstum.

Viele Menschen glauben, wie ich vor meinem Krisenerlebnis nach der Geburt meines Kindes, Resilienz bedeutet, einfach stur weitermachen. Zähne zusammenbeißen, durchhalten, lächeln, nicht jammern. Die Kontrolle behalten, funktionieren – komme, was wolle. Doch das ist eher eine Überlastung, eine Form der Selbstverleugnung und somit toxisches Verhalten, das uns jahrelang beigebracht wurde. Darin lauert die Gefahr, Resilienz als Selbstoptimierungs-Tool misszuverstehen, als ein Werkzeug, um im Hamsterrad unseres gesellschaftlichen Systems noch produktiver, noch stressresistenter zu werden, noch mehr Druck auszuhalten. Wer Resilienz so betrachtet, landet nicht im Wachstum, sondern im Burn-out. Nachhaltige, gesunde Stärke zeigt sich in Wandlungsfähigkeit, nicht im Durchhalten um jeden Preis.

Was heute als »stark«, »funktionstüchtig« oder »resilient« gilt, ist nicht naturgegeben, es ist das Ergebnis sozialer Zuschreibungen und kultureller Wiederholungen. Es geht bei Resilienz nicht um eiserne Selbstkontrolle und verbissene Selbstdisziplin, sondern um eine kluge Auseinandersetzung mit uns selbst und unserer Art zu leben – eingebettet in unterstützende Beziehungen. Wesentliche Aspekte dabei sind ein funktionierendes soziales Netz, soziale Kompetenzen und Empathiefähigkeit. Also eine Abkehr von patriarchalen Stärkeidealen wie Härte, Unnachgiebigkeit oder Leistungszwang. Davon würden übrigens auch Männer profitieren, denen patriarchale Stärke und toxische Männlichkeit auch nicht guttun.

Frauen wird oft eine mehrfache Last aufgebürdet: Sie sollen stark sein, aber bitte nicht fordernd oder gar unbequem. Schon kompetent, aber bloß nicht zu selbstbewusst. Die Idee, dass Frauen »alles aushalten« müssen, ist ein Produkt patriarchaler Erziehung.[3] Sie ist das Gegenteil von Befreiung. In einer feministischen Lesart ist Wandlungsfähigkeit ein Akt der Selbstermächtigung, weil sie Frauen (und auch Männern) erlaubt, flexibel zu sein, zu lernen, sich neu zu orientieren. Und genau das untergräbt das System, das uns jahrhundertelang das Gegenteil eingebläut hat. Wie ich auch gelernt habe: Man kann klar sein, ohne hart, kalt und starr sein zu müssen. Und wer flexibel ist, kann sich neu ausrichten, wenn das Leben eine andere Richtung nimmt. Darum ist es an der Zeit, mentale Resilienz neu zu denken: nicht als pseudoheldinnenhaftes Durchhalten, sondern als kluges Abwägen. Du darfst scheitern. Du darfst auch zweifeln und trotz Angst handlungsfähig bleiben. Wir müssen uns von der toxischen patriarchalen Definition von Stärke lösen und stattdessen auf nachhaltig gesunde Faktoren wie Klarheit, Flexibilität und Authentizität setzen.

Merkmale der psychologischen Resilienz

Welche Fähigkeiten und Persönlichkeitsmerkmale machen uns resilient? Dazu gibt es einige wissenschaftliche Erkenntnisse und unterschiedliche Modelle. Viele davon nennen dieselben sechs Schlüsselfaktoren, die unser Leben prägen und sich auf unseren Umgang mit Geld und finanziellen Herausforderungen übertragen lassen.

Selbstregulationsfähigkeit

Selbstregulation ist die Fähigkeit, auch unter Druck die eigenen Emotionen, Stress oder Impulse bewusst wahrzunehmen und letztlich zu managen. Sie erlaubt uns, bewusst zu handeln, unseren Werten und Überzeugungen entsprechend, und nicht reflexartig auf alles zu reagieren, was das Leben uns vor die Füße oder andere Menschen uns an den Kopf werfen.

Selbstregulation kann man trainieren. Der Schlüssel dafür liegt in der Verbindung von Körper und Geist. Psychologie und Neurowissenschaften bezeichnen dieses Prinzip als »Embodiment«: Geist und Körper wirken nicht isoliert voneinander, sondern beeinflussen sich gegenseitig in einem permanenten Wechselspiel. Gedanken und Emotionen lösen körperliche Reaktionen aus, genauso wie Haltungen, Bewegungen und Körpersignale unsere innere Verfassung verändern können. Hast du schon mal gelächelt, ohne dass es einen äußeren Anlass gab? Was passiert? Deine Laune wird besser. Dein Gehirn interpretiert das Lächeln als Hinweis auf einen positiven Zustand und schüttet unter anderem Dopamin und Serotonin aus. Unsere Emotionen entstehen nicht nur im Kopf, sie werden auch über den Körper rückgekoppelt und so messbar verstärkt oder moduliert. Umgekehrt zeigt uns unser Körper oft sehr früh, wenn »etwas nicht stimmt«: etwa durch Magenschmerzen, Kopfdruck oder innere Unruhe. Unser Körper ist ein hochsensibles Frühwarnsystem für emotionale Belastungen, oft bevor unser Verstand sie klar einordnen kann.[4]

Mir persönlich helfen Methoden wie Atemübungen, Sport und progressive Muskelentspannung, um meine Selbstregulationsfähigkeit zu stärken. Es gibt unzählige körperorientierte Ansätze – von Körperarbeit und Yoga bis hin zu intensiven Reizen wie Eisbaden oder Kälteanwendungen. Sie wirken direkt auf das vegetative Nervensystem, aktivieren den Vagusnerv, bremsen die Ausschüttung von Stresshormonen, entspannen die Muskulatur und helfen uns, wieder im Hier und Jetzt anzukommen – die berühmte Achtsamkeit. Auch Gespräche mit vertrauten Personen helfen, Klarheit, Akzeptanz und ein Gefühl der Verbundenheit zu schaffen und uns emotional zu entlasten. Geistige Techniken wie Meditation, Achtsamkeitstraining oder Hypnotherapie können ebenfalls Entspannung fördern, Emotionskontrolle verbessern und innere Stabilität stärken.[5]

Was das für deine Finanzen bedeutet: Wer sich selbst regulieren kann, trifft seltener impulsive Finanzentscheidungen. Das ist Gold wert, um nicht bei jedem Börsencrash in Panik auszubrechen oder dein Konto aus FOMO zu plündern. Du bleibst bei deinem Budgetplan, verfolgst stoisch deine langfristige Anlagestrategie und gehst auch in Krisen überlegt vor. Das ist die Fähigkeit, einen kühlen Kopf zu bewahren, wenn alle anderen durchdrehen, und das zahlt sich im wahrsten Sinne des Wortes aus.

> Ein paar Übungen zur Emotionsregulation findest du im Workbook.

Optimismus

Optimismus ist die zuversichtliche, positive Grundeinstellung, dass Schwierigkeiten überwindbar sind. Entscheiden wir uns, das sprichwörtliche Glas halb leer zu sehen, oder lenken wir unseren Fokus auf die positiven Aspekte? Grübeln, unrealistische Sorgen, übertriebene Ängste und das Aufblähen kleiner Probleme – all das verstärkt den inneren Druck.

Realistischer Optimismus heißt nicht, sich die Welt schönzureden und im Sinne der Toxic Positivity Probleme auszublenden. Er bedeutet vielmehr, Schwierigkeiten und Krisen nüchtern wahrzunehmen und gleichzeitig die Chancen, Ressourcen und positiven Aspekte nicht aus dem Blick zu verlieren. Auf diese Weise lassen sich Situationen ausgewogener einschätzen und mit einem lösungsorientierten, verantwortungsvollen Handeln angehen.[6] Frei nach Epiktet, dem griechischen Stoiker, sind es nicht die Dinge selbst, die uns beunruhigen, sondern unsere Bewertung dieser Dinge. Und genau darauf können wir Einfluss nehmen.

Ein Mindset, das meine Haltung zu Problemen komplett auf den Kopf gestellt hat, stammt aus einem meiner Lieblingsbücher *The Subtle Art of Not Giving a F*ck*: das Bewusstsein, dass es kein Leben ohne Probleme gibt. Es existiert schlicht nicht. Und macht auch nicht glücklich. Menschen ziehen Zufriedenheit aus dem Lösen von Problemen. Die Betonung liegt hier auf dem Wort »Lösen«. Denn ich rede hier nicht von unüberwindbaren Hindernissen, Trauma, Gewalt usw., sondern von *lösbaren* Problemen. Unser Leben ist voll von Problemen, und selbst das Lösen eines Problems führt zu einem neuen Problem. Für uns geht es also darum, uns in diesem Kreislauf stets bessere, lösbare Probleme zu schaffen. Als Studentin war ich zum Beispiel ständig knapp bei Kasse. Ich löste meine chronische Geldnot, indem ich nebenbei arbeiten ging und sparte. Mein neues, besseres Problem war: Was mache ich am besten mit meinen Ersparnissen? Lösung: Anlegen und Vermögen aufbauen. Neues, besseres Problem: Wie verwalte ich ein größeres Vermögen sinnvoll?

Ich hoffe also schon lange nicht mehr auf ein problemloses Leben, das nicht existiert, sondern auf ein Leben mit vielen guten Problemen, die ich aktiv angehen und lösen kann. Darüber hinaus ist mir über die Jahre klar geworden, dass mein Leiden, mein emotionaler Schmerz, meine Unzufriedenheit Zeichen für eine mehr als notwendige Veränderung in meinem Leben sind. Ich bin dankbar für die Signale meines Körpers, meines Unterbewusstseins, meiner Intuition und reflektiere, woher der Schmerz wirklich kommt und welche Änderung er initiieren will. Dieser Perspektivwechsel hilft mir, emotional wieder Fuß zu fassen, wenn alles zu wanken scheint.

Was das für deine Finanzen bedeutet: Finanzieller Optimismus heißt, Krisen als vorübergehende Phasen und sogar finanzielle Chancen zu sehen. Du fokussierst dich auf das, was du steuern kannst, zum Beispiel regelmäßiges Sparen, kostengünstige Produkte, deine Finanzkompetenz, und akzeptierst, dass Tiefs ein Teil des Prozesses sind. Du akzeptierst, dass externe Faktoren wie Zinsen, Inflation oder geopolitische Krisen nicht in deiner Macht liegen, wohl aber deine Reaktion darauf. Optimismus bedeutet nicht, Risiken zu ignorieren, sondern ihnen mit Strategie, Disziplin und einem klaren Blick für Chancen zu begegnen.

Soziales Netz und Beziehungen

Ein starkes soziales Netz bietet emotionale Unterstützung, Trost und Vertrauen, aber auch ganz praktische Hilfe, sei es bei der Kinderbetreuung oder durch den Austausch von Wissen und Erfahrungen. Entscheidend ist dabei nicht die Anzahl der Kontakte, sondern ihre Qualität. Man kann viele Menschen kennen – und sich dennoch einsam fühlen. Wirklich trägt uns nur, wer uns sieht, versteht und uns ehrlich verbunden bleibt.

Deshalb ist es wichtig, Freundschaften zu pflegen, die dir Energie geben, statt sie dir zu rauben. Menschen mit einem stabilen, tragfähigen sozialen Netz gelten als resilienter, weil echtes Zuhören, gegenseitiges Spiegeln und körperliche Nähe Co-Regulation ermöglichen. So können emotionale Spannungen sich lösen, bevor sie zu inneren Lasten werden.

Was das für deine Finanzen bedeutet: Finanzielle Resilienz wächst im Austausch mit anderen. Netzwerke, in denen offen über Geld gesprochen wird, Vorbilder, die dir zeigen, was möglich ist, dir Mut machen, zu fordern, was dir zusteht. Oder einfach eine Freundin, die dir in einer finanziellen Klemme den Rücken stärkt. Such dir Verbündete, Gleichgesinnte, Mentor:innen, mit denen du gemeinsam wachsen kannst – auch in herausfordernden Zeiten.

Selbstwirksamkeit

»Der Schlüssel zur erfolgreichen Krisenüberwindung liegt in aller Regel darin, sich selbst zu verändern«, schreibt Maja Göpel in *Werte – ein Kompass für die Zukunft.*[7] Dafür braucht es Selbstwirksamkeit: das Vertrauen in die eigene Fähigkeit, etwas zu bewirken. Sie bedeutet, zu begreifen, dass du durch dein Handeln Einfluss nimmst, dass du deine Situation gestalten kannst, statt ihr ausgeliefert zu sein. Du bist nicht Spielball der Umstände – du bist diejenige, die Wirksamkeit erzeugt. Ein Beispiel: Ein Baby, das in einer Wippe strampelt, merkt, dass es durch seine Bewegungen ein Schaukeln der Wippe auslöst. Diese Rückkopplung zwischen eigenem Handeln und Wirkung ist Selbstwirksamkeit. Nebenbei ist das ein Beispiel für Embodiment: Das körperliche Schaukeln führt zu einem Gefühl der Beruhigung. Nicht nur bei Babys.

Was das für deine Finanzen bedeutet: Du gestaltest aktiv. Statt dich ohnmächtig zu fühlen und darauf zu warten, dass irgendjemand deine Finanzen regelt, entwickelst du Strategien, etwa um Schulden abzubauen, dein Geld klug anzulegen oder dein Gehalt zu verhandeln. Du packst es an, weil du weißt: »Ich kann etwas bewirken.«

Zukunfts- und Lösungsorientierung

Selbstwirksam an einer Lösung zu arbeiten, bedeutet nicht, den perfekten Plan zu haben und alle Schritte zu kennen, bevor wir loslaufen. Alles, was du tun musst, ist, nach vorne zu denken und aktiv die nächste Handlungsmöglichkeit zu suchen. Nur den nächsten sinnvollen Schritt. Diesen Aspekt finde ich besonders wichtig: Alles, was wir brauchen, ist der nächste Schritt. Eine wundervoll illustrierte Szene des Kinderbuchautors Charlie Mackesy erinnert mich immer daran:[8]

»Ich sehe keinen Weg hindurch«, sagte der Junge.
»Siehst du einen nächsten Schritt?«
»Ja.«
»Dann nimm den«, sagte das Pferd.

Solange du ein Problem beklagst, ständig über frühere Krisen oder stressige Situationen grübelst, blockierst du dich und raubst dir Energie. Entscheidend ist, zu akzeptieren, was war und ist, um dann mit voller Kraft in Richtung deiner Ziele zu starten. Ich habe gelernt, wie viel Kraft in der Akzeptanz liegt. Erst wenn ich mich nicht mehr gegen die Fakten sträube und versuche, etwas daran zu ändern, sondern vollkommen akzeptiere, was ist, ist meine Energie frei dafür, mit den Tatsachen umzugehen.

Ein kleines Beispiel aus meinem Alltag: Als ich frisch Mutter war und mein Kind zum ersten Mal krank wurde, hoffte ich inständig, dass es am nächsten Tag wieder fit sein würde – damit ich meine Meetings machen konnte. Ich rechnete hin und her, wägte ab, wem ich wann Bescheid sagen müsste, ob ich die Termine vielleicht in den Mittagsschlaf legen könnte – und was, wenn das doch nicht klappt? »Ich kann ja jetzt nicht alles absagen, um dann morgen doch wieder zuzusagen«, redete ich mir ein. So verbrachte ich Stunden damit, hypothetische Szenarien durchzuspielen. Ich war erschöpft, bevor überhaupt irgendetwas passiert war. Natürlich war mein Kind am nächsten Tag nicht wieder gesund. Und das Gedankenkarussell drehte sich von vorn: *Vielleicht morgen? Und wenn doch nicht?*

Irgendwann hielt ich inne. Ich fragte mich: *Was mache ich hier eigentlich? Woher kommt dieser Druck?* Und vor allem: *Was ist jetzt, in diesem Moment, wirklich wichtig?* Die Antwort war einfach und glasklar: Mein Kind braucht mich. Punkt. Also sagte ich alles für die Woche ab. Und mit dieser Entscheidung kamen Ruhe, Klarheit und endlich – Entspannung und Energie.

Es ist zentral, zu erkennen, was du beeinflussen kannst und was nicht – der Circle of Influence lässt grüßen! –, und deine Energie auf Ersteres zu konzentrieren. Ziele zu haben, Pläne zu schmieden und aktive Schritte in diese Richtung zu gehen, gibt dir Fokus, Antrieb und Momentum. Und das schützt dich vor mentaler Lähmung und Grübelschleifen.

Was das für deine Finanzen bedeutet: Statt bei finanziellen Krisen den Kopf in den Sand zu stecken und den Kontostand zu ignorieren oder ständig zu klagen, gehst du deine Probleme aktiv an. Du schaust auf deine langfristigen Ziele und darauf, wie du sie trotz allem erreichen kannst. Nicht ob, sondern wie. Du analysierst deine Einnahmen und Ausgaben, suchst nach Möglichkeiten, dein Einkommen zu erhöhen, und eignest dir das Wissen für eine solide Finanzstrategie an. Du schaust nicht bedauernd zurück auf verpasste

Chancen, sondern gestaltest aktiv deine finanzielle Zukunft, so wie du sie planst, und bildest dich kontinuierlich weiter.

Sinn- und Werteorientierung

Gerade in Krisen, unter Stress und Druck, in komplexen und unsicheren Zeiten fällt es schwer, sich zu orientieren und klare Entscheidungen zu treffen. Umso wichtiger ist es, auf ein Fundament zurückgreifen zu können, das in stabileren Phasen aufgebaut wurde: deine Werte. Sie geben dir auch dann eine Richtung, wenn Zeit und Energie für lange Abwägungen fehlen. Du weißt, wozu du Ja sagst und was ein klares Nein verdient. Maja Göpel sagte treffend in einem Interview: »Werte sind für uns wie ein Kompass. Sie bieten Orientierung, wenn keine klaren Regeln gelten und in unübersichtlichen Situationen, aber auch als Anschub für Veränderung, wenn zum Beispiel bestehende Regeln nicht mehr passend erscheinen.«[9] Dem kann ich mich nur anschließen. In Zeiten von Unsicherheit und Wandel braucht es innere Klarheit. Sinn finde ich, wenn ich im Einklang mit meinen Werten, Stärken, Leidenschaften und Zielen lebe. Das lässt mich durchhalten und führt zu einem authentischen, selbstbestimmten Leben.

Es ist auch wichtig, die eigenen Werte immer mal wieder neu zu justieren, denn sie können Teil des Krisenherds sein. Durch intensive Wertearbeit fand ich heraus, dass »Persönliches Wachstum« und »Loyalität« eine hohe Priorität auf meiner Werteliste hatten. Klang erst mal nicht schlecht: Ich hatte ein hohes Interesse an Weiterentwicklung und schätzte Beziehungen sehr. Bis dahin hatten mich diese Werte auch sehr weit gebracht im Leben. Doch nun erkannte ich: Diese Kombination sorgte dafür, dass ich zu lange blieb, zu lange kämpfte. Sowohl im privaten als auch geschäftlichen Bereich betrachtete ich teilweise jahrelange Unzufriedenheiten als

Chance auf Wachstum und ließ es aufgrund meiner hohen Loyalität zu anderen Menschen zu, dass meine Grenzen immer und immer wieder überschritten wurden. Somit waren meine damaligen Werte – zumindest in dieser Priorität und ohne Gegengewicht – ein Grund für selbst gemachte Krisen. Diese Erkenntnis war einer der größten Aha-Momente meines Lebens. Aus gutem Grund ist Wertearbeit ein Teil unserer Programme.

Neue Werte zu definieren, war für mich ein enorm wichtiger Schritt, um meinem Leben und meinem Handeln eine klare und kraftvolle Richtung zu geben. Wichtig ist dabei, auf »gute« Werte zu setzen. Gute Werte sind realitätsbezogen, sozial konstruktiv, direkt beeinflussbar und kontrollierbar. Schlechte Werte beruhen auf Aberglauben, sind sozial destruktiv und nicht unmittelbar kontrollierbar.[10] »Ehrlichkeit« zum Beispiel ist ein guter Wert. Du kannst entscheiden, ehrlich zu sein. Es hilft dir, die Realität klarer zu sehen, und kommt auch deinen Mitmenschen zugute. »Beliebtheit« hingegen ist ein eher ungünstiger Wert, denn du hast nicht unter Kontrolle, was andere über dich denken, und es kann dich von dem ablenken, was wirklich zählt. Ehrlichkeit kommt von innen (»Ich kann ehrlich sein«), Beliebtheit hingegen von außen (»Andere müssen mich mögen und entscheiden so, ob sie mir Wert geben oder nicht oder was ich tun muss, um beliebt zu sein«). Wenn Beliebtheit bei einer Person ein höherer Wert ist als Ehrlichkeit, wird sie eher sozial destruktives Verhalten an den Tag legen, um diesen Wert zu erfüllen, zum Beispiel lügen oder schlecht über andere reden et cetera. Studien und Beobachtungen zeigen, dass Menschen dann besonders viel Sinn empfinden, wenn ihre Werte auf Dinge wie Generativität ausgerichtet sind, also darauf, etwas Bleibendes zu schaffen, vielleicht für die nächste Generation oder für die Welt. Auch Hilfsbereitschaft, persönliches Wachstum, das Erweitern des Horizonts oder das Gefühl von Gemeinschaft und echter Verbundenheit können unglaublich sinnstiftend sein.[11]

Was das für deine Finanzen bedeutet: Gerade in finanziellen Krisen, bei Marktturbulenzen oder wirtschaftlicher Unsicherheit ist es oft nicht leicht, ruhig und überlegt zu handeln. Umso wichtiger ist es, auf finanzielle Prinzipien (zum Beispiel »Kein FOMO«, »Nicht aus Gier oder Angst handeln«) und Werte beim Investieren (zum Beispiel Langfristigkeit, Nachhaltigkeit) zurückgreifen zu können, die du in stabilen Zeiten für dich definiert hast. Sie geben dir Orientierung, wenn Emotionen hochkochen und schnelle Entscheidungen gefordert sind. Du weißt dann, welche Investments zu deiner Strategie passen und welchen Versuchungen du konsequent widerstehst.

Ich habe mir sehr viele Gedanken darüber gemacht, was meine Werte sind, wie ich sie lebe und an mein Kind weitergebe. Aus diesen Werten habe ich alltagstaugliche Leitsätze abgeleitet, um sie praktikabel zu machen. In Vorbereitung auf meine Mutterrolle schrieb ich ein Manifest für mich und hängte es an den Badezimmerspiegel. Es bestand aus 12 Leitsätzen, die mir halfen, mich in stressigen Situationen der maximalen Überforderung zu besinnen und das Ruder wieder zu übernehmen. Nicht selten fand ich mich in Situationen wieder, die jede Vorstellung von Kontrolle sprengten. Zum Beispiel nachts um 3:00 Uhr im Badezimmer, mit einem untröstlich schreienden Baby auf dem Arm, hin- und hertänzelnd in dem verzweifelten Versuch, es zu beruhigen, während mein eigener Körper nach dem einfachsten aller menschlichen Bedürfnisse schrie: eine Minute, um auf die Toilette zu gehen. Nur eine Minute. In solchen Situationen war mein Manifest fast schon überlebenswichtig, denn es half mir, Entscheidungen zu treffen und handlungsfähig zu sein, ohne groß nachdenken zu müssen.

Als Inspiration teile ich meine 12 Punkte mit dir, da sie sich auch für andere Lebensbereiche und -situationen nutzen lassen:

1. Relax. Breathe. Center.
2. It's good enough.
3. First things first – and with ease.
4. Ich bin der Anfang.
5. Fokus auf das, was gut läuft. Keep it.
6. Ich vertraue.
7. I am exactly where I need to be.
8. I receive what I need.
9. Ich bleibe flexibel.
10. Choose your battles.
11. Enjoy the ride and have fun!
12. Fucking QUEEN.

> Im Workbook findest du das Resilienz-Rad, mit dem du einschätzen kannst, wie es um deine psychologische Resilienz bestellt ist.

Mindset & Geldverhalten

Schon lange vor der Gründung von Madame Moneypenny las ich stapelweise Finanzfachbücher, die nüchtern erklärten, was Assetklassen sind und wie die Börse und der Vermögensaufbau funktionieren. Ich sog Unmengen an theoretischem Wissen in mich auf, verstand das auch alles und tat – nichts. Und zwar wochenlang. Es dauerte einige Monate, bis ich die ersten Investments wagte. Stattdessen ratterte es in meinem Kopf: *Was, wenn ich den falschen Zeitpunkt erwische? – Geld kommt doch nur durch harte Arbeit! – Was, wenn genau morgen alles crasht und ich alles verliere?* Mein Verstand lieferte mir alle logischen Gegenargumente, aber er kam nicht gegen die Angst an. Diese Angst, einen Fehler zu machen und meine finanzielle Sicherheit aufs Spiel zu setzen. Warum war das so? Weil ich meine Emotionen, Projektionen und limitierenden Glaubenssätze, also mein Mindset, komplett ignorierte. Erst als ich mich damit beschäftigte, war ich in der Lage, Theorie in Praxis zu verwandeln und endlich aktiv zu werden. Wie mir geht es vielen Menschen. Warum ist das eigentlich so?

Man könnte meinen, finanzielle Entscheidungen basierten auf reiner Logik. Auf der einen Seite steht das offensichtliche Problem, wie zum Beispiel zu wenig Geld, keine Strategie, die diffuse Angst vor der Zukunft. Auf der anderen Seite die scheinbar simple Lösung: ein Budget, ein Sparplan, ein wissenschaftlich fundiertes, diversifiziertes Portfolio. Auf dem Papier ist der Weg zur finanziellen Sicherheit eine logische, fast schon elegante Gleichung. Doch wir sind keine Roboter, keine rein rationalen Entscheider, die immer das »Richtige« tun. Unser Umgang mit Geld ist selten rational – er ist zutiefst menschlich und verbunden mit Gefühlen, Prägungen, Glaubenssätzen. Das ist auch der Grund, warum alle unsere Programme zu Beginn einen erheblichen Mindset-Anteil haben.

Das Konzept des rein logischen Entscheidens, das unsere Vorstellung von Wirtschaft und Finanzen seit Jahrhunderten prägt, hat einen Namen: Homo oeconomicus. Er ist in der klassischen Wirtschaftstheorie ein fiktives Modell eines Menschen, der stets vollkommen rational handelt. Der Homo oeconomicus kennt keine der Kräfte, die uns täglich beeinflussen.

Er hat keine Emotionen. Er spürt keine Panik, wenn die Börsenkurse fallen. Er kennt keine Gier, die ihn zu riskanten Wetten verleitet. Er empfindet keine Scham, über Geld zu sprechen oder finanzielle Fehler einzugestehen.

Er hat keine Vergangenheit. Er hat keine Kindheit, in der er am Küchentisch gelernt hat, dass über Geld nicht gesprochen wird oder dass es »die Wurzel allen Übels« sei, in ihm streiten sich keine drei Generationen von traumatisierten Vorfahren. Sein Handeln wird nicht von unbewussten Glaubenssätzen sabotiert.

Er hat kein soziales Umfeld. Er muss sich nicht fragen, was andere denken, wenn er weniger verdient als seine Frau. Er spürt nicht den gesellschaftlichen Druck, bescheiden zu sein und bloß nicht protzig zu wirken.

Doch dieser Mensch existiert im wahren Leben nicht. So ticken wir nun mal nicht, wir handeln eher selten rein rational, und das ist auch gut so.

Die Wirtschaftswissenschaft, allen voran die Verhaltensökonomie rund um Nobelpreisträger wie Daniel Kahneman, hat Jahrzehnte gebraucht, um wissenschaftlich zu beweisen, was die meisten von uns intuitiv schon immer wussten: Geld ist zutiefst emotional, sozial und oft irrational, und unsere finanziellen Entscheidungen sind das Ergebnis eines komplexen Cocktails aus Psychologie, Biologie und Biografie. Das eigentliche Spielfeld ist nicht der Aktienmarkt, sondern unsere Psyche. Statt also weiter vergeblich zu versuchen, ein fehlerfreier Finanzroboter zu werden, müssen wir lernen, mit dem zu arbeiten, was wirklich da ist: unserem einzigartigen, komplexen und, ja, oft auch irrationalen menschlichen Verstand. Denn erst wenn wir unsere inneren Muster verstehen, können wir im Außen souverän und finanziell resilient handeln.

Die Spitze des Eisbergs

Unser Handeln, also was wir wirklich mit unserem Geld tun oder lassen, ob wir investieren oder zögern, sparen oder konsumieren, ist nur die sichtbare Spitze des Eisbergs (siehe Abb. 6). Wir kaufen Aktien oder nicht, geben Geld hier oder da aus oder schieben wich-

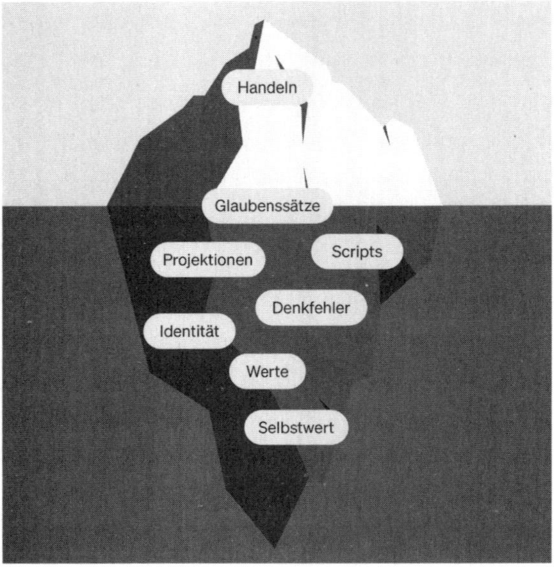

Abb. 6: Das Eisberg-Modell des Geldverhaltens

tige Finanzentscheidungen auf. Oder, und auch das ist eine Handlung: Wir tun nichts. Was dieses Handeln wirklich steuert, liegt verborgen unter der Wasseroberfläche.

Die vier Money Scripts

Unsere Glaubenssätze sind keine losen Seiten, sie formen sich oft zu ganzen Drehbüchern, die unbewusst Regie bei unseren (Finanz-) Entscheidungen führen. Diese sogenannten Scripts sind ein Konzept aus der Transaktionsanalyse. Sie wirken wie unbewusster Code mit Anweisungen, die wir ein Leben lang erlernt haben. Sie geben vor, wie wir in bestimmten Situationen denken, fühlen und handeln, und laufen oft automatisch ab. Die Psychologen Brad Klontz und Sonya Britt haben mit ihrer Forschung vier typische »Gelddrehbücher« identifiziert, sogenannte Money Scripts.[12]

Geldvermeidung (Money Avoidance). Die tiefste Überzeugung hier ist, dass Geld etwas Negatives, Bedrohliches oder moralisch Fragwürdiges ist. Es wird mit Gefühlen wie Scham oder Schuld verbunden. Menschen mit diesem Script neigen dazu, das Thema Finanzen zu verdrängen, wichtige Aufgaben aufzuschieben und unbewusst Situationen zu schaffen, in denen Geld wieder »verschwindet« – sei es durch übermäßige Ausgaben, unpassend hohe Spenden oder schlicht dadurch, dass sie es nicht investieren und es sich somit nicht vermehren kann. Elif (35) zum Beispiel verdient gut, aber sobald sich Geld auf ihrem Konto ansammelt, gibt sie es impulsiv aus – Hauptsache, es ist weg. Elif hat als Kind oft gehört: »Geld ist die Wurzel allen Übels«, »Geld verdirbt den Charakter« und »Über Geld spricht man nicht«. Logisch, dass sie es dann nicht haben will. Es ist eine Form der finanziellen Selbstsabotage. Die Stärke dieses Scripts liegt jedoch darin, dass es vor einer rein materialistischen Weltsicht schützt und daran erinnert, dass Geld nicht die Antwort auf alles ist.

Geldanbetung (Money Worship). Dies ist der Glaube, dass mehr Geld alle Probleme lösen könne. Geld wird überhöht und als universeller Schlüssel zu Glück, Sicherheit oder einem grundsätzlich besseren Leben gesehen. Emotional stehen hier oft chronische Unzufriedenheit und Traurigkeit im Vordergrund. Lea (40), selbstständige Designerin, ist überzeugt, dass sie erst dann wirklich frei sein wird, wenn sie eine bestimmte Umsatzgrenze erreicht. Sie misst ihren Selbstwert an ihrem Kontostand. Freizeit fühlt sich für sie wie Stillstand an, also arbeitet sie immer weiter in der Hoffnung, dass das nächste große Projekt endlich die ersehnte Sicherheit bringt. Oft bleibt die erhoffte Erfüllung auch mit steigendem Einkommen aus. Menschen mit diesem Script neigen dazu, im Hamsterrad von Karriere und der nächsten Gehaltserhöhung gefangen zu bleiben, weil die Vorstellung von »genug« Geld immer in der Zukunft liegt. Positiv betrachtet, erkennen sie Geld als wichtige Ressource an, die

Handlungsspielräume eröffnet, und entwickeln daraus beruflichen und persönlichen Ehrgeiz. Typische Glaubenssätze für Geldanbetung: »Man kann nie genug Geld haben«, »Mit genug Geld werde ich frei sein« oder »Mehr Geld bringt mehr Glück«.

Geldstatus (Money Status). Dieses Script verknüpft den eigenen Selbstwert untrennbar mit finanziellem Erfolg und äußerem Status. Geld ist hier kein Mittel zum Zweck mehr, sondern Selbstzweck. Die treibenden Emotionen sind oft Gier und Neid. Menschen mit diesem Script neigen dazu, viel Geld für sichtbare Statussymbole auszugeben, um die Botschaft »Seht her, ich habe es geschafft!« zu senden, und verschulden sich dafür nötigenfalls. So wie bei Jelena (52), die als Unternehmensberaterin sehr gut verdient und jeden Bonus sofort in Designerhandtaschen, Urlaube oder ein neues Auto steckt – weil sie sich nur dann wertvoll fühlt. Lifestyle-Inflation und ein permanenter sozialer Vergleich können zu einer ungesunden Abwärtsspirale führen, sobald das hohe Einkommen ausbleibt. Die positive Seite: Dieser Antrieb kann als starke Motivationsquelle dienen, um ambitionierte Lebensziele zu erreichen. Typische Glaubenssätze für Geldstatus: »Ohne Geld ist man ein Niemand«, »Ich muss mit Statussymbolen allen zeigen, dass ich es geschafft habe«, »Wenn ich Geld habe, bekomme ich Respekt«. Das Interessante ist, dass diese Glaubenssätze auch faktisch richtig sein können. Jemandem, der aufgrund von Stereotypisierung, zum Beispiel durch seine Herkunft, sozial abgewertet wird, können ein Mercedes und ein teurer Anzug in der Tat Respekt verschaffen. Eine meiner Freundinnen nimmt immer ihre teuerste Handtasche zum Notartermin mit, um beim Immobilienkauf ernst genommen zu werden.

Geldwachsamkeit (Money Vigilance). Dieses Script ist von einer übervorsichtigen, fast schon ängstlichen Haltung gegenüber Geld geprägt. Menschen mit diesem Script fällt das Sparen oft leicht, sie sind diszipliniert und stolz auf ihre finanzielle Unabhängigkeit.

Emotional steht jedoch die Angst im Vordergrund. Es fällt ihnen schwer, Geld für sich selbst auszugeben oder es zu genießen. Die zweifache Mutter und Influencerin Esther (27) hat zwar ein gut gefülltes Konto, rechtfertigt sich aber selbst für kleine Ausgaben und zögert monatelang, sich etwas zu gönnen – aus Sorge, es könnte ja bald anders kommen. Die starke Risikovermeidung bei geldwachsamen Menschen führt oft dazu, dass sie Investitionschancen verpassen. Die große Stärke dieses Scripts liegt im ausgeprägten Verantwortungsbewusstsein und in der Fähigkeit zur langfristigen Vorsorge. Typische Glaubenssätze für Geldwachsamkeit: »Man darf nie zu viel ausgeben«, »Spare in der Zeit, dann hast du in der Not« oder »Lieber den Spatz in der Hand als die Taube auf dem Dach«.

Falls du dich bei mehreren Beschreibungen wiedergefunden hast, ist das kein Wunder. Wie bei allen Modellen sind dies grobe Einteilungen; die meisten von uns tragen Anteile aus mehreren Skripten in sich.

Denkfehler

Jeden Tag fallen wir auf unsere eigenen kleinen und großen Denkfehler (Biases) herein. Wir halten an schlechten und teuren Versicherungen fest, weil wir jetzt schon so lange dabei sind (Sunk-Cost-Effekt). Wir bleiben im Kinosaal sitzen, obwohl wir den Film hassen, weil wir schon Geld dafür bezahlt haben. Wir bleiben in Beziehungen, weil wir schon so lange zusammen sind. Rational ergibt das keinen Sinn: Die Versicherung wird nicht besser, je länger wir einzahlen. Anstatt zusätzlich zum Geld auch noch unsere Zeit zu verschwenden, sollten wir das Kino verlassen. Und die Beziehung vermutlich auch. Es geht darum, den Schaden zu begrenzen, anstatt ihn auszuweiten. Die Gegenwartsverzerrung (Present Bias) beschreibt, dass Menschen kleine, sofortige Belohnungen überbewerten und langfristige Vorteile unterschätzen. Wir kaufen lieber jetzt, statt für später zu sparen, obwohl wir wissen, dass wir uns damit langfristig selbst schaden. Und die Verlustaversion erklärt, warum wir Schmerz stärker empfinden als Freude: Ein Verlust wiegt emotional etwa doppelt so schwer wie ein gleich hoher Gewinn uns glücklich macht. Das ist einer der Gründe, warum Menschen nicht mit dem Investieren anfangen. Und in Gehaltsverhandlungen zum Beispiel wirkt die zuerst genannte Zahl als psychologischer Anker: Alle folgenden Beträge orientieren sich an diesem Ausgangswert (Anker-Effekt).

Um die Ursache für Denkfehler zu verstehen, lohnt ein Blick in unser Gehirn. Der Psychologe Daniel Kahneman unterscheidet zwei grundlegende Denk- und Handlungsmodi: System 1 und System 2.[13] System 1 ist der Autopilot. Dieses System arbeitet schnell, automatisch und energiesparend. Es stützt sich auf bekannte Muster, Gewohnheiten und emotionale Reaktionen. System 2 ist die bewusste Steuerung. Dieses System kostet mehr Anstrengung und Energie, deswegen nutzen wir es weniger. Es ist langsamer und analytischer, reflektiert und ist in der Lage, Routinen zu hinterfragen. Die Balance zwischen den beiden Systemen kann unter anderem durch Müdigkeit oder Stress in Richtung System 1 kippen. Nach einem langen Arbeitstag sitzt du auf der Couch und weißt, dass du eigentlich noch zum Sport wolltest. System 1 meldet sich zuerst – dein innerer Autopilot: »Ich bin müde, heute lieber nicht. Morgen ist auch noch ein Tag.« Schnell, bequem, energiesparend. System 2 hingegen würde sich einschalten, wenn du bewusst nachdenkst: »Ich weiß, dass Bewegung mir guttut und mir nachher mehr Energie gibt.« Doch weil dein Gehirn erschöpft ist, gewinnt System 1 – und du bleibst auf der Couch.

Projektionen

Mein inneres Script hat lange Zeit Geld mit Sicherheit gleichgesetzt. Meine Eltern waren immer sehr vorsichtig, haben sich viele Sorgen gemacht und mir beigebracht: Man muss immer aufpassen! Dass mein Vater Geld mit der Telekom-Aktie verloren hat, hat auch nicht gerade geholfen. Ich habe also aufgrund meiner Prägung mein Bedürfnis nach Sicherheit auf Geld projiziert. Wir alle projizieren Ängste und Bedürfnisse auf Geld. Für manche ist Geld Freiheit, für andere ist Geld Verantwortung oder sogar eine Last. Warum ist das so? Erst einmal ist Geld bedeutungslos. Ein universelles Symbol, das für sich genommen keinen eigenen, ihm innewohnenden Wert besitzt. Es ist Papier, eine Muschel, Salzkörner, Goldkrümel oder eine digitale Zahlenreihe. Seinen Wert und seine Funktionen bekommt es erst, wenn wir als Gesellschaft ihm kollektiv einen Wert zuschreiben und Funktionen definieren. Ein soziales Konstrukt also. Gleichzeitig ist Geld extrem emotional aufgeladen. In unserer Gesellschaft ist es überlebenswichtig: Fehlt es, empfinden wir Bedrohung oder Angst. Ist es vorhanden, verleiht es Handlungsspielraum, im Überfluss sogar Macht. Geld betrifft jeden von uns und gleichzeitig würde es ohne uns gar nicht existieren. Alles kann Geld sein und Geld kann alles sein. Dadurch laden wir es mit unseren eigenen Bedeutungen auf, je nach Persönlichkeit, Umfeld und sozialer Situation. Diese Mischung aus inhaltlicher Leere und existenzieller Notwendigkeit macht Geld zur idealen Projektionsfläche.

Eine Projektion ist in der Psychoanalyse die unbewusste Übertragung innerer Vorstellungen, unerwünschter Persönlichkeitsanteile, Bedürfnisse oder Konflikte auf etwas Äußeres. Zum Beispiel, wenn wir den Dude mit dem teuren Auto als gierig oder unkultiviert abstempeln, obwohl wir ihn überhaupt nicht kennen. Hier spricht womöglich der Anteil in uns, der auch gerne das teure Auto hätte oder sich gerne trauen würde, unbefangen auszuleben, wonach uns ist, den wir aber abspalten. Im Kern sind wir neidisch auf das Auto oder die Freude, die er daran hat, und es hat rein gar nichts mit diesem Dude zu tun. Wir projizieren auf ihn, was wir uns selbst nicht zugestehen.

Pioniere der Psychoanalyse wie Sigmund Freud und Carl Gustav Jung beschrieben, wie wir subjektive Inhalte nach außen verlagern – auf Menschen, aber auch auf Objekte und Symbole. Spätere Denker wendeten dieses Konzept direkt auf unsere Beziehung zu Geld an. Anstatt unsere Wünsche und Ängste also direkt wahrzunehmen, schreiben wir sie einem neutralen Objekt zu: dem Geld. Dadurch erscheinen uns diese Projektionen wie objektive Eigenschaften der äußeren Welt. Das entlastet uns kurzfristig, führt aber zu finanziell ungesundem Verhalten. Ein Beispiel: Wenn wir unseren Wunsch nach Sicherheit auf Geld projizieren (so wie ich früher) und in einer Börsenkrise unser Depot an Wert verliert, fühlen wir uns nicht nur finanziell, sondern existenziell erschüttert. Rational wissen wir zwar, dass Abwarten klug wäre – emotional aber verlieren wir mit jedem Kursrückgang ein Stück gefühlter Sicherheit und verkaufen vielleicht aus Panik. Und je größer der Einsatz, desto stärker die Angst: Es macht einen Unterschied, ob ich 20 000 Einheiten »Sicherheit« im Minus bin oder 200 000.

Deswegen ist es essenziell, unsere Projektionen aufzulösen. Wenn wir verstehen, was wir individuell mit Geld verbinden, welchen Teil unserer Identität wir darauf projizieren und welche Emotionen dahinterliegen, können wir uns besser regulieren und bessere Entscheidungen treffen.

Identität, Werte und Selbstwert

Unsere Werte bestimmen, welche finanziellen Entscheidungen wir für »richtig« oder »falsch« halten, unser Selbstwertgefühl legt den Maßstab dafür, was wir uns zutrauen, uns erlauben oder uns überhaupt zugestehen zu verdienen, und unsere Identität – das Bild, das wir von uns selbst haben – entscheidet, ob wir Geld als Instrument, Bedrohung oder Ausdruck unserer Person erleben. Geld wird so zum Spiegel unserer tiefsten inneren Dimensionen. Wenn ich mich als bescheidenen Menschen ohne Statusbedürfnisse definiere (Money Avoidance), dann bedroht die Beschäftigung mit Geld und Finanzen genau dieses Selbstbild. Und alles, was unser Selbstbild zerstören könnte, vermeiden wir wie die Pest.

Wenn wir unsere Identität in Bezug auf Geld reflektieren, hilft es, innezuhalten und bei jedem Gedanken zu hinterfragen: »Woher kommt das? Bin das wirklich ich oder ist das eine übernommene Überzeugung meiner Eltern, meines Umfelds, der Gesellschaft?« Gefühle, Glauben und Werte, die andere in unserer Kindheit auf uns projiziert haben, verinnerlichen wir oft als unsere eigenen. Als Kind war das eine Überlebensstrategie, um von den Menschen, die uns versorgten, geliebt und angenommen zu werden. Als Erwachsene gilt es, reif zu werden, aus diesen alten Mustern herauszuwachsen. Es geht also auch darum, sich vom Glauben anderer abzugrenzen und ein eigenständiges (finanzielles) Leben nach den eigenen Werten zu führen.

Zugegeben, das ist leichter gesagt als getan. Generationen von Vorfahr:innen und deren Erfahrungen mit Geld wirken in dem nach, was wir für unser »Ich« halten. Mir ist bewusst, wie viel emotionale und kognitive Arbeit dahintersteckt, diese Mechanismen zu erkennen und vielleicht sogar zu überwinden. Aber es lohnt sich.

Ein wunderbares Beispiel dafür, wie diese unbewussten Prägungen ans Licht kommen können, ist die Geschichte von Jule (38, Mathematikerin) aus der Madame-Moneypenny-Community. Der Anstoß, sich ihrem eigenen Money Mindset zu stellen, kam bei ihr, wie bei so vielen Frauen, mit der Geburt ihres Kindes. Die neue Verantwortung löste eine entscheidende Frage in ihr aus: »Welche

Werte und welches Wissen will ich meinem Kind eigentlich über Geld mitgeben?« Das brachte sie dazu, ihre eigene finanzielle Sozialisierung zu reflektieren. In diesem Prozess erinnerte sie sich an ein Spiel aus ihrer Kindheit: die »Hexenküche«. Gemeinsam mit ihrer Mutter schaute sie, was an Lebensmitteln im Haus war, und die Herausforderung war, daraus ein fantastisches Essen zu zaubern. Ein Spiel, das Jule damals mit Geborgenheit und Kreativität verband.

Doch aus der Perspektive der erwachsenen Frau erkannte sie den wahren Kontext: »Hexenküche« fand immer dann statt, wenn das Geld knapp war. Auf der einen Seite empfand Jule eine tiefe Bewunderung für die Stärke ihrer Mutter, die eine Notsituation in ein verbindendes Ritual verwandelt hatte. Auf der anderen Seite wurde ihr das ganze Ausmaß des Mangels bewusst, den sie erlebt, aber über die Jahre verklärt hatte. Plötzlich ergab ihr eigenes Verhalten einen Sinn. »Mir wurde klar, warum es mir so schwerfällt, mir selbst etwas zu gönnen, während Sparen und Budgetieren für mich ganz leicht sind«, erzählte sie mir. Ihr Verhalten ist ein klassisches Muster des »geldwachsamen« Money Script und kein zufälliger Charakterzug, sondern ein direktes Echo ihrer Kindheit.

KAPITEL 9

Faktor 2: Ownership

Zu viele Frauen überlassen ihre Finanzen dem Zufall – bewusst oder unbewusst. Nach dem Motto: »Wird schon irgendwie«. Oder sie übernehmen Verantwortung – aber nur so halb. Ein ETF-Sparplan läuft, und das fühlt sich dann schon nach »Ich kümmere mich« an. Doch das ist noch keine echte Ownership. Volle Verantwortung bedeutet: Es sind deine Finanzen, also liegt jede Entscheidung, jedes Versäumnis, aber auch jeder Erfolg in deiner Hand.

In der Metapher des Baums der finanziellen Resilienz ist Ownership das Wurzelwerk – tief, verzweigt, unsichtbar, aber lebensnotwendig. Diese Wurzeln geben dir Halt, sie nähren dich, sie halten dich fest, wenn der Sturm kommt. Ohne sie kann kein Baum bestehen und kein finanzielles Wachstum gedeihen. Niemandem auf dieser Welt sind deine Finanzen so wichtig wie dir selbst. Also: Own it!

Falsche Sicherheit

Viele Frauen – und auch Männer – wollen alles richtig machen und geraten trotzdem auf den Holzweg. Sie vertrauen falschen Versprechen, werden schlecht beraten oder treffen Entscheidungen, die sich später als teuer herausstellen. Sie glauben, ihre Rente sei geregelt. Natürlich, es wurde ihnen ja auch so verkauft!

Mich berühren diese Geschichten jedes Mal. Weil sie zeigen, wie stark der Wunsch nach Sicherheit ist und wie leicht wir uns in trügerischer Ruhe wiegen. Auch deshalb schreibe ich dieses Buch: Damit du nicht nur denkst, du seist abgesichert, sondern es wirklich bist.

Mit den größten Mythen, die mir auf Social Media, bei meinen Kundinnen und auf den Madame-Moneypenny-Veranstaltungen begegnen, räumen wir nun auf.

»Mein Partner hat vorgesorgt – das reicht für uns beide«

Ich trete wieder in die Mitte der Bühne, um die nächste Q&A-Session zu starten, das Mikrofon halte ich bereits in der Hand. Die Gespräche verebben zu einem erwartungsvollen Schweigen, nachdem alle wieder Platz genommen haben.

»Viele Erfahrungen im Leben haben mich gelehrt, wie sehr wir an falschen Sicherheiten festhalten«, sage ich zur Einstimmung. »An Mythen, die uns einlullen. Nun möchte ich mal von euch hören: Was sind Finanzmythen, die ihr selbst lange geglaubt habt? Die Geschichten, von denen ihr dachtet, sie würden euch schützen, und von denen ihr heute wisst: Nope, not so much.«

Ein paar Hände heben sich. Ich deute auf eine Frau Mitte 40 in der dritten Reihe. Sie steht auf und bekommt ein Mikrofon gereicht.

»Also, mein Mythos war immer: ›Mein Mann verdient gut, er kümmert sich um die Finanzen. Wir sind ja verheiratet, da bin ich doch abgesichert.‹« Sie holt tief Luft. »Das war nicht nur eine Überzeugung. Das war mein Lebensmodell.«

Ihre Stimme ist fest, aber man hört die Verletzlichkeit dahinter.

»Danke«, sage ich und sehe sie direkt an. »Danke, dass du das mit uns teilst.« Ich wende mich an das gesamte Publikum. »Hebt mal die Hand: Wer von euch hat diesen Satz oder eine Variante davon schon mal gehört? Oder vielleicht sogar selbst geglaubt?«

Langsam, dann immer schneller, gehen Hände in die Höhe. Fünfzig. Hundert. Zweihundert. Es ist ein stilles, überwältigendes Bekenntnis.

»Das ist ein gefährlicher Mythos. Er klingt so gemütlich. Er entbindet uns vermeintlich von der Verantwortung. Aber was bedeutet ›abgesichert durch Ehe‹ wirklich? Es bedeutet, dass du im Fall der Fälle auf die Barmherzigkeit deines Partners und die Gnade des Staates angewiesen bist, und im schlimmsten Fall bedeutet es den direkten Weg in die Altersarmut.«

Ich lasse das kurz wirken.

»Lass uns das mal durchdeklinieren«, sage ich und wende mich wieder der Frau in der dritten Reihe zu, die immer noch steht. »Es gibt keine Garantie für Lebenspartnerschaften. Punkt. Trennungen, Scheidungen, Tod oder schlicht die Tatsache, dass Frauen im Alter oft länger leben als Männer, machen einen individuellen Vermögensaufbau unerlässlich.

Wenn ihr euch trennt, wird nur der Zugewinn geteilt, der während der Ehe erwirtschaftet wurde. Sein Vermögen von davor? Bleibt seins. Deine Rentenpunkte, die du in der Zeit nicht gesammelt hast, weil du dich um die Familie gekümmert hast? Die Lücke bleibt, auch nach dem Versorgungsausgleich. Studien belegen, dass Frauen, die nach einer Trennung ohne eigene Vorsorge dastehen, besonders häufig von Altersarmut bedroht sind.[1] Zahlen des Statistischen Bundesamts unterstreichen das: Jede dritte Ehe wird geschieden[2], und die Armutsquote bei alleinstehenden Frauen über 65 ist überdurchschnittlich hoch.[3] Und selbst wenn eure Partnerschaft hält: Reicht eine Rente wirklich für euch beide? Das würde ich mal stark bezweifeln.

Und was, wenn er stirbt? Die Witwenrente ist ein Trostpflaster, kein vollwertiger Ersatz für ein eigenes Einkommen und eine eigene Vorsorge. Sie wird gekürzt, sobald du versuchst, mit einem eigenen kleinen Einkommen wieder auf die Beine zu kommen. Die Witwenrente wird zudem besteuert – ja, es gibt einen Freibetrag –, Zinseinkünfte und Betriebsrente werden angerechnet, und du erhältst sie nur, solange du nicht erneut heiratest.[4] Falls ihr unverheiratet wart, hast du gar keinen Anspruch auf die Rente deines Partners. Ob du finanziell kürzer getreten bist für deinen Partner, spielt keine Rolle, es interessiert niemanden.«

Ich schaue in die Runde. Betroffenheit. Versteinertes Entsetzen bei manchen.

»Dieser Mythos ist keine private Vereinbarung. Er ist das Fundament des Patriarchats. Er sorgt dafür, dass Frauen finanziell abhängig bleiben. Dass sie keine Forderungen stellen. Dass ihre unbezahlte Care-Arbeit unsichtbar bleibt, während der Mann sein Humankapital steigert und sein Vermögen aufbaut. Echte finanzielle Sicherheit entsteht nicht durch einen Trauschein. Sie entsteht auf deinem eigenen Konto. Durch deine eigenen Entscheidungen. Durch deine eigene finanzielle Resilienz.«

Die Frau im Publikum nickt langsam, fast unmerklich. Dann, mit einer neuen Entschlossenheit in ihrer ganzen Haltung, gibt sie das Mikrofon zurück und setzt sich. Man sieht, dass etwas in ihr arbeitet. Und nicht nur in ihr. Überall im Raum sehe ich Frauen, die ihre Stifte wieder zur Hand nehmen. Andere diskutieren flüsternd mit ihren Sitznachbarinnen. Dann meldet sich die nächste Teilnehmerin – und wir sind mittendrin in einer regen Diskussion über zahlreiche Mythen zum Thema Absicherung.

»Ich habe einen Riester-Vertrag – läuft bei mir«

In den 2000er-Jahren als staatlich geförderte Antwort auf die sinkende gesetzliche Rente ins Leben gerufen, »riestern« mittlerweile rund 15 Millionen Menschen in Deutschland.[5] Aber weißt du, wie viel dir dein Riester-Vertrag bringt? In echten Euro auf dem Konto? Ich kann es dir sagen: im Schnitt monatlich magere 70 bis 130 Euro netto.[6] Das wissen nur die wenigsten und viele verlassen sich blind auf good old Riester. Der wird's schon richten. Die Riester-Rente mag eine kleine Zusatzkomponente sein und geeignet, einige kleine Förderungen mitzunehmen, aber sie ist kein tragfähiges Fundament für eine unabhängige Altersvorsorge. Erzähl es allen, die du kennst! Mehr dazu in Kapitel 12.

»Der gute alte Bausparvertrag sichert meine Rente«

Ja, ja, der Bausparvertrag – ein deutscher Klassiker. Die Deutschen lieben ihn wie Markus Söder die Weißwurst. Fast jeder zweite deutsche Haushalt hat einen. Als Altersvorsorge ist er aber ungeeignet. Warum? Schauen wir uns mal die Zahlen an. Aktuell wirft ein typischer Bausparvertrag Zinsen zwischen 0,01 und 0,9 Prozent ab.[7] Selbst in besseren Zinsphasen klettern die Guthabenzinsen seit der Niedrigzinsphase selten über 1,5 Prozent.[8] Bei einer Inflationsrate von durchschnittlich 2 Prozent schmilzt das angelegte Kapital also

Jahr für Jahr dahin like ice in the sunshine. Außerdem nutzen viele ihre Bausparverträge gar nicht als liquides Rentenmittel, sondern für die Baufinanzierung und somit fürs Eigenheim. Dafür sind sie ja auch gedacht. Sie dienen also dem Aufbau von Immobilienvermögen mit all seinen Risiken, nicht der liquiden Altersversorgung. Also plane ihn dort auch bitte nicht ein. Manche Förderungen können sogar wegfallen, wenn man sich den Bausparvertrag für die Rente auszahlen lassen möchte. Wenn überhaupt, kann ein gut verzinster Bausparvertrag ein Teil deines risikolosen Portfolioanteils sein.

»Mit meinem Eigenheim bin ich super abgesichert«

Anfang 2025 hielt ich einen Vortrag bei einer sehr großen Unternehmensberatung. Eine der anwesenden Frauen berichtete, dass sie seit der Trennung von ihrem Mann nur das Eigenheim habe, in dem sie mit ihren drei Kindern wohne. Ob das wohl reichen würde als Altersvorsorge? Na ja … Nein. Ja, sie wohnt mietfrei, sobald die Immobilie abbezahlt ist. Das war es aber auch schon. Mietfreies Wohnen bezahlt keinen Wocheneinkauf. Und auch keine neue Heizung oder Dachreparatur, die ohne Eigenheim gar nicht angefallen wären. Dein Eigenheim bringt keinen Cash-Flow, es ist kein Vermögenswert. Im Gegenteil, es entzieht dir Cash und ist somit eine Verbindlichkeit. Es verursacht enorme Kosten über die Jahre und kann dich sogar finanziell ruinieren, wenn du alle Ressourcen darin bindest und keine ergänzenden Investments tätigst, die dir flexibel einsetzbares Geld im Alter bringen.

Was die Wertstabilität von Immobilien angeht: Sie ist nur bedingt gegeben; je nach Lage, Bausubstanz und regionaler Entwicklung können die Preise aber auch fallen, wie es in schrumpfenden Regionen bereits Realität ist. Selbst ein theoretisch wertvolles Haus lässt sich nicht immer leicht und schnell verkaufen und emotionale

Bindungen erschweren diesen Schritt oft zusätzlich. Die emotionale Aufladung des Eigenheims als »sicheres Nest« oder »Statussymbol« führt häufig zu einer finanziellen Überbewertung. Hallo, Projektionen! Zusätzlich bedeutet der Verkauf der Immobilie einen kompletten Lebenswandel und geht oft mit emotionalem Stress, großem Aufwand und nicht selten familiären Konflikten einher. Und der erzielbare Preis hängt von vielen externen Faktoren ab, zum Beispiel Lage, Zustand, demografische Entwicklung oder Zinsumfeld.

Ein besonders tückischer Aspekt ist die Einrechnung des Eigenheimwerts in die Altersvorsorgebilanz. Viele glauben, mit einem Eigenheim von beispielsweise 450 000 Euro versorgt zu sein, da das Nettovermögen auf dem Papier beeindruckend aussieht. Noch mal: Dieses Vermögen ist vollständig gebunden. Du hast es nicht Cash, es nützt dir so nichts. Es lässt sich nicht scheibchenweise für den Lebensunterhalt nutzen, es sei denn, es wird verkauft. Der Wert des Hauses steht bis dahin nur auf dem Papier, nicht auf dem Konto. Es ist daher eine gefährliche Illusion, diesen Immobilienwert als real nutzbaren Posten für die Rentenplanung mitzudenken. Das Eigenheim ist sogenanntes illiquides Vermögen: theoretisch vorhanden, praktisch aber nicht verfügbar. Wer seine monatlichen Ausgaben mit Euros statt mit Ziegelsteinen bestreiten will, braucht zusätzliches Kapital aus Investments, Rücklagen oder Renteneinkünften.

»Ich habe eine gesetzliche Rente – die wird schon reichen«

Viele Frauen haben sich nie mit ihrer individuellen Renteninformation auseinandergesetzt, das sehe ich so häufig in unseren Programmen. Dabei lag die durchschnittliche gesetzliche Altersrente für Frauen in Deutschland 2023 bei nur rund 1000 Euro brutto pro Monat, wie die Deutsche Rentenversicherung meldet.[9] Brutto! Das reicht nicht einmal annähernd, um den gewohnten Lebensstandard zu halten, vor allem angesichts steigender Lebenshaltungskosten, Mieten und Gesundheitsausgaben im Alter. Missverständnisse schafft auch die Darstellung auf den Rentenbescheiden, denn die Zahl dort beinhaltet weder Steuern noch Inflation. Und davon musst du dann noch Krankenversicherung und Pflegeversicherung abziehen – übrigens den gesamten Betrag, weil es keinen Arbeitgeber mehr gibt, der die andere Hälfte übernimmt. Und gegebenenfalls Kirchensteuer.

»Ich lebe bescheiden – Altersarmut betrifft mich nicht«

Auch diese Aussage höre ich häufig, und oftmals baut sie auf einem diffusen Sicherheitsgefühl ohne Faktenbasis auf. Viele Frauen unterschätzen ihre zukünftigen Ausgaben. Realistisch sind aber 2 bis 6 Prozent mehr im Jahr durch Inflation, Gesundheitskosten und Pflege. Im Alter nicht genug Geld zu haben, bedeutet nicht zwangsläufig, unter der Brücke zu leben. Es äußert sich aber schmerzlich im Alltag, etwa im Verzicht auf Reisen, hochwertige Lebensmittel oder Kulturveranstaltungen, in einem kleineren finanziellen Spielraum und weniger Eigenständigkeit bei Pflegebedürftigkeit. Das endet nicht selten in geringer Teilhabe am sozialen Leben und damit in Einsamkeit.

»Ich spare viel, das wird schon passen«

Ja, viele Frauen legen regelmäßig Geld beiseite, aber eben auf ein Tagesgeld- oder Girokonto. Sie verwechseln Sparen mit Investieren. Geld, das zwar gespart wird, aber keine Rendite erwirtschaftet, verliert real an Wert. Wenn du dein Geld nicht investierst, profitierst du auch nicht vom Zinseszinseffekt, der dein Vermögen erst wirklich wachsen lässt. Und ohne eine klare Zielplanung, die Bedarfsrechnungen, Renditeannahmen und einen Zeitrahmen umfasst, ist jede Sparleistung eine Fahrt ins Blaue. Es fehlt die Verbindung zwischen dem Tun und der tatsächlichen Wirkung. Außerdem: Definiere »viel«. Es geht nicht um »viel«, sondern um »genug«. Und bei »genug« reden wir von einem Millionenbetrag. Wenn du nicht Millionen verdienst und sparst, kannst du effektiv gar nicht genug sparen. Aber wie realistisch ist es, dass du eine Million oder mehr zur Seite legst? Vermögend wirst du ausschließlich durchs Investieren.

»Ich werde erben – im Grunde habe ich schon ausgesorgt«

Ein Erbe ist kein Finanzplan, sondern ein hypothetisches Ereignis mit ungewissen Konsequenzen. Oder weißt du, wann genau du was und wie viel genau erben wirst? Die Praxis zeigt: Ein Erbe fällt oft kleiner aus als erwartet, ist anders verteilt als gedacht oder wurde bereits zu Lebzeiten anderweitig aufgebraucht. Es muss zudem versteuert werden und ist häufig nicht liquide verfügbar, zum Beispiel wenn es in Immobilien gebunden ist. Und Immobilien kosten Geld. Du erbst mit dem vermeintlichen Vermögenswert alles, was mit ihm kommt: Schulden, Investitionsstau, Verträge oder Mieter:innen. Vor allem musst du Steuern auf etwas zahlen, was du noch gar nicht zu Geld gemacht hast. Denn egal, ob du die Immobilie verkaufst oder nicht, das Finanzamt will die Steuern *jetzt* haben. Gleiches gilt für Fonds. Auch hier droht ein böses Erwachen: Nicht selten kommen Frauen mit ihren geerbten Fonds zu uns in die Programme und erkennen erst dann, welchen Schrott sie geerbt haben. Nichts mit ausgesorgt … So oder so: Ein potenzielles Erbe sollte natürlich in der ganzheitlichen Finanzplanung berücksichtigt werden, aber mit realistischen Zahlen und Szenarien.

»Ich verdiene doch gut – warum jetzt schon vorsorgen?«

Viele gut verdienende Frauen unterschätzen ihre Versorgungslücke, gerade weil sie aktuell ganz gut dastehen. Doch ein hohes Einkommen allein reicht nicht, es ist kein Ersatz für eine langfristige Finanzplanung. Viele verdienen sehr gut, geben das meiste aus und bilden somit keine Rücklagen fürs Alter. Oder sie bilden Rücklagen, die aber zu gering sind. Ich kenne Menschen, die 150 000 Euro im Jahr verdienen und keine Ersparnisse oder Investitionen haben. Viele bauen sich allmählich einen Lifestyle auf, der im Alter nicht mehr zu halten ist. Wenn du im Alter 7000 Euro brauchst, um deinen Lebensstandard zu halten, aber nur 3000 Euro bekommst (deine Rente wird ja nie dein volles letztes Gehalt sein), hast du immer noch eine Rentenlücke von 4000 Euro.

Die Frage ist nicht, ob du eine Rentenlücke hast, sondern wie hoch sie sein wird. Die Höchstrente der gesetzlichen Rente liegt übrigens bei rund 3500 Euro brutto, mehr gibt es also schlicht nicht. Der Anteil der Rentner:innen, die über 3000 Euro Rente erhalten, liegt bei 0,1 Prozent aller Versicherten.[10] Ich hab's ausgerechnet: Das sind de facto 17 000 Männer und 1000 Frauen in ganz Deutschland. Wie kommst du darauf, dass gerade du eine der glücklichen 1000 aus 21 Millionen Rentner:innen sein wirst?!

»Ich habe doch privat vorgesorgt – Thema erledigt«

Eine private Rentenversicherung, die klassische Kapitallebensversicherung oder ein Riester-Rentenvertrag, das verbinden viele Frauen mit dem Gedanken: »Vorsorge? Abgehakt!« Das Problem: Solche Produkte bieten oft nur eine Beitragsgarantie, aber keine nennenswerte reale Rendite. Heißt – again: Die Rente, die du dadurch bekommst, wird auf keinen Fall reichen. Zudem sind sie oft unnötig teuer. Klassische Kapitallebensversicherungen weisen bei

Berücksichtigung der Inflation seit Jahren eine reale Negativverzinsung auf. Oder sie bieten sogar mittlere bis gute Renditen, sind dann aber viel zu teuer, was die Rendite zunichtemacht. Bei Riester-Produkten fließen im Schnitt etwa 25 Prozent der Beiträge in Gebühren.[11] 25 Prozent! Alles Geld, das du auch gewinnbringend investieren könntest, statt es hier zu verballern. Auch Lea[12] hatte eine Lebensversicherung, basierend auf einem aktiven Fonds – dem teuersten, den man sich hätte aussuchen können, wie sie erst sehr, sehr viel später erfuhr, als sie bei uns im Programm war. Versprochene Rendite: 5,5 Prozent pro Jahr. Klang erst mal gut. Allerdings waren die Kosten so exorbitant bei diesem Produkt, dass sie nach 17 (!) Jahren Einzahlungen im Minus war. Eine absolute Vollkatastrophe! Der beste Ausweg für sie: Versicherung kündigen und den Betrag selbst investieren.

»Ich bin doch verbeamtet!«

Das Beamtenmäntelchen ist eng, aber warm. So weit, so gut. Doch dass man als Beamtin automatisch sicher vor jedem finanziellen Engpass im Alter ist, stimmt nicht. Während der Beamtenzeit sammelt man keinerlei Ansprüche wie Rentenpunkte oder Anwartschaften an. Wer vor der Pension in die freie Wirtschaft oder Selbstständigkeit wechselt, geht leer aus. Eine Beamtenpension erhält nur, wer zum Zeitpunkt der Pensionierung tatsächlich noch verbeamtet ist. Und dann auch nur auf die Jahre bezogen, die man verbeamtet war. Im Klartext: Wenn du bei Renteneintritt nicht verbeamtet bist, bekommst du keinen Cent an Pension. Die Pension ist begrenzt auf maximal 71,75 Prozent der letzten Bezüge, die vollständig nur bei einer ruhegehaltfähigen Dienstzeit von wenigstens 40 Jahren (in Vollzeit) erreicht werden. Der Wert 71,75 Prozent bezeichnet also nur den Höchstsatz.[13] Akademiker:innen erreichen diese Werte aufgrund der langen Ausbildung selten. Teilzeitbeschäftigung wird entsprechend verrechnet.[14] Die tatsächlich erreichten Bezüge liegen folglich in der Regel darunter.[15] Auch die Pension ist von der Inflation betroffen, und sie muss versteuert werden. Wer privat krankenversichert ist, muss je nach Vertrag im Alter mit steigenden Beiträgen rechnen, und auch mögliche anfallende Pflegekosten können stark ins Gewicht fallen. Sich sicher zu fühlen, nur weil man verbeamtet ist, ist eine falsche Sicherheit. Leg besser einen Schal um zu deinem Mäntelchen.

»48 Prozent Rentenniveau – ich komme mit der Hälfte gut aus!«

Ein weit verbreiteter Irrtum, der mich manchmal richtig sauer macht: Viele Menschen glauben, das Rentenniveau von 48 Prozent (Stand 2025) bedeutet, dass sie im Ruhestand 48 Prozent ihres letzten Brutto- oder Nettogehalts als Rente erhalten. Doch das ist ein Missverständnis.

In Wirklichkeit ist das Rentenniveau eine statistische Rechengröße, die wenig darüber aussagt, wie hoch die Rente für die Einzelne ausfällt. Es beschreibt das Verhältnis zwischen der sogenannten Standardrente und dem Durchschnittsverdienst aller Versicherten. Diese Standardrente erhält nur, wer 45 Jahre lang durchgehend den jeweiligen Durchschnittslohn verdient und darauf Rentenbeiträge gezahlt hat. Nur dann liegt die Rente bei den besagten 48 Prozent des Durchschnittsverdienstes – nicht des eigenen Gehalts. Diese 48 Prozent Rentenniveau sagen also im Grunde rein gar nichts über die Höhe deiner Rente aus. Wer unter dem Durchschnittsverdienst lag, wird ohnehin nur anteilig versorgt. Das tatsächliche Renteneinkommen liegt also meist deutlich unter dem, was viele unter »48 Prozent Rentenniveau« verstehen.[16]

Puh! Erst mal durchatmen. Das waren jetzt eine Menge schlechte Nachrichten, ich weiß. Die Demontage der falschen Glaubenssätze kann Angst machen. Falls du dich bei dem einen oder anderen

Punkt wiedererkannt hast – keine Panik. Dieses Aha-Erlebnis ist wichtig und wird dich weit bringen, sofern du mit Sinn und Verstand an den Vermögensaufbau herangehst. Die gute Nachricht: Du kannst das lernen. Aber du musst anfangen. Du musst endlich die volle Ownership übernehmen.

Von Bitch bis Mutti

Auf dem kleinen Tisch neben mir liegt das Buch, das den Nachmittag einleiten wird. Sein Cover ist mir so vertraut, die kleinen Post-its an den Seiten zeugen von unzähligen Lese- und Denkprozessen. Jetzt kommt der Teil, der vielleicht am meisten wehtun wird, aber auch am meisten heilt. Gleich werden wir über das sprechen, was man nicht sehen kann, aber was uns trotzdem jeden Tag steuert: die unsichtbaren Verträge, die wir mit uns selbst geschlossen haben, ohne jemals die Bedingungen gelesen zu haben. Das, was selbst die klügsten Frauen davon abhält, volle Ownership für ihre finanzielle Zukunft zu übernehmen, ist so tief verankert, dass sie es oft nicht einmal bemerken: Überanpassung.

»Wir haben heute schon viel über Strategien, Zahlen und Mindset gesprochen«, beginne ich. »Aber jetzt, liebe Moneypennys, gehen wir noch tiefer. Denn manchmal sind es nicht die direkten äußeren Umstände, die uns ausbremsen, sondern unsichtbare Muster, die wir in uns tragen – und die wie ein Drehbuch ablaufen, ganz automatisch.«

Ich ernte interessierte, bisweilen aber auch leicht irritierte Blicke. Wie erwartet.

»Ich bin vor einiger Zeit auf ein Buch gestoßen, das mich nicht mehr losgelassen hat: *Toxische Weiblichkeit* von Sophia Fritz. Ich habe es mittlerweile fünfmal gelesen und Sophia war in meinem Podcast zu Gast. Sie hat eine Sprache für die unsichtbaren Prägungen gefunden, für die Überanpassung, die die allermeisten von uns nur zu gut kennen. Sie liefert einleuchtende Erklärungen für unser Denken und Verhalten. Und zwar für ein toxisches – ein toxisch weibliches. Was genau es damit auf sich hat und wie Überanpassung viele Frauen davon abhält, wirklich finanziell erfolgreich zu werden, erzählt uns Sophia jetzt höchstpersönlich.«

Sophia betritt die Bühne und wird mit einem herzlichen Applaus begrüßt. Ihre Präsenz ist sofort spürbar. Sie legt sofort los: »Die meisten kennen den Begriff toxische Männlichkeit. Mit toxischer Weiblichkeit meine ich Muster wie Manipulierbarkeit, Illoyalität, Verlogenheit, Selbstausbeutung und erlernte Machtlosigkeit. Zur Veranschaulichung nutze ich fünf Prototypen: das gute Mädchen, die Powerfrau, die Mutti, das Opfer und die Bitch. Wichtig: Das sind keine realen Identitäten, sondern misogyne Fremdbezeichnungen, Unterstellungen, mit denen wir als Frauen aufgewachsen sind. Sätze wie ›So sind Frauen‹ haben diese Bilder geprägt. Das gute Mädchen und all die anderen Figuren existieren in ihrer Reinform nicht. Ich stelle diese Figuren bewusst heraus, damit wir die Nuancen dieser Prägungen in uns erkennen und wahrnehmen können, wie sie uns und unsere Beziehungen belasten. Erst wenn wir diese Muster verstehen, können wir bewusst entscheiden, welche wir behalten und welche wir zugunsten von Empathie, Gelassenheit und echter Nähe loslassen wollen.«

Sophia hält kurz inne.

»Neulich war ich mit einer männlichen älteren Begleitung im Restaurant, und der Mann hörte nicht auf zu reden, ganz gleich, wie müde ich nach dem zweiten Glas Wein aussah. Ich tat dagegen: nichts. Wem ging es schon mal ähnlich? Dass ihr ganz genau wusstet, wie ihr euch fühlt, dass ihr gelangweilt wart, euch nicht gesehen gefühlt habt, vielleicht sogar unwohl, aber es nicht geschafft habt, diese Empfindungen in Handlungen zu übersetzen?«

Fast alle Hände gehen hoch. Sophia nickt.

»Das könnte die Gute-Mädchen-Prägung in uns sein. Einer der fünf Prototypen, um die es jetzt gehen wird. Das gute Mädchen hat den Anspruch, immer verständnisvoll, nett, aufmerksam, sanft und zuvorkommend zu sein. Es denkt: ›Wenn ich nur nett genug bin, stehen mir alle Türen offen.‹ Ich will gar nicht bestreiten, dass Nettigkeit Türen öffnet, aber sie kann keine Türen schließen. Das gute Mädchen ist ihr Leben lang auf die Kulanz anderer angewiesen. Emilia Roig hat es in *Das Ende der Ehe* so formuliert: ›Ein Mädchen zu sein heißt, sehr früh zu lernen, unterwürfig zu sein, niemanden anzugreifen und sich nicht zu wehren. Gute Mädchen haben gefügig, lieb und passiv zu sein.‹

Als gute Mädchen dürfen wir andere Menschen nicht verletzen, indem wir uns auf irgendeine Weise von ihnen unterscheiden. Das gute Mädchen verfügt über viel intuitives Wissen, es bewegt sich leichtfüßig und selbstverständlich durch soziale Räume, aber gewinnen wird es im patriarchalen System nicht, denn es geht gar nicht erst an den Start, sondern feuert nur begeistert von der Außenlinie an. Das gilt auch für unsere Finanzen: Das gute Mädchen in uns empfindet Geld als etwas, das mit Arroganz, Unweiblichkeit oder Gier verbunden ist. Wir trauen uns dann kaum, einen angemessenen Preis für unsere Arbeit zu verlangen, aus Angst, unbescheiden zu wirken. Vermögensaufbau wird aus dieser Prägung heraus lieber nicht betrieben, aus Angst, als ›geldgeil‹ abgestempelt zu werden, oder aus Sorge vor unangenehmen Gesprächen und Konflikten in unseren Beziehungen. Finanzielle Unabhängigkeit gilt als zu fordernd oder zu egoistisch. Diese Zurückhaltung verstärkt finanzielle Abhängigkeit und erhält toxisch weibliche Verhaltensweisen aufrecht.

Warum ist es so viel einfacher zu sagen: ›Du kaufst mir nie Blumen!‹, als um einen Blumenstrauß zu bitten? Die Antwort liegt in einem kulturweiten Verbot des weiblichen Hungers. Gute Mädchen sollen nichts wollen, wir sollen gewollt werden. Es ist nicht attraktiv, zuzugeben, dass man hungrig ist. Der Wunsch nach Erfolg lässt uns unfeminin erscheinen, der Wunsch nach Liebe schwach. Das Radikalste, was eine Frau tun kann, ist wollen.«

Schweigen legt sich über den Saal. Es ist aber kein unangenehmes Schweigen, sondern eher ein nachdenkliches. Ich sehe Frauen, die den Blick senken, andere tauschen einen kurzen, wissenden Blick mit ihrer Nachbarin. Jede Einzelne hier kennt dieses gute Mädchen. Jede hat nicht nur einmal ihre eigenen Bedürfnisse unterdrückt, um bloß nicht zur Last zu fallen.

Sophia lässt der Stille Raum, lässt die Erkenntnis einsinken. Dann durchbricht ihre klare Stimme die Stille und lenkt den Fokus auf das scheinbare Gegenteil.

»Wer von euch hat schon mal eine Meditation – bei Audible, Spotify oder sonst wo – auf 1,5-facher Geschwindigkeit gehört?«

Lachen, viele Hände gehen hoch. Meine auch.

»Wer überperformt im Job und zweifelt doch an ihrem Recht, die ganze Arbeit überhaupt erledigen zu *dürfen*? Oder hat anderweitig das Imposter-Syndrom erlebt?«

Wieder gehen viele Hände hoch.

»Erlernter Stress und das Imposter-Syndrom sind typische Merkmale der Powerfrau, dem zweiten Typus. Als Powerfrauen funktionieren wir: immer stark, busy, alles im Griff. Niemanden zu brauchen, keine Schwäche zu zeigen und alles alleine schaffen zu wollen – das sind Glaubenssätze, von denen wir geprägt sein können, wenn wir uns in diesem Prototyp wiedererkennen. Wir sind stolz auf unseren Hunger und darauf, uns selbst Sättigung zu verschaffen, aber nur solange wir dabei keine Hilfe brauchen. Leistung wird so zur Überlebensstrategie. Die Powerfrau strebt nach Perfektion: Anders als das gute Mädchen, das seinen Hunger verleugnet, will sie sich nichts mehr versagen. Und doch fehlt ihr in den patriarchalen Systemen das Gefühl einer inhärenten Daseinsberechtigung. Sichtbar wird sie nur, wenn sie perfekt ist. Und finanziell steckt sie oft in Geldfragen oder in der Partnerschaft zurück, um ihr Gegenüber nicht zu ›entmannen‹. Auch das ist eine Form der Überanpassung.«

Sophia fragt als Nächstes: »Wem von euch fällt es leichter, zu geben als zu nehmen?«

Wieder gehen fast alle Hände hoch. Einige machen eine »Mal so, mal so«-Geste.

»Das könnte die ›Mutti-Prägung‹ in uns sein. Die Mutti kann weder Hilfe dankbar annehmen noch tolerieren und definiert sich darüber, dass sie zum Beispiel das Essen für ihre Familie im Alleingang zubereitet. Sie gibt nicht aus einer schenkenden Haltung heraus, sondern möchte eigentlich nehmen, indem sie Dankbarkeit und Anerkennung von ihren Kindern und ihrem Mann bekommt. Da diese Bestätigung aber nie genug ist, bleiben alle Familienmitglieder, auch sie selbst, in dieser angespannten Spirale zwischen Irritation und Ungenügsamkeit stecken. Die Autorin Ciani-Sophia Hoeder hat hierfür einen treffenden Begriff entwickelt. Sie schreibt: ›Self-Silencing stellt die Sorge um eine andere Person über das Wohl des eigenen Selbst und wirkt sich auf die psychologische Gesundheit von Frauen aus.‹

Die Mutti kümmert sich aufopferungsvoll um alle, nur nicht um sich selbst und ihre eigene finanzielle Absicherung. Sie ist genügsam, bescheiden. Ihre Strategie ist Fürsorge, oft bis zur Selbstaufgabe. Sie hat keine Zeit für ihre Finanzen aufgrund des Mental und Emotional Load. Sie vergisst vor lauter Familie ihre eigene Altersvorsorge komplett und läuft Gefahr, ihren Kindern im Alter auf der Tasche zu liegen. Denn die müssen das Pflegeheim bezahlen, wenn sie dafür keine Ersparnisse hat. Sie müssten sie vermutlich finanziell mitversorgen, wenn ihre Rente nicht reicht. Die Gesellschaft feiert die Mutti für ihre Aufopferung, aber der Preis ist oft die finanzielle Abhängigkeit und Altersarmut. Sie spart für andere, aber nicht für sich selbst. Sie setzt erst allen anderen die Sauerstoffmaske im Flugzeug auf, dann sich selbst – wenn überhaupt.«

Wieder wendet sich Sophia ans Publikum: »Wer von euch kennt dieses Gefühl: sich ohnmächtig zu fühlen, als würde das

Leben einem einfach passieren? Wer hat sich schon mal dabei ertappt, sich immer wieder über die eigene Situation zu beklagen, ohne wirklich daran zu glauben, etwas ändern zu können?«

Ich schaue ins Publikum und sehe wieder viele erhobene Hände. Das war zu erwarten, denn die Prototypen sind natürlich nicht hundertprozentig trennscharf, es gibt reichlich Überschneidungen.

»Damit sind wir bei der Opfer-Prägung angekommen. Wichtig: Es geht mir nicht um eine Täter-Opfer-Umkehr und auch nicht darum, Betroffenenarbeit zu diskreditieren. Mir geht es darum, die eigene innere Haltung und eine erlernte Hilflosigkeit wahrzunehmen und zu hinterfragen. Wenn wir uns als Opfer sehen, entsteht schnell das Gefühl, nichts bewirken zu können und keinen Einfluss zu haben. Dann übernehmen wir vielleicht weniger Verantwortung für unser Leben und warten stattdessen auf Rettung. Opfer sind häufig eher traurig als wütend. Traurig zu sein, fühlt sich oftmals nach der sichersten Umgangsform an, weil man dadurch anderen nicht wehtun kann. Dadurch wird die Wut aber nicht aufgelöst. Sie bleibt bestehen und wird sich auf Umwegen Platz schaffen. Meist durch passiv-aggressives Verhalten. Das allein reicht aber nicht aus, um einen Schlussstrich zu ziehen, eine Entscheidung zu treffen oder die Verantwortung für das eigene Leben zu übernehmen. Finanziell äußert sich das in Resignation. Menschen, die sich als Opfer fühlen, investieren eher nicht, bilden sich eher nicht weiter, meiden das Thema komplett und romantisieren ihren finanziellen Mangel noch dazu. Als Opfer sind wir finanziell fragil.«

An alle Teilnehmerinnen gewandt, fragt Sophia: »Und nun zur letzten Abstimmung: Habt ihr schon mal eine klare Grenze gesetzt – und wurdet dafür als zickig, kompliziert oder zu emotional bezeichnet?«

Ein Raunen geht durch den Saal, gefolgt von einem fast schon kämpferischen Nicken vieler Frauen, die die Hände in die Höhe strecken.

»Für so ein Verhalten kann man als ›Bitch‹ bezeichnet werden. Die Bitch ist eine, die sich wehrt, die laut wird, die fordert – und dafür gesellschaftlich oft bestraft wird und als ›hysterisch‹ oder ›zu viel‹ gilt. Ihr Modus Operandi ist Ablehnung, was sich in Form radikaler Unabhängigkeit äußern kann. Im Grunde hat jede Feministin, deren Bücher ich gelesen habe, irgendwann die Entscheidung getroffen, das gute Mädchen abzulegen und im Tausch für größere Freiheit in Kauf zu nehmen, als ›schwierig‹ zu gelten. Die Bitch hat das Potenzial, alte Systeme ins Wanken zu bringen, weil Frauen in dieser Rolle selbst die Deutungshoheit darüber haben, was gut und was schlecht ist, und deswegen sagen: ›Es ist in dieser Situation richtig für mich, egoistisch zu handeln.‹«

Der Applaus, der jetzt einsetzt, ist anders als die vorigen. Er ist nicht nur anerkennend, sondern befreiend. Ein lautes, kollektives Aufatmen, das sagt: Endlich spricht es jemand aus! Das Klatschen gilt Sophia, aber auch jeder Frau im Raum, die in diesem Spiegel ihre eigenen inneren Kämpfe erkannt hat.

Ebenfalls applaudierend, trete ich nun wieder zu Sophia und bedanke mich bei ihr für den Augen öffnenden Vortrag. Dann wende ich mich an die Teilnehmerinnen im Saal: »Die gute Nachricht: Überanpassung ist kein Charakterfehler, es ist ein erlerntes Verhalten und damit veränderbar. Ihr könnt lernen, euch anderen zuzumuten. Ihr dürft Entscheidungen treffen, die andere nicht verstehen. Ihr dürft euch an die erste Stelle setzen. Nicht aus Egoismus, sondern aus Verantwortung. Finanzielle Ownership bedeutet: eure Werte, eure Ziele, eure Regeln. Und ja, das fühlt sich am Anfang vielleicht ungewohnt an. Womöglich sogar egoistisch. Aber glaubt mir: Es ist das Gegenteil. Denn je klarer ihr für euch sorgt, desto freier könnt ihr für andere da sein. Und wenn ihr ›nur‹ für euch selbst sorgen wollt, ist das auch vollkommen okay.«

Im Workbook findest du einige Reflexionsfragen, die dir dabei helfen, dir deiner toxisch weiblichen Anteile bewusster zu werden.

Widerstände

In unseren Programmen berichten mir viele Frauen von inneren Widerständen, die sie bisher davon abgehalten haben, sich intensiv mit ihren Finanzen auseinanderzusetzen und somit die volle Ownership dafür zu übernehmen. Obwohl sie eigentlich wissen, dass sie das Thema angehen müssen und auch wollen. Aber auch von außen spüren sie kulturellen und sozialen Widerstand gegen ihre finanzielle Unabhängigkeit – in der Partnerschaft, in der Familie und im Freundeskreis, getarnt als Harmonie, Fürsorge, Skepsis oder »gesunder Menschenverstand«. Ich kann das gut nachvollziehen.

Gegenwind aus dem Umfeld

Als ich zum ersten Mal stolz einer Freundin erzählte, dass ich mich jetzt mit meinen Finanzen beschäftige, ein kostenpflichtiges Finanzseminar besuchen und dann an der Börse investieren wollte, rief sie: »Was? Wieso das denn? Und wofür? Das ist doch viel zu riskant! An der Börse verliert man nur Geld. Und du willst auf ein Seminar gehen und dafür *so viel* Geld ausgeben?! Das ist doch alles nur Betrug! Konzentrier dich lieber auf wichtigere Sachen im Leben …« Ihre Reaktion irritierte mich sehr. Ich war schockiert und verwirrt. Hatte sie recht? Sollte ich das besser bleiben lassen? Erst viele Jahre später verstand ich, was in dem Moment wirklich passiert war.

Diese Art von Reaktion ist nicht bloß Ausdruck individueller Skepsis. Sie steht exemplarisch für einen grundlegenden Konflikt zwischen verschiedenen Lebensmodellen, die nebeneinander existieren, sich aber wechselseitig irritieren.

Die Soziologin Catherine Hakim hat diesen Zusammenhang mit ihrer Präferenztheorie beschrieben.[17] Diese unterscheidet drei grundlegende Lebensstile westlicher Frauen im Erwerbsleben: traditionell, adaptiv und karriereorientiert. Traditionell orientierte Frauen streben demnach keine oder nur geringe Erwerbstätigkeit an, weil sie sich primär über Familie und Mutterschaft definieren. Karriereorientierte Frauen stellen Beruf, finanzielle Unabhängigkeit und individuelle Selbstverwirklichung in den Mittelpunkt. Doch der mit Abstand größte Teil der Frauen, etwa 60 Prozent laut Hakim, ist adaptiv: Diese Frauen wollen beides, Familie und Beruf, aber nicht in der Logik kompromissloser Karriereplanung. Adaptiv meint: wirtschaftlich aktiv, aber nicht selbstbestimmt im Sinne von Autonomie.

Wenn sich eine Frau dafür entscheidet, finanzielle Eigenverantwortung zu übernehmen, handelt sie – in Hakims Kategorien –

karriereorientiert. Und das bringt sie in eine doppelte Minderheitenposition: Erstens sind karriereorientierte Frauen die kleinste der drei Gruppen (Hakim veranschlagt ihren Anteil auf etwa 20 Prozent). Zweitens weicht ihr Verhalten von der kulturellen Norm ab, die Frauen nicht als aktiv gestaltende Menschen auf dem Kapitalmarkt sieht, sondern als abhängige Mitverdienerinnen oder Konsumentinnen im Schatten männlicher Entscheidungsträger. Die Freundin, die so vehement gegen meinen Entschluss wetterte, gehörte eher zum adaptiven Typus. Ihre Ablehnung war kein intellektuelles Urteil über Finanzmärkte oder Risiken, sondern eine soziale Reaktion auf eine – meine – Abweichung von der eigenen Norm. Meine Entscheidung, selbstständig zu investieren, empfand meine Freundin als implizite Infragestellung ihres Lebensmodells – nicht meines! Das führte zu Abwehr, weil es kognitive Dissonanzen erzeugte: Entweder musste sie ihr eigenes Modell hinterfragen oder meins diskreditieren. Was sie ja dann auch lautstark tat.

Hakims Theorie zeigt damit nicht nur Unterschiede in Präferenzen auf, sondern auch Konflikte zwischen Menschen verschiedener Gruppen. Denn Präferenzen sind eingebettet in kulturelle Normen, soziale Zuschreibungen und symbolische Ordnungen. Die Entscheidung zur finanziellen Selbstständigkeit ist damit mehr als ein ökonomischer Akt. Sie ist ein kulturelles Statement. Sie bricht mit tradierten Bildern von Weiblichkeit und erzeugt soziale Unruhe, auch unter Frauen. Besonders unter Frauen sogar, denn oft hängt deren Selbstbild genau an diesen Normen, Zuschreibungen und Ordnungen. Überanpassung eben.

Ich habe aus dieser Interaktion mehrere Erkenntnisse mitgenommen. Erstens: Die Ablehnung anderer ist oft ein Reflex auf ein vermeintliches Infragestellen des eigenen Lebensmodells. Und dieser Reflex ist umso heftiger, je näher einem die andere Person steht.

Zweitens: Das Umfeld hat oft Angst, wenn sich jemand entwickelt, dass die Person sich »weg entwickelt«. Es fühlt sich dann so an, als hätte diejenige nur zwei Optionen: Entweder man entfremdet sich oder die Person muss sich ebenfalls entwickeln. Nach meiner Erfahrung ist Ersteres oftmals der Fall, und das ist auch okay. Es ist in Ordnung, wenn sich Wege trennen. Ich persönlich habe abseits meiner Familie genau zwei enge Freund:innen, die seit Jahrzehnten an meiner Seite sind. Alle anderen kommen und gehen in verschiedenen Lebensphasen, und das ist vollkommen okay so. Es ist nicht meine Aufgabe, andere zu bekehren. Entweder sie gehen meinen Weg mit oder unterstützen mich zumindest oder eben nicht. Denn drittens: Das Umfeld ist maßgeblich entscheidend für die Qualität unseres Lebens. Es gibt diesen einprägsamen Spruch: »Du bist der Durchschnitt der fünf Menschen, mit denen du die meiste Zeit verbringst.« Gesundheitlich, beruflich, finanziell.

Jap, als wären ein starkes Mindset und finanzielle Bildung nicht schon anstrengend genug, bedeutet finanzielle Selbstermächtigung auch, Spannungen auszuhalten. Zwischen weiblicher Solidarität und weiblicher Normierung. Zwischen Autonomie und Abgrenzung. Zwischen dem Wunsch, verstanden zu werden, und der Realität, dass nicht alle mitgehen werden.

Gegenwind in der Partnerschaft

Partnerschaften sind komplexe Systeme, die auf einem fein austarierten Gleichgewicht basieren: energetisch, emotional und sehr oft auch finanziell. Wenn eine Person in diesem System sich ernsthaft verändern will und erste Schritte unternimmt, gerät das gesamte Gefüge oftmals ins Wanken.

Eine Frau, die beginnt, sich für Geld zu interessieren, die ein Mentoring-Programm bucht, die ihre Altersvorsorge plötzlich selbst regeln will, wird unabhängiger. Und sie wird kritischer, reflektierter. Sie stellt neue Fragen. Sie hinterfragt dabei auch alte Regeln, Normen und Rollenverteilungen. Sie beginnt, sich selbst und die Beziehung auch ökonomisch zu betrachten. Für Partner:innen, die selbst finanziell unsicher sind oder von der bestehenden Ordnung profitieren, ist diese Entwicklung nicht selten eine Bedrohung. In unseren Programmen erlebe ich immer wieder, dass Frauen ihre Investition in ihre finanzielle Unabhängigkeit verheimlichen oder sich die Zustimmung ihrer Partner:innen, um ihr *eigenes* (!) Geld zu investieren, erst mühsam »erarbeiten« müssen. Manchmal brechen diese Frauen ihr Vorhaben sogar ab.

Die wichtigste Entscheidung in deinem Leben, auch, aber nicht nur in Bezug auf Finanzen, ist, wen du an deiner Seite hast. Diese Person hat einen so enormen Einfluss auf dein Leben wie sonst fast niemand. Choose wisely.

Gegenwind aus der Familie

Nicht zuletzt arbeiten unsere Familien und Herkunftssysteme häufig gegen unsere Autonomie. Niemand von uns startet bei null. Wir stammen fast alle aus Familien, in denen Geld alles andere als ein neutrales Thema war. Vielleicht war es ständig knapp, vielleicht ein absolutes Tabu, vielleicht ein Machtmittel. Die Prägungen, die wir daraus mitnehmen, wirken oft ein Leben lang und können sowohl hinderlich als auch förderlich für die finanzielle Selbstbestimmung sein. Sie sind die Basis unserer vier Money Scripts. In der Transaktionsanalyse nennt man das »Elternbotschaften«: Anweisungen von Autoritätspersonen aus unserer Kindheit, die wir verinnerlicht haben.[18] Zum Beispiel: »Wir reden nicht über Geld«, »Wir sind keine von denen, die viel Geld haben« oder »Wir Frauen müssen auf Sicherheit achten«. Diese sind in unserem Unterbewusstsein als innere Stimmen fest verankert und steuern maßgeblich unsere Entscheidungen mit.

Wenn wir uns diesen tief verankerten Prägungen entziehen wollen, riskieren wir auf einer unbewussten Ebene eine emotionale Ausgrenzung aus unserem Herkunftssystem. Das fühlt sich an wie Verrat. Psychologisch gesehen stehen wir dann vor einem brutalen Bindungskonflikt: Finanzielle Autonomie oder emotionale Zugehörigkeit? Beides scheint nicht gleichzeitig möglich. Und aus Angst, die Loyalität zur Familie zu verletzen, bleiben wir in diesem Fall lieber in der finanziellen Abhängigkeit, selbst wenn der Preis dafür die eigene Zukunft ist. Wir leben unbewusst das Leben unserer Eltern statt unser eigenes. Deswegen ist Mindset- und Wertearbeit so wichtig!

Die nachvollziehbare Angst, geliebte Menschen zu brüskieren, aus der Familie oder aus der Gemeinschaft ausgestoßen zu werden und wichtige soziale Bindungen zu verlieren, führt zu einem besonders starken Glaubenssatz: »Ich darf nicht weiter sein als mein Umfeld. Sonst verliere ich die Menschen, die ich liebe.« Dieser Loyalitätskonflikt führt dazu, dass wir aktiv unsere eigene Entwicklung sabotieren, um die soziale Harmonie nicht zu gefährden. Wir bleiben lieber »klein«, um nicht als »zu viel« oder »anmaßend« dazustehen. Das gute Mädchen in Reinform. Eine Interessentin schrieb mir vor nicht allzu langer Zeit: »Ich würde total gerne an dem Mentoring-Programm teilnehmen. Aber ich weiß genau, dass ich mich dann über meinen Partner hinausentwickeln würde, und das hält unsere Ehe nicht aus.« Schade. Immerhin war es ihr bewusst. Diese Angst vor dem eigenen Erfolg zeigt sich oft bei Frauen.[19] Das ist die ihnen zugeschriebene Rolle: Wenn sie in ihre persönliche Weiterentwicklung investieren, zum Beispiel in puncto finanzielle Bildung, durchbrechen sie nicht nur ökonomische, sondern vor allem emotionale Grenzen. Und ihre Angst hat nicht selten reale Folgen: Partnerschaften gehen auseinander, Familien entfremden sich, Freundschaften zerbrechen, weil eine Person sich weiterentwickelt hat und das Umfeld nicht. Aber hey, so ist es dann. Jede:r kann sich entscheiden, den Weg gemeinsam mit dir zu gehen oder dich zumindest nicht an deinem Weg zu hindern. Wer das nicht hinbekommt, ist vermutlich sowieso kein guter Umgang und sollte dich nicht daran hindern, die volle Ownership für deine Finanzen zu übernehmen.

Fehlende Zeit

»Ich habe keine Zeit – wann soll ich *das* denn auch noch machen!« ist wahrscheinlich der häufigste Satz, den ich von Frauen höre, wenn es um die Frage geht, warum sie sich bisher nicht vollumfänglich um ihre Finanzen gekümmert haben. Verständlich, nachvollziehbar und oft eine (unbewusste) Ausrede. Auch Sätze wie »Ich fange bald an«, »Ja, ich investiere, sobald mehr Geld da ist«, »Ich kümmere mich um die Finanzen, wenn die Kinder aus dem Gröbsten raus sind« höre ich ständig. Sie klingen vernünftig, fast schon verantwortungsvoll. In Wahrheit hindern sie Frauen daran, die Ownership für ihre Finanzen zu übernehmen.

Früher dachte ich auch, ich hätte keine Zeit. Dann habe ich ein Kind bekommen. Heute denke ich an die Jahre zurück, in denen ich dachte, ich hätte keine Zeit. Rückblickend war sie sehr wohl da. Nur habe ich sie nicht richtig genutzt. Bereits vor ein paar Jahren wollte ich raus aus dem dauerhaften und sehr stressigen »Ich habe keine Zeit«-Modus – die Powerfrau lässt grüßen. Um herauszufinden, wohin meine Zeit verschwindet, machte ich eine Bestandsaufnahme. Wenn man wissen will, wo man Zeit »sparen« kann, muss man wissen, wo man sie »ausgibt«. In einer Excel-Tabelle fing ich an, ein Zeithaushaltsbuch zu führen. Alle 30 Minuten klingelte mein Handy-Timer, und ich trug ein, was ich die letzten 30 Minuten gemacht hatte. So bekam ich ein sehr klares Bild davon, was mit meiner Zeit passierte, basierend auf Fakten, nicht auf Gefühlen.

> Im Workbook findest du eine Vorlage für ein Zeithaushaltsbuch.

Eine Metrik, die ich mir heutzutage regelmäßig anschaue, ist meine Bildschirmzeit. Die nackten Zahlen, wie viele Stunden pro Tag oder Woche ich auf Instagram, YouTube oder WhatsApp verbringe, sind oft ein heilsamer Schock. Oder auch: Was denkst du, wie lange alle Staffeln der Serie *Friends* zusammen dauern? 86,5 Stunden. Bei *Grey's Anatomy* sind es sogar 301 Stunden – umgerechnet knapp 38 volle Arbeitstage, das reicht locker für einen Kurs in Financial Literacy oder sogar eine Coaching-Ausbildung. Versteh mich nicht falsch, ich liebe eine gute Serie (ich habe jede einzelne Folge – alle Staffeln! – von *Modern Family* gesehen; mindestens fünfmal). Aber diese Zahlen zeigen, welche enormen Zeitdepots in unserem Alltag schlummern. Natürlich ist Bingewatchen ein Luxusproblem. Es gibt Lebenssituationen und Umstände, in denen unsere Zeit komplett für wichtige Dinge verplant ist, etwa aufgrund von Care- oder Erwerbsarbeit. Aber auch unter diesen Umständen *muss* eine Lösung gefunden werden, damit du deine finanzielle Existenz regeln kannst. Und die gibt es in der Regel auch: gerechte Arbeitsteilung zum Beispiel.

Sehr viele unserer Kundinnen berichten von diesem Phänomen: Sobald sie sich für eines unserer Programme entschieden haben, haben sie auch wie durch Zauberhand Zeit dafür. Es scheint fast magisch, doch es ist einfach zu erklären. Weil sie dafür Geld gezahlt haben, entsteht eine externe Legitimation. Nun geht es nicht mehr um eine vage Absicht oder einen Nice-to-have-Termin. Jetzt ist es real. Für Frauen ohne Kinder ist dies oft die Legitimation vor sich selbst, bei Müttern verstehen auf einmal alle in der Familie, dass

Mama montags und donnerstags Live-Calls hat und ihre Finanzplanung macht. Das hat ganz nebenbei einen wichtigen Vorbildeffekt für die Kinder. Ja, es ist traurig, dass die Aussage »Ich brauche heute Zeit für mich« allein oftmals nicht zählt, nicht wichtig und dringlich genug ist. Dass es erst ein monetäres Commitment braucht. Aber immerhin funktioniert es so für viele. Noch etwas: Gerade Mütter genießen diese Me-Time so sehr, dass viele versuchen, sich diese Slots auch nach dem Programm freizuhalten. Weil sie gemerkt haben, dass das im Grunde problemlos funktioniert.

Oft geht der Spruch »Ich habe keine Zeit, mich um meine Finanzen zu kümmern« auch mit einer Fehleinschätzung des Aufwands einher. Niemand muss ein Vollzeitstudium absolvieren, niemand muss stundenlang vor dem Computer sitzen und Aktienkurse beobachten. Wenn du passiv investierst, setzt du dein System einmal auf, automatisierst es und brauchst nur ein paarmal im Jahr Zeit für das Rebalancing. Das ist alles! Ja, du investierst am Anfang Zeit, um zu lernen, wie es geht, aber auch das ist weniger Zeitaufwand, als du vermutlich denkst. Unser Mentoring-Programm geht beispielsweise acht Wochen und erfordert ein Zeitinvestment von etwa drei bis fünf Stunden pro Woche. Plus: Sobald du die ersten Erfolge siehst und merkst, wie viel Macht du über dein Geld hast, wird es dir Freude machen und du wirst dir die Zeit dafür gerne nehmen. Wie Jasmin, die 2024 an unserem Mentoring-Programm teilgenommen hat: »Kaum zu glauben, aber Finanzen machen sogar Spaß!«

Die Teilnehmerinnen unserer Programme sind definitiv keine Frauen mit zu viel Zeit. Sie sind berufstätig, einige selbstständig, manche haben Kinder und arbeiten zusätzlich ehrenamtlich. Eine von ihnen, Claudia (38 Jahre, Assistenz der Geschäftsführung), brachte es auf den Punkt: »Es kommt ja niemand und schenkt dir plötzlich mehr Zeit. Man muss sie sich schon nehmen.« Womit wir beim Kern des Problems angelangt sind: Es geht nicht um Zeit, es

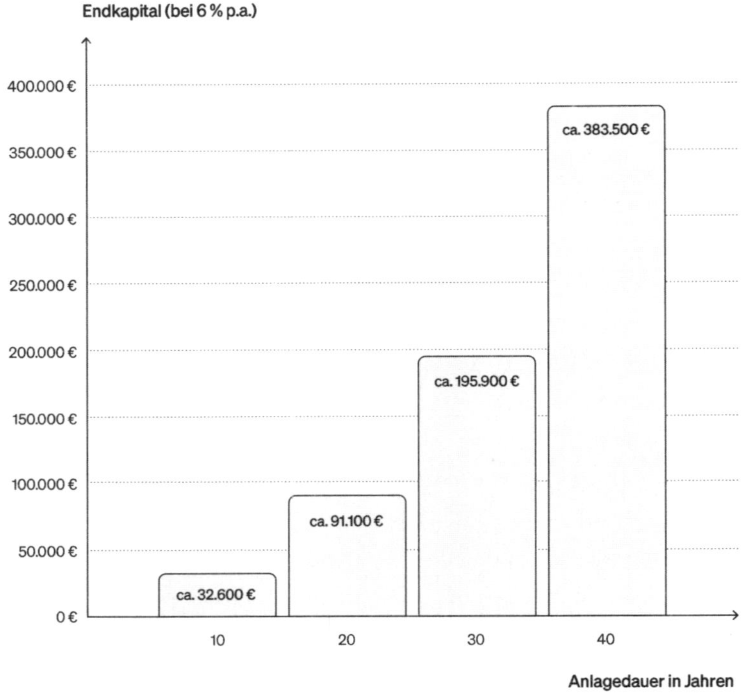

Abb. 7: Die Wirkung des Zinseszinseffekts

geht um Prioritäten. Für viele ist »Ich habe keine Zeit« eher ein Glaubenssatz als ein Fakt. Finanzielle Unabhängigkeit war ihnen bisher nicht wichtig und dringlich genug. Für die meisten ist sie schon wichtig, aber nie dringlich. Themen, deren Ertrag man langfristig sieht und spürt, haben keine Deadline; die Präsentation für den Job schon. Jedes Ja zu einer Sache ist automatisch ein Nein zu einer anderen. Du kannst nicht um 19 Uhr im Meeting sitzen und gleichzeitig bei deiner Familie beim Abendessen. Die Kunst liegt darin, Klarheit über die eigenen Prioritäten zu gewinnen und diese entsprechend anzuwenden. Nur weil wir die Dringlichkeit nicht spüren, heißt es nicht, dass sie nicht existiert. Denn es macht sehr wohl einen Unterschied, wann du anfängst. Und der lässt sich sogar in Euro beziffern (siehe Abb. 7).

Nehmen wir an, du investierst 200 Euro im Monat in ein ausreichend diversifiziertes Portfolio. Wir rechnen mit einer durchschnittlichen Nettorendite von 6 Prozent pro Jahr nach Kosten und Inflation, ohne Steuerabzug. Das passiert mit deinem Geld: Nach den ersten 10 Jahren hast du aus 24 000 Euro knapp 33 000 Euro gemacht – okay, aber nicht weltbewegend. Dann zündet der Turbo. Von 20 Jahren auf 40 Jahre ist doppelt so viel Zeit, doch dein Vermögen verdoppelt sich in dem Zeitraum nicht nur, es vervierfacht sich. Doppelt so viel Zeit, viermal so viel Geld. Das ist die exponentielle Kraft der Zeit im Zinseszinseffekt, den Albert Einstein angeblich als achtes Weltwunder bezeichnet hat. Was sperrig klingt, bedeutet nichts anderes, als dass dein Geld für dich arbeitet und die Erträge, die es erwirtschaftet, sofort wieder anfangen, selbst Erträge zu erzeugen. Es ist ein sich selbst verstärkender Prozess. Doch das menschliche Gehirn ist nicht in der Lage, das zu begreifen. Beispiel gefällig? Wenn du ein Stück DIN-A4-Papier faltest, sodass sich seine Dicke jeweils verdoppelt und du es 42 Mal faltest – wie dick ist das Papier dann? 1 Meter? 10 Meter? Korrekte Antwort: Es würde bis zum Mond reichen. Das ist exponentielles Wachstum.

In einer professionellen Finanzstrategie wird rückwärts gerechnet, um zwei Fragen zu beantworten: »Wie viel brauche ich im Alter an Endvermögen?« und »Wie viel muss ich ab jetzt monatlich investieren, um auf diesen Endbetrag zu kommen?« Auch hier spielt die Zeit eine wesentliche Rolle. Denn: Je länger du Zeit hast, desto weniger musst du monatlich investieren, um auf deinen Zielbetrag zu kommen. Logisch: Wenn du 10 Jahre, also 120 Monate, Zeit hast, um 100 000 Euro anzusparen, macht das 833 Euro pro Monat. Hast du 25 Jahre Zeit, um dieselbe Summe anzusparen, sind das

300 Monate. Demzufolge reduziert sich deine monatliche Sparrate auf 333 Euro.

Sagen wir, du musst bis zur Rente mit 67 Jahren ein Vermögen von 1 Million Euro aufgebaut haben, um deinen Lebensstandard halten zu können (übrigens eine realistische Summe). Wie viel müsstest du dafür monatlich bei 6 Prozent Nettorendite investieren (ohne Steuern), je nachdem, wie viel Jahre du noch Zeit hast?

Der Unterschied zwischen 40 Jahren und 10 Jahren liegt bei 5580 Euro – pro Monat (siehe Abb. 8)! Und selbst bei 30 vs. 20 Jahre ist es der doppelte Betrag pro Monat. Nur 10 Jahre Unterschied, doppelte Sparrate. Die Botschaft ist eindeutig: Je früher du anfängst zu investieren, desto weniger musst du monatlich sparen.

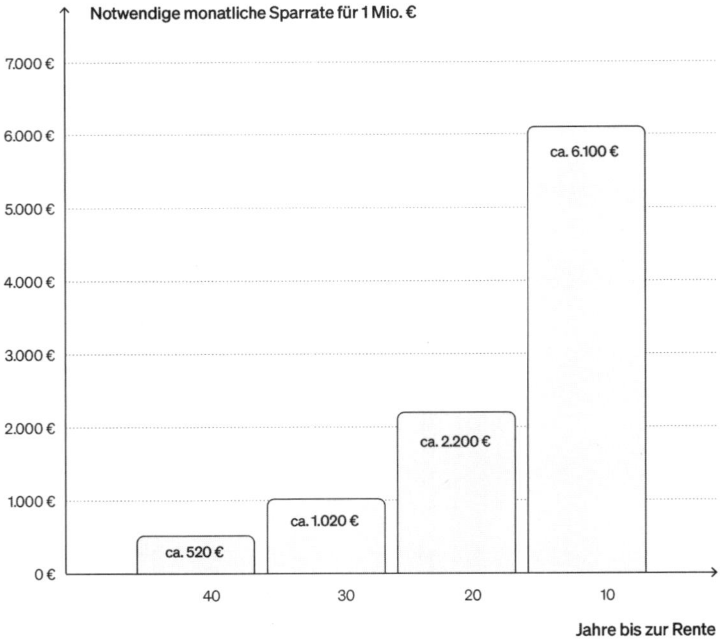

Abb. 8: Entwicklung der notwendigen Sparrate

Und: Je länger du wartest, desto schwieriger wird es, ein ausreichend großes Vermögen aufzubauen. In manchen Fällen ist es leider schon zu spät dafür.

Zeit ist unser kostbarstes Gut. Denn es ist endlich. Geld ist nicht endlich, Zeit schon. Du kannst immer mehr Geld verdienen, aber du kannst dir niemals auch nur eine Sekunde Zeit zurückkaufen. Jeder einzelne Tag, an dem du das Investieren aufschiebst, ist ein Tag, an dem du Geld verlierst. Die Zeit ist deine mächtigste Verbündete – oder deine unerbittlichste Gegnerin. Der beste Zeitpunkt zum Start war gestern. Der zweitbeste ist heute.

Und hey, einer der Sätze, die ich am meisten von meinen Kundinnen höre, lautet: »Ach, hätte ich doch nur 10 Jahre eher angefangen.« Noch nie habe ich jemanden sagen hören: »Ach, hätte ich doch nur später mit dem Investieren angefangen.«

KAPITEL 10

Faktor 3: Finanzielle Selbstbestimmung

Bei jedem Baum verbindet der Stamm die Wurzeln mit den Ästen der Krone. In deinem Baum der finanziellen Resilienz ist dieser Stamm die finanzielle Selbstbestimmung. Sie ist das Bindeglied zwischen deiner inneren Haltung, also deinem Mindset, der Übernahme von Ownership und deiner tatsächlichen Vermögenssituation. Finanzielle Selbstbestimmung ist der Zustand, in dem du eigenes Geld zur Verfügung hast und selbst entscheiden kannst, was du damit machst. Das bedeutet nicht, dass alle Entscheidungen richtig sind, aber es ist die Voraussetzung dafür, dass du überhaupt gestalten kannst. Du bist in deinen Finanzentscheidungen unabhängig von deiner Beziehungsperson, deiner Familie, von Banken, Berater:innen oder vom Staat.

Finanzen als Beziehungsthema

Für über 80 Prozent der Menschen in Deutschland ist es ein wichtiges oder sehr wichtiges Lebensziel, finanziell selbstbestimmt zu sein, doch nur die Hälfte der Befragten fühlt sich so – bei den Frauen sind es mit 48 Prozent sogar noch weniger als bei den Männern (53 Prozent).[1] Dabei starten wir alle als Singles und finanziell selbstbestimmte Menschen ins Erwachsenenleben. Auch wenn es knapp ist als junge Erwachsene, steuern wir das Vermögen, das wir haben, meist selbst. Das ändert sich häufig, sobald wir in eine Beziehung eintreten, bei heterosexuellen Konstellationen am deutlichsten. Wir fallen oft unbewusst in Rollenmuster und übernehmen, was wir von unseren Vorbildern gelernt haben. Und zwar nicht, weil wir es genau so richtig finden, sondern weil wir *annehmen*, dass man »das eben so macht«. Dass es keine Alternative dazu gibt. Weil es alle anderen auch so machen. Wir wissen nicht, was wir nicht wissen (mehr dazu in Kapitel 13). So ging es auch meiner Kundin Alexandra, 45 Jahre, Marketingleiterin: »Ich habe immer genug verdient, aber mich nie damit beschäftigt, was eigentlich aus meinem Geld werden soll. Das hat immer mein Mann gemacht, schließlich ist er der Mathematiker und ich nur im Marketing.«[2] Ich kann euch verraten, dass diese Geschichte nicht gut ausgegangen ist …

Was macht eine Beziehung auf Augenhöhe denn aus? Selbstbestimmte, erwachsene Menschen – auch in Gelddingen. Eine solche Partnerschaft zieht ihre Stärke aus der abgesicherten Autonomie beider Parteien. Das ist meiner Meinung nach die höchste Form von Respekt: die Anerkennung der Souveränität der anderen Person, *weil* man sich entschieden hat, das Leben miteinander zu teilen. Eine Beziehung, in der beide wissen: Wir sind zusammen, weil wir es wollen – nicht, weil Geld uns dazu zwingt.

Was braucht es konkret? Paare brauchen von Anfang an, am besten schon vor dem Zusammenziehen, regelmäßige Gespräche über Geld, und zwar nicht nur über Kontostände, sondern auch über Unsicherheiten, Prägungen und Zukunftsszenarien. Ein Gesprächseinstieg kann sein: »Was bedeutet Geld eigentlich für dich?« Und in Phasen großer Veränderung (Umzug, Elternschaft, Jobwechsel), wenn Klarheit über finanzielle Risiken, Rollen und Verantwortlichkeiten essenziell wird, muss erneut offen gesprochen werden.

Klarheit über Einkommens- und Vermögensverhältnisse. Um finanzielle Transparenz herzustellen, sollten Paare – egal ob mit Trauschein oder ohne – vier wesentliche Bereiche voneinander kennen: Einkommen, Ausgaben, Vermögen und Schulden. Übrigens: Ehepartner haben das Recht auf Auskunft über Einkommen, Vermögen und Schulden des anderen, das leitet sich aus den Grundsätzen des Paragrafen 1353 BGB und der geltenden Rechtsprechung ab. Die Weigerung, diese Informationen offenzulegen, darf als klares Warnsignal gewertet werden.

Klarheit über Lebensziele. Wie und wo wollen wir leben? Wie sind die jeweiligen finanziellen Ambitionen? Wofür wollen wir Geld ausgeben und wofür nicht? Wollen wir Kinder? Wollen wir eine Immobilie, und wenn ja, was für eine?

Klarheit über Rollen. Wer übernimmt wie viel Care-Arbeit beziehungsweise Erwerbsarbeit? Wer geht wie lange in Elternzeit? Wer steckt wie viel in puncto Karriere, Vermögensaufbau und Altersvorsorge zurück und wie wird das ausgeglichen?

Die meisten von uns empfinden solche Fragen und Gespräche als unangenehm, und tatsächlich können sie eine Beziehung belasten. Doch Schweigen ist oft noch gefährlicher. Anhaltender finanzieller Stress ist einer der Hauptgründe für Streit und Trennungen.

Finanzielle Gewalt

Dass Männer auf die Bitte, finanzielle Ungerechtigkeiten in der Beziehung auszugleichen, positiv reagieren, ist der gewünschte Best Case. Leider ist das nicht immer so.

Von ihrer schwierigen Trennung erzählte mir Chantal (56 Jahre) im Podcast.[3] Sie vertraute ihrem damaligen Mann, der sich in Finanzdingen als der Kümmerer, der Experte, positionierte (»Ich mache das für uns beide, das ist ja für uns gemeinsam«). Als die Co-Therapeutin und Kinderyogalehrerin begann, finanzielle Selbstbestimmung einzufordern, stieß sie auf Widerstand. Sie forderte ein eigenes Depot auf ihren Namen, formulierte ein klares Ziel für ihr Investment (»Das ist für meine Altersrente«) und wollte sich die ETFs nach ihren Kriterien selbst aussuchen. Doch wieder übernahm er die Initiative (»Ich suche dir welche aus«) und ignorierte ihre Wünsche komplett. Eines Tages hatte er dann auch das Passwort für das gemeinsame Depot geändert. Doch Chantal dachte sich nichts weiter dabei und ließ sich beschwichtigen, da er immer sehr freundlich – rückblickend höchst manipulativ – agierte.

Als Chantal ihrem Mann mitteilte, dass sie nun endgültig die Scheidung wollte, schlug die Falle zu: Er leerte das gemeinsame Konto und hatte ihr gemeinsames Vermögen bereits zuvor auf sein eigenes Konto beiseitegeschafft. In die Scheidungsmasse floss das nicht mehr ein, es war ja nicht sichtbar. Sie bekam also nur die Hälfte dessen, was dann noch übrig war, und nicht, was ihr eigentlich gehörte. Die zweifache Mutter stand nach der Scheidung ohne Vermögen und vor allem ohne Cash da. Das gemeinsame Konto war schlicht leer. Sie war auf finanzielle Unterstützung von Freunden und ihrer Kirchengemeinde angewiesen, die ihr netterweise die Miete zahlten. Der Mann, dem sie jahrelang vertraut hatte, hatte dieses Vertrauen und ihre finanzielle Abhängigkeit schamlos ausgenutzt.

Finanzielle Gewalt zeigt sich in den unterschiedlichsten Ausprägungen: Die Frau hat keinen Zugang zum gemeinsamen Konto oder es gibt gar kein Gemeinschaftskonto in der Beziehung. Sie bekommt ein »Haushaltsgeld«. Sie darf nicht (mehr) arbeiten. Er überredet sie, Kredite aufzunehmen, die sie alleine nicht abbezahlen könnte. Er fälscht die Unterschrift unter einem gemeinsamen Kreditvertrag oder nötigt sie zur Unterschrift. Er verheimlicht wichtige Informationen. Er hat die Verfügungsgewalt über die Finanzen oder trifft alle Finanzentscheidungen. Sie muss ihn um Geld bitten oder Rechenschaft ablegen, wofür sie es ausgegeben hat. Oft beginnt es harmlos: »Ich kümmere mich ums Finanzielle.« Oder: »Wozu willst du denn arbeiten, ich verdiene doch genug?« Und irgendwann wacht die Frau auf und hat nichts. Kein Konto. Keine Rücklagen. Keine Entscheidungsfreiheit.

> Finanzielle Gewalt tarnt sich oft als Fürsorge oder Bequemlichkeit. Red Flags und Green Flags findest du im Workbook.

Laut einer Studie erlebt jede vierte Frau mindestens einmal in ihrem Leben Gewalt in der (Ex-)Partnerschaft.[4] Finanzielle Gewalt ist dabei oft Teil eines größeren Gewaltmusters. Sie hinterlässt keinen blauen Fleck, aber oft rote Zahlen. Und die Folgen können existenziell sein wie Armut nach der Trennung oder eine schlechte Kreditwürdigkeit durch Schulden.

Eine Form der finanziellen Gewalt ist finanzielle Untreue. Sie bezeichnet das bewusste Verheimlichen oder Verfälschen finanzieller Informationen in einer Partnerschaft. Die Bandbreite reicht von kleinen Notlügen zu ausgearteten Shoppingtouren über verschwiegene Kreditkarten bis hin zu verheimlichten Schulden, versteckten Depots und Vermögenswerten oder bewusst falsch angegebenen Einkommensverhältnissen. Auch das heimliche Verschicken von Geld an Familie oder Freunde gehört in diese Kategorie. Die gravierenden Konsequenzen: Vertrauensverlust, finanzielle Instabilität und oft Trennung.

Wie verbreitet diese Form des Betrugs ist, zeigen repräsentative Erhebungen aus den USA: Rund 40 Prozent der befragten Amerikaner:innen, die ihre Finanzen in einer Beziehung zusammengelegt haben, gaben an, ihre Partnerin oder ihren Partner schon einmal bewusst getäuscht zu haben. Mehr als 32 Prozent in festen Beziehungen besaßen ein geheimes Konto oder eine dem Partner oder der Partnerin nicht bekannte Kreditkarte. Und es ließen sich geschlechtsspezifische Unterschiede feststellen: Mehr Männer (47 Prozent) als Frauen (39 Prozent) täuschten finanziell. Umfragen aus Deutschland zeigten: Mehr als die Hälfte der Befragten hatte Geheimnisse vor dem Partner oder der Partnerin. Die genannten Gründe: Vermeidung von Streit, Schweigen aus Scham oder schlichtweg ein Mangel an Vertrauen.[5]

Grundsätzlich gilt: Alles, was dir systematisch die Kontrolle über dein Geld nimmt, ist nicht Liebe, sondern Machtmissbrauch. Du *darfst* ein eigenes Konto haben. Du *darfst* arbeiten. Du *darfst* dein Geld selbst verwalten. Und du *darfst* gehen, auch wenn dein Partner das nicht will. Es ist dein Leben und eigenes Geld der Schlüssel zu deiner Freiheit.

Doppelmoral

In der Pause verwandelt sich der Vorraum in ein vibrierendes Stimmenmeer. Überall stehen kleine Grüppchen von Frauen beisammen – lebhafte Gesten, aufgeregte Stimmen, leuchtende Augen. Sie reden über Finanzmythen, brechen gemeinsam alte Glaubenssätze auf, tauschen Lebens- und Leidensgeschichten, lachen, nicken, manchmal wird auch eine Träne weggewischt. Telefonnummern werden ausgetauscht, Umarmungen versprechen neue Bündnisse. Ich betrachte die Szene aus der Ferne und nicke zufrieden. Genau darum geht es.

Dann erklingt unser Jingle, und alle strömen zurück in den Saal, bereit für die nächste Welle an Inspiration. Ich stehe vorn, warte, bis auch die letzten Stühle knarzen und Ruhe einkehrt. Ein tiefer Atemzug – dann geht es weiter.

»Wie wir gehört haben, sind die Fesseln, die uns zurückhalten, manchmal gar nicht offensichtlich. Es sind nicht die lauten, aggressiven Angriffe. Es sind die leisen, subtilen Muster, die so tief sitzen, dass wir sie selbst kaum bemerken. Und auch in die modernsten, progressivsten Beziehungen schleichen sich Muster ein.«

Ich mache eine Pause, stelle mich in die Mitte der Bühne. »Ich möchte euch von zwei Erlebnissen erzählen, die mir die Augen geöffnet haben. Die mir gezeigt haben, wie tief das Patriarchat selbst dann noch wirkt, wenn wir glauben, wir hätten es längst hinter uns gelassen.

Vor einiger Zeit war ich bei einem Treffen einer Mastermind-Gruppe für Unternehmer:innen. Wie so oft konnte ich die Frauen an einer Hand abzählen. Ich kam schnell mit diesen Frauen ins Gespräch. Wir sprachen über Umsätze, Conversion Rates, Marketingkampagnen. Alles auf Augenhöhe. Ich erzählte, dass mein Kind mitgereist ist und den Tag mit Oma und Opa verbringt und dass ich nicht am gemeinsamen Abendessen teilnehmen kann. Und plötzlich drehte sich das Gespräch.«

Erwartungsvolle Gesichter blicken mir entgegen, als ich den Blick schweifen lasse.

»Es ging um Kinder, Partner, die Vereinbarkeit von Familie und Beruf. Und was sich dann herausstellte, ließ mir die Kinnlade herunterfallen. Noch mal zur Klarstellung: Das sind Frauen, die jeweils ein Millionenbusiness führen. Die Gehälter im sechsstelligen Bereich nach Hause bringen. Die große Firmen mit zahlreichen Angestellten leiten. Eine von ihnen hatte gerade ein neues Haus für die Familie gekauft, das sie innerhalb von nur drei Jahren abbezahlen wollte. Also finanziell äußerst erfolgreiche Frauen, und alle waren Mütter.«

Ich lasse das kurz sacken.

»Diese Frauen erzählten mir, dass sie selbst in Teilzeit arbeiteten. Dass sie zu Hause den Großteil der Care-Arbeit übernahmen, damit ihre Männer weiterhin Vollzeit arbeiten konnten. In dem Moment verschluckte ich mich an meinem stillen Wasser. Ja, ich hatte auch schon aus anderen Erzählungen gehört, dass Partnerschaften scheitern, wenn die Frau ›zu erfolgreich‹ wird, weil die Partner das aufgrund ihrer patriarchalen Prägung als starker Versorger nicht verkraften. Aber das live zu hören, von diesen erfolgreichen Unternehmerinnen, das war ein Schock!«

Ein unruhiges Murmeln geht durch den Saal. Viele Frauen nicken, schauen sich an. Es ist das stille Einverständnis, eine Wahrheit erkannt zu haben, über die selten gesprochen wird.

»Man könnte jetzt denken, das ist eine bewusste Entscheidung, ein Arrangement. Aber manchmal ist der Kontrollmechanismus noch subtiler, noch perfider. Und er schlägt genau dann zu, wenn du den entscheidenden Schritt in deine eigene finanzielle Unabhängigkeit machen willst.«

Ich richte mich auf, meine Stimme wird ernster.

»Dazu eine unglaubliche Geschichte, die mir nicht mehr aus dem Kopf geht. Ein Gespräch mit einer Moneypenny. Sie war Mitte 30 und hatte zwei kleine Kinder, drei Jahre und neun Monate alt. Sie lebte mit ihrem Mann in Berlin-Schöneberg in einer schönen Mietwohnung, mit einer Kita gleich um die Ecke. Beide waren Ärzte, progressive, offene Menschen, beide verdienten sehr ähnlich. Sie Fachärztin für Dermatologie in einer großen Klinik, er Facharzt für Innere Medizin und damals gerade in Elternzeit. Und zwar nicht nur die zwei Alibimonate, sondern ein halbes Jahr, während sie im Schichtdienst Vollzeit arbeitete. Sie wählten eher links der Mitte, ernährten sich vegetarisch, hatten kein Auto, dafür zwei Lastenräder. Wenn ich nicht wüsste, dass es ein echter Fall ist, würde ich behaupten: ›Ach was, das ist das totale Klischee!‹«

Während ich das erzähle, fallen mir die skeptischen Blicke auf.

»Der Mann hatte bereits Erfahrung mit ETFs, seine Altersvorsorge war geplant. Sie wusste, sie musste auch endlich was machen. Ihr Problem war weniger das Geld als die Ethik. Sie hatte Bedenken, in Unternehmen zu investieren, die ihren Standards nicht entsprachen. Dass ihr Mann das tat, war für sie okay, aber sie rang wochenlang mit sich. Dann die Entscheidung: ›Ja, ich habe noch Bauchschmerzen, aber es muss sein, sonst reicht die Rente nicht.‹ Sie buchte einen letzten Call mit mir, um endlich über die Ziellinie zu kommen, endlich ruhig schlafen zu können und einen großen Haken an das Thema zu machen. Sie war fest entschlossen.«

Erneut lege ich eine kurze Pause ein.

»Ich freute mich auf den Video-Call, doch gleich zu Beginn merkte ich: Da stimmte etwas nicht. Sie sprach sehr leise, schaute schüchtern, im Hintergrund hörte ich Geräusche. Das fand ich ungewöhnlich und fragte daher, ob sie nicht allein oder gerade abgelenkt sei. Sie sagte: ›Nein, ich bin in der Küche. Mein Mann wollte im Hintergrund zuhören, es geht ja schließlich um das Familiengeld.‹ Gezeigt hatte er sich allerdings nicht. Das Gespräch kam nicht so richtig in Gang. Ich versuchte, mit ihr ins Tun zu kommen: Wie hoch sollte die Sparrate sein? Und wie hoch die erwartete Rendite? Welche ETFs hatte sie sich ausgesucht? Aber sie wich aus. ›Da muss ich noch mal rechnen‹, ›Ich weiß nicht mehr genau‹, und überhaupt, das sei ja das Familiengeld. Da das Wort nun schon zum zweiten Mal fiel, fragte ich, was sie damit meinte. Sie stammelte: ›Na ja, mein Mann ist ja noch vier Monate in Elternzeit und will eventuell verlängern. Und also, da verdient er ja kaum was.‹ Das kam überraschend. Das Budget hatten wir längst geprüft, das passte alles, und ihr Mann hatte ausreichend Rücklagen vor der Elternzeit angehäuft. Ich wunderte mich. Bisher war es nie ums Budget gegangen, immer um ethische Bedenken. ›Ja, schon …‹, druckste sie auf meine Nachfrage herum und schaute mit nervösem Blick an der Kamera vorbei. Das Gespräch geriet erneut ins Stocken. Was war da bloß los?«

Ich spüre, wie die Anspannung im Raum steigt.

»Plötzlich tauchte der Kopf des Mannes im Bild auf. ›Hi, ich übernehme mal kurz‹, sagte er mit versteinerter Miene und schob sich neben seine Frau. Ich war kurz irritiert. ›Wir haben beschlossen, dass wir ihre Altersvorsorge verschieben‹, sagte er mit Nachdruck. ›Es ist jetzt einfach zu unsicher. Mein Einkommen fällt fast weg und wir brauchen ihr Gehalt komplett für die Familie.‹ Während er sprach, wandte sie den Blick zur Seite, die Hände nervös ineinander verschränkt. Als sie noch etwas sagen wollte, hob er nur die Hand. Und sie verstummte. ›Darüber müssen wir wirklich nicht weiter reden. Das ist jetzt einfach nicht dran‹, sagte er, fast beiläufig. Meine Kundin murmelte hastig ein paar Abschiedsworte, und im nächsten Moment starrte ich auf einen schwarzen Bildschirm. Wow. Was bitte war *das*?!«

Fassungslose Stille im Saal. Man könnte eine Stecknadel fallen hören.

»Bis zu diesem Zeitpunkt hatte ihr Mann sie zu 100 Prozent in meinem Programm unterstützt. Aber eine Ebene tiefer schien die Tatsache, nicht mehr aktiv zum Familieneinkommen beizutragen, doch mehr an ihm zu nagen, als er es wahrnehmen oder sich eingestehen wollte. Dieser Kontrollverlust musste offenbar mit der Kontrolle über *ihr* Gehalt kompensiert werden. Nach außen verkörperte dieses Paar das Ideal einer modernen, gleichberechtigten Beziehung: progressiv, bewusst, partnerschaftlich. Doch in dem Moment, in dem eine objektiv nicht mal wirklich vorhandene ökonomische Unsicherheit ins Spiel kam, kippte die Dynamik in ein altbekanntes Muster.«

Viele Teilnehmerinnen schütteln den Kopf.

»Da frage ich mich doch: Was genau muss eigentlich passieren, damit diese Frau einen Sparplan bekommt? Wenn er arbeitet, ist es sein Gehalt, er investiert für sich und sie hat Pech gehabt. Wenn sie arbeitet, ist es plötzlich das Familiengeld, er investiert weiter und sie hat wieder Pech gehabt. Sein Sparplan läuft die ganze Zeit – egal, wessen Geld es ist. Kannste dir nicht ausdenken! Beide verdienen ähnlich, beide haben akademische Berufe, beide tragen Verantwortung für zwei kleine Kinder. Und doch gibt es einen doppelten Standard, der sich unbemerkt in den Alltag eingeschlichen hat – oder besser gesagt: nie wirklich verschwunden war.«

Ein empörtes, fast wütendes Schnauben geht durch die Reihen. Solche Anekdoten machen die unsichtbaren Mauern sichtbar, gegen die so viele von uns laufen – in der Mastermind-Gruppe, in der Arztfamilie, manchmal sogar in der eigenen Küche.

Ausgleichszahlungen für Care-Arbeit

Die Geschichte meiner Kundin Katrin (39 Jahre)[6] begann wie die vieler Frauen: Die Sozialpädagogin bekam ihr erstes Kind und entschied sich, zunächst in Elternzeit zu Hause zu bleiben. Während sie unbezahlt Care-Arbeit leistete und ihr Mann weiter seiner Erwerbstätigkeit nachging, war sie ökonomisch aus dem Spiel. Völlig raus. »Das hat sich ungerecht angefühlt«, erinnerte sie sich. »Und dann habe ich gedacht: Es kann doch irgendwie auch nicht wahr sein, dass mein Mann jetzt drei- oder viermal so viel verdient wie ich!« Als sie wieder ein paar Stunden pro Woche zu arbeiten begann, versuchte das Paar, die Schieflage mit einer scheinbar fairen Lösung zu beheben: Beide hatten jeweils ein eigenes Konto. Zusätzlich etablierten sie ein Gemeinschaftskonto zur Deckung der Familienausgaben. Die Einkommen der beiden wurden auf die jeweiligen Einzelkonten überwiesen und im nächsten Schritt überwiesen beide einen Teil ihres Einkommens auf das Gemeinschaftskonto. Logisch, dass er mehr einzahlte, denn er verdiente deutlich mehr.

Doch die Rechnung ging nicht auf. Ja, er trug mehr zu den gemeinsamen Kosten bei, aber danach blieb ihm von seinem Gehalt immer noch ein erheblicher Betrag übrig – für ihn ganz allein. Auf Katrins Konto? Ebbe. Das Gefühl der Ungerechtigkeit blieb. Diese Ungleichheit warf einen langen Schatten in die Zukunft: Ihr Mann konnte mit dem Überschuss Rücklagen bilden, in seine Altersvorsorge investieren, Vermögen aufbauen. Ihr fehlten die Mittel, um auch nur eine adäquate Versicherung zu besparen. Die finanzielle Kluft zwischen den beiden wurde mit jedem Monat größer. Es ging nicht um Neid. Es ging um die schmerzhafte Erkenntnis, dass selbst bei besten Absichten die finanzielle Schieflage bestehen blieb.

Gerade als Katrin beruflich wieder Fuß gefasst hatte, kam das zweite Kind und die Kluft drohte sich noch weiter zu vergrößern. Es musste doch eine bessere Lösung geben! Und die fand Katrin auch: Sie drehte den Fluss des Geldes in ihrem bestehenden Kontenmodell um. Von nun an landeten beide Gehälter nicht mehr auf den Einzelkonten, sondern vollständig auf dem Gemeinschaftskonto. Davon wurden alle Familienausgaben getätigt und der Rest wurde 50/50 auf die beiden Einzelkonten verteilt. Dieser Anteil stand Katrin und ihrem Mann jeweils zur freien Verfügung, zum Beispiel für die eigene Altersvorsorge. Dieses Vorgehen gab den beiden Transparenz über das Einkommen des anderen und sorgte dafür, dass Katrin einen Ausgleich für ihr finanzielles Zurückstecken bekam.

Drei Konten sind also nicht gleich drei Konten – auf die Reihenfolge des Geldflusses kommt es an. Der Best Case ist genau der, wie Katrin ihn schlussendlich etabliert hat. Dieses Modell schafft Transparenz bei gemeinsamen Ausgaben, fördert eine gerechte Verteilung der Verantwortung und schützt vor finanzieller Abhängigkeit – insbesondere in Beziehungen mit ungleichen Einkommen oder ungleicher Care-Arbeitsteilung. Auch Konflikte à la »Wer hat was bezahlt?« werden minimiert, und die Systematik schafft Klarheit, ohne Misstrauen zu erzeugen. Im Fall einer Trennung bleibt das eigene Konto unangetastet, Rücklagen sind gesichert, Transaktionen nachvollziehbar.

Das größte finanzielle Ungleichgewicht und somit Abhängigkeit entstehen ja durch unbezahlte Care-Arbeit. Wer auch immer diese übernimmt, zahlt dafür mit einem ökonomischen Nachteil. Denn die eine Beziehungsperson kann nur weiter Geld verdienen und Vermögen aufbauen, weil die andere Person sich um den gemeinsamen Haushalt und die gemeinsamen Kinder kümmert.

Viele Frauen wissen sehr genau, was *eigentlich* zu tun wäre. Und viele Männer wissen, dass sie selbst diese finanziellen Risiken nicht eingehen würden, die Frauen selbstverständlich eingehen. Ich plädiere ganz klar dafür, diesen Nachteil zu beziffern und aus dem Familieneinkommen gezielt auszugleichen. Nicht später, nicht irgendwann, sondern jetzt.

Aber lässt sich Care-Arbeit überhaupt beziffern? Natürlich. Es ist doch transparent, wie viel eine Nanny, ein Fahrer, eine Gärtnerin oder ein Koch verdienen. Laut einer Oxfam-Studie beträgt der Wert der unbezahlten Care-Arbeit weltweit 11 Billionen US-Dollar jährlich.[7] Der konkrete Betrag in der eigenen Partnerschaft lässt sich strukturiert und fair herleiten. Wer sich um den Haushalt, Kinder oder pflegebedürftige Angehörige kümmert, kann in der Zeit nicht oder nur eingeschränkt erwerbstätig sein. Das bedeutet unmittelbar erst einmal weniger Einkommen – vielleicht sogar gar keins – und somit eine Abhängigkeit von der Beziehungsperson, der weiteren Familie oder dem Staat. Die Folge: Wer kaum etwas verdient, zahlt wenig oder gar nicht in das gesetzliche Rentensystem ein und hat weniger oder nichts, um privat vorzusorgen. Zu guter Letzt verringert diese Entscheidung das Lebenszeiteinkommen, sowohl direkt (Zeit, die vergangen ist, kann nie wieder nachgeholt werden) als auch indirekt: Karrieresprünge und Gehaltssteigerungen passieren, je nachdem, wie lange die Erwerbsarbeit unterbrochen wurde, später oder womöglich gar nicht mehr. Darüber muss in einer Partnerschaft offen und ehrlich gesprochen werden, das muss beiden bewusst sein. Ohne Ausgleichszahlung zahlt die Person, die zurücksteht für die Familie, den Preis alleine. Denn gezahlt werden muss er.

Ich höre von vielen Frauen, dass sie Angst haben, von ihrem Partner eine Ausgleichszahlung einzufordern. Natürlich, denn wir sind gute, brave Mädchen und keine Bitches! Doch die Angst vor Geldgesprächen ist oftmals unbegründet: Viele meiner Kundinnen berichten mir, dass das erste Gespräch mit ihren Partnern überraschenderweise sehr positiv gelaufen ist. Den meisten Männern sind Ungerechtigkeiten, die Frauen betreffen, einfach nicht bewusst. Wenn die Partnerin beispielsweise das Thema Ausgleichszahlung anspricht, kommt sehr häufig eine Reaktion à la: »Ach so, darüber habe ich noch nie nachgedacht. Das ist ja wirklich unfair. Natürlich machen wir das mit der Ausgleichszahlung.« Und das ist auch die einzig akzeptable Antwort.

Von einem solchen Gesprächsverlauf berichtete mir auch unsere Kundin Melanie (43). Sie hatte gar nicht auf dem Schirm, sagt sie, dass sie ihren Mann nach einer Ausgleichszahlung fragen darf. Ist es nicht interessant, dass wir uns darum Gedanken machen, um etwas zu bitten, was nur fair ist, und gleichzeitig kein Mann der Welt auf seine Frau zugeht und sie darum bittet, die Care-Arbeit zu übernehmen? Das ist der Default-Modus. Katrin und Melanie mussten nur deswegen proaktiv das Gespräch über Ausgleichszahlungen suchen, weil ihr Anliegen die Abweichung vom »Normalfall« ist. Durch diese Gespräche haben beide den Default-Modus in ihrer Familie geändert. Beim zweiten Kind war es für Melanie und ihren Partner selbstverständlich, dass erneut über eine Regelung zum Ausgleich gesprochen wird. Melanie ist in ihrem Freundes- und Bekanntenkreis die Einzige, die Ausgleichszahlungen fordert – bisher jedenfalls.

Sie und viele, viele weitere meiner Kundinnen haben es geschafft, ihr Privatleben nicht von der gesellschaftlichen Norm beherrschen zu lassen. Sie haben das System durchschaut, ihren Handlungsspielraum identifiziert und genutzt. Somit reproduzieren sie die bestehenden Strukturen nicht mehr. Es gibt kein Gesetz, wie Care-Arbeit und Ausgleichszahlungen geregelt werden müssen. Jede Familie kann ihr eigenes System finden, das für sie passt.

Wie hoch sollte die Ausgleichszahlung sein? Ein guter Anfang ist das letzte Gehalt minus Elterngeld, also das gesamte Einkommen, auf das verzichtet wird, und zwar so lange zahlbar, wie eine Person mehr Care-Arbeit übernimmt als die andere. So hat es Melanie mit ihrem Partner geregelt: Er hat ihr volles Gehalt ausgeglichen, solange sie in Elternzeit war. Danach haben sie sich die Care-Arbeit hälftig aufgeteilt, also waren keine weiteren Zahlungen fällig.

Ideal wäre allerdings, nicht nur das ursprüngliche Gehalt auszugleichen, sondern auch all die verpassten Karriereschritte und möglichen Gehaltssprünge auszugleichen, die du aufgrund deiner Care-Arbeit nicht machen kannst.

Das absolute Minimum ist ein Betrag, der sicherstellt, dass du weiterhin deine Altersvorsorge und Sparpläne bedienen kannst. Wenn du nicht weißt, wie hoch deine Rentenlücke ist, dann rechne sie aus – das ist dein Maßstab. Daraus ergibt sich, wie viel du monatlich investieren müsstest, um die Lücke zu schließen. Und genau dieser Betrag muss aus dem gemeinsamen Familieneinkommen ausgeglichen werden. Konkret: Angenommen, du legst derzeit 500 Euro im Monat zurück, um deine Rentenlücke zu schließen. In der Elternzeit kannst du dir aber nur noch 150 Euro leisten. Die fehlenden 350 Euro müssen ausgeglichen werden. Wenn du auch nach der Elternzeit aufgrund der Care-Arbeit weniger verdienst, gilt das natürlich weiterhin.

Und ja, das gilt auch nach einer Trennung. Denn du bleibst die Person, die durch Sorgearbeit finanziell zurückgetreten ist. Diese Leistung hast du bereits erbracht, der finanzielle Schaden ist real – und die Ausgleichszahlung bleibt fällig. Außerdem endet Care-

Arbeit ja nicht mit der Beziehung. Kinder müssen weiterhin betreut, Termine organisiert, Krisen gemanagt werden. Wenn du mehr davon übernimmst, muss das auch weiter ausgeglichen werden. Die Kinder bleiben gemeinsame Kinder – Trennung hin oder her. Das ist echte Arbeits- und Verantwortungsteilung.

Und wenn das Familieneinkommen nicht reicht, um den Ausfall zu kompensieren? Dann muss gemeinsam verzichtet werden: Beide (!) weniger in die Altersvorsorge einzahlen, kleineres Auto, Ostsee statt Thailand, kein neues Sofa. Irgendwoher muss das Geld ja kommen. Es gibt viele Optionen, aber dass nur eine Person komplett auf alles verzichtet, ist keine. Also: Figure it out, together.

Ehe- oder Partnerschaftsvertrag

Eine Heirat ist der wohl am meisten romantisierte und gleichzeitig am wenigsten verstandene Wirtschaftsvertrag unserer Zeit. Mit der Unterschrift auf dem Standesamt wird nicht nur ein emotionales Bündnis besiegelt, sondern ein rechtskräftiger Vertrag geschlossen und eine ökonomische Gemeinschaft mit weitreichenden rechtlichen Konsequenzen gegründet. Zu sagen, man habe keinen Ehevertrag, ist Quatsch. Eine Ehe ist immer ein Vertrag. Jede Ehe. Wirklich. Schwöre. Wer heute in Deutschland heiratet und keinen individuellen Ehevertrag geschlossen hat, hat nicht »keinen Ehevertrag«, sondern es greift der Standardvertrag.

Obwohl Umfragen zufolge die Hälfte der Unverheirateten einen individuellen Ehevertrag für ihre zukünftige Ehe anstreben, haben ihn von den Verheirateten tatsächlich nur 14 Prozent abgeschlossen.[8] Das bedeutet, rund 86 Prozent aller Paare leben automatisch nach dem gesetzlichen Standardvertrag in einer Zugewinngemeinschaft – ohne es zu wissen. Der Vertrag regelt, wem was gehört, was im Fall einer Trennung geteilt wird und wie Erbe und Unterhalt laufen.

Das kann zu euch passen, muss es aber nicht. Oft ohne es genau begründen zu können, entscheiden sich darüber hinaus die meisten Eheleute für die steuerliche Option der gemeinsamen Veranlagung sowie Ehegattensplitting mit der Steuerklassenkombi III/IV. Dieses »One size fits all«-Prinzip wird der Komplexität moderner Lebensentwürfe jedoch immer weniger gerecht.

Viele Frauen und Paare verzichten freiwillig auf eine rechtliche Absicherung, sei es in Form eines individuellen Ehevertrags mit entsprechenden Klauseln oder durch Partnerschaftsverträge. Das erweist sich in der Rückschau oft als folgenschwerer Irrtum. Der Verzicht erfolgt erfahrungsgemäß selten aus Naivität, sondern aus einem komplexen Geflecht innerer und äußerer Dynamiken – das gute Mädchen und das Opfer lassen grüßen: Harmoniebedürfnis (»Ich will keinen Streit provozieren«), Vertrauen in die Beziehung (»Wir trennen uns nie«), Unwissenheit über die rechtlichen Konsequenzen, Pflichtgefühl oder Scham (»Ich habe ja weniger beigetragen«) oder Identitätskonflikte (»Ich glaube nicht an die Institution der Ehe«). Drei Gründe für den Verzicht höre ich besonders häufig.

»Durch die gesetzlichen Regelungen bin ich als Ehefrau automatisch abgesichert.« Unsere Kundin Katja und Igor hatten 2020 geheiratet und 2022 ein Kind bekommen. Die damals 35-jährige Marketingmanagerin reduzierte daraufhin ihre Arbeitszeit um 50 Prozent, um die Kinderbetreuung zu übernehmen. Vater Igor konnte nicht zu Hause bleiben, da er als IT-Manager deutlich mehr verdiente. Die Beziehung zerbrach und 2025 trennten sie sich. Der gesetzliche Standardvertrag sah nur eine Teilung der gesetzlichen Altersansprüche vor, die in diesen fünf Jahren Ehe erworben wurden. Einen Betreuungsunterhalt sieht das Gesetz nur zeitlich befristet (meist bis zum Schuleintritt) vor und ein Zugewinnausgleich erfolgt nur auf das in der Ehe erworbene Vermögen.

Igors Altersvorsorge war weiterhin uneingeschränkt möglich, weil Katja das gemeinsame Kind versorgt und ihre eigene Arbeitszeit reduziert hat. Dadurch ist ihre Erwerbsbiografie dauerhaft geschwächt. Sie verdiente nach der Trennung 30 Prozent weniger als vorher, zahlte weniger in die Rente ein und verlor Karrierechancen. Für all das sieht der gesetzliche Standardvertrag keinen Ausgleich vor. Nach drei Jahren Betreuungsunterhalt war Katja finanziell auf sich alleine gestellt.

Ein individueller moderner Ehevertrag kann und sollte das alles anders und besser regeln. Die Selbstverständlichkeit, mit der viele Frauen in solche Situationen hineingehen, müssen wir dringend hinterfragen.

»Wir werden uns nie trennen, deshalb brauchen wir keinen Ehevertrag!« Erstens: Ein individueller Ehe- oder Partnerschaftsvertrag sollte finanzielle Gerechtigkeit bereits während der Ehe sicherstellen, zum Beispiel durch Ausgleichszahlungen. Zweitens: Kein Mensch heiratet mit dem Ziel, sich zu trennen. Viele Paare scheuen sich, den Worst Case einer Trennung mitzudenken. Sie empfinden das als Misstrauensvotum oder als Mangel an Romantik. Tatsächlich sehe ich es genau andersherum: Wer seine Beziehung ernst nimmt, denkt sie ganz, bis zu ihrem möglichen Ende. Unabhängig davon, ob dieses durch Tod oder Trennung kommt. Ein Ehe- oder Partnerschaftsvertrag ist ein Instrument der Fairness. Er soll strukturell verhindern, dass Liebe in Abhängigkeit umschlägt.

»Wir machen keinen Vertrag, das klingt alles so unromantisch.« In vielen Partnerschaften wird über Geld nicht gesprochen. Doch unter der Oberfläche entsteht so oft ein unausgesprochener und unfairer Tausch: emotionale Harmonie gegen finanzielle Absicherung. Wer wirtschaftliche Fairness vertraglich festhält, stellt nicht die Liebe infrage, sondern schafft die Voraussetzung dafür, dass sie freiwillig bleibt. Es geht nicht um Misstrauen, sondern um Augenhöhe. Um das Wissen, dass Nähe und Unabhängigkeit sich nicht ausschließen. Und dass ein »Wir« nur dann tragfähig ist, wenn es zwei klare »Ichs« gibt. Wenn das nicht romantisch ist, weiß ich auch nicht …

> Gespräche über Gerechtigkeit in der Beziehung zu führen, ist nicht immer leicht. Im Workbook findest du einen Leitfaden dafür.

Der Standard-Ehevertrag schützt zwar vor völliger Verarmung im Alter (hoffentlich), schafft aber keinerlei liquide Mittel *im Moment* der Trennung. Ein höherer Rentenanspruch in der fernen Zukunft bezahlt heute weder die Kaution für eine neue Wohnung noch die Kosten für eine berufliche Neuorientierung. Um eine mögliche Trennung überhaupt umsetzen zu können, sollten besonders Frauen, die für die Familie zurückstecken, darauf achten, jederzeit Zugang zu eigenem Geld zu haben. Dieses Geld ermöglicht zum Beispiel eine unabhängige Rechts- oder Finanzberatung oder im Notfall den Umzug in eine eigene Wohnung. Eine durchdachte Exit-Strategie macht Beziehungen stabiler, nicht fragiler. Sie nimmt Druck aus der Liebe, weil sie das ökonomische Risiko abschwächt. So entsteht Vertrauen, das beide Beziehungspersonen miteinander leben, weil sie es wollen, und nicht, weil sie es müssen.

Für unverheiratete Paare gelten wiederum gänzlich andere rechtliche Rahmenbedingungen: Ohne Trauschein greift keine gesetzliche Zugewinngemeinschaft, kein Versorgungsausgleich, kein Ehegattenerbrecht – und im Krankenhaus gilt man nicht als Angehöriger. Deshalb ist hier ein individuell aufgesetzter Partnerschaftsvertrag umso wichtiger.

Die gute Nachricht: Verheiratet oder nicht, zwei Menschen können auch im Nachhinein noch sehr viel individuell regeln und ihre tatsächlichen Lebensmodelle passend zu den eigenen Werten und Wünschen fair regeln. Mit individuellen Verträgen. Also: Augen auf bei der Eheschließung! Auch wenn ich dir alle Romantik und Liebe gönne, denk daran: Du gehst damit einen Vertrag ein, und du würdest keinen anderen Vertrag dieser Welt unterschreiben, ohne ihn wenigstens gelesen zu haben, selbst wenn es dazu Blumen und Torte gibt.

> Übrigens, sobald anwaltliche Beratung ins Spiel kommt, gilt: Anwält:innen dürfen rechtlich keine widerstreitenden Interessen vertreten, die aber bei einer Scheidung oder der Aushandlung eines Ehevertrags naturgemäß gegeben sind. Anwält:innen vertreten die Seite, die sie beauftragt – und bezahlt. Wenn du als Frau auf Augenhöhe verhandeln willst, brauchst du selbst eine anwaltliche Vertretung oder entscheidest dich bewusst für einen neutralen Weg über Notar:innen. Diese sind gesetzlich zur Unparteilichkeit verpflichtet. Die schlechteste Lösung: Dein Partner hat eine Rechtsvertretung, du nicht!

Finanzielle Selbstbestimmung verschiebt das Machtgefüge. Solange du finanziell abhängig bist, bist du der »Power Over« – der Kontrolle und Dominanz anderer – ausgesetzt. Echte Veränderung beginnt damit, diese Dynamik von innen heraus umzukehren. Du nutzt deine »Power Within«: die innere Kraft und Selbstachtung, die aus dem Wissen entsteht, dass du ein Anrecht auf finanzielle

Selbstbestimmung hast. Ein eigenes Konto, ein eigenes Depot und Finanzkompetenz (mehr dazu in Kapitel 13) sind daher keine Misstrauenserklärung an deinen Partner. Diese innere Stärke übersetzt sich in »Power To«, also deine Fähigkeit, wirksam zu handeln. Und schließlich ermöglicht dir deine eigene Stabilität, »Power With« zu entwickeln: die Kraft, dich mit anderen Frauen zu solidarisieren, sie zu unterstützen und gemeinsam für Strukturen zu kämpfen, in denen finanzielle Selbstbestimmung die neue Norm ist.

KAPITEL 11

Faktor 4: Rücklagen & Liquidität

Wie ein Baum, der in seinem Holz Wasser und Nährstoffe speichert und so Dürreperioden überlebt, brauchen auch wir frei verfügbare finanzielle Reserven. Rücklagen und Liquidität sind das Holz des Baums der finanziellen Resilienz. Sie halten uns in Krisen handlungsfähig und geben uns die Flexibilität, Chancen zu ergreifen, wenn sie sich bieten – eine Grundvoraussetzung für Wachstum in Krisen und somit für finanzielle Resilienz.

Der Notgroschen

Dein Notgroschen ist dein strategischer Schutzwall und sorgt dafür, dass aus Krisen, egal ob unvorhergesehene Ausgaben oder Pandemien, keine existenzielle Bedrohung wird. Deswegen muss der Notgroschen liquide sein und gehört auf das Tagesgeldkonto.

Was ist der Unterschied zwischen liquiden und illiquiden Mitteln? Liquide Mittel sind sofort verfügbares Geld, also Cash oder das Guthaben auf dem Tagesgeldkonto. Illiquide Mittel hingegen sind »gebundenes« Vermögen: Immobilien, Anteile an privaten Unternehmen, vielleicht sogar Kunst oder teurer Schmuck. Sie mögen auf dem Papier einen hohen Wert besitzen, aber man kann damit nicht kurzfristig die unerwartete Handwerkerrechnung oder die Steuernachzahlung begleichen.

Wer schon einmal nachts wach lag, weil die Abbuchung am nächsten Tag nicht gedeckt war, weiß, dass es bei Liquidität nicht nur um Zahlen geht. Ein ausreichend gefüllter Puffer wirkt auch als mentales Gegengewicht zum allgegenwärtigen Druck. Denn finanzielle Sorgen engen das Denken ein, zwingen zu schnellen, teils unüberlegten Entscheidungen und reduzieren die Zukunft auf das aktuell Machbare, wodurch das langfristig Sinnvolle aus dem Blick gerät. Gleichzeitig gilt: Wenn dein Aktiendepot aufgrund einer Krise plötzlich 20 Prozent im Minus ist, betrifft das nicht dein gesamtes Vermögen, weil du weißt, dass dein Notgroschen sicher und unangetastet auf der hohen Kante liegt. Das gibt dir die Gelassenheit, Marktschwankungen auszuhalten, und ebenso Rückendeckung, um gegebenenfalls ein größeres Risiko am Kapitalmarkt eingehen zu können. Eine weitere wichtige Funktion des Notgroschens ist der Schutz des langfristigen Vermögensaufbaus, denn er verhindert, dass du aufgrund einer defekten Waschmaschine oder einer Nachzahlung bei den Betriebskosten deine Aktien verkaufen musst. Das wäre ein fragiler Zustand deiner gesamten Finanzen.

Auf die Frage »Wie groß sollte der Notgroschen sein?« gibt es keine pauschale Antwort. Das ist kein »Set it and forget it«-Posten, sondern ein lebendiger Parameter, der sich dem Leben anpassen muss. Was heute als ausreichender Puffer gilt, kann in einem Jahr bereits zu knapp bemessen sein. Als ich studiert habe, umfasste mein Notgroschen nur ein paar Hundert Euro, fest angestellt reichten mir drei Monatsgehälter, mit der Selbstständigkeit und Familiengründung habe ich mehr als 12 Monate als Sicherheit. Das Gleiche gilt für mein Business: Da existieren ebenfalls Rücklagen für ein Jahr. Neben Deckung der monatlichen Ausgaben für einen definierten Zeitraum (inklusive Altersvorsorge und Vermögensaufbau!) habe ich einen fixen Betrag für einmalige Ausgaben (kaputtes Auto, hohe Tierarztrechnung, Mietkaution nach unerwartetem Umzug) eingeplant.

Ich höre oft: »Auf dem Tagesgeldkonto? Da bringt der Notgroschen ja gar keine Rendite, das ist doch totes Kapital!« Japp, so ist es. Die Funktion des Notgroschens ist explizit nicht, Rendite zu machen, sondern da zu sein. Sicherheit kostet Rendite, so ist es nun mal. Ich habe meinen Notgroschen durch eine monatliche Sparrate aufgebaut. Als er stand, floss sie weiter in meine Liquiditätsreserve für kurz- und mittelfristige Sparziele (bis ca. 10 Jahre) sowie natürlich den langfristigen Vermögensaufbau.

Weitere Liquiditätsreserven

Die konkrete Umsetzung funktioniert wie überlaufende Töpfe: Wenn der Topf des Notgroschens voll ist, läuft alles weitere Geld in kurz- und mittelfristige Sparziele. Die langfristigen Investments laufen parallel. Das angesparte Geld für eine Reise, die erst in sechs Monaten stattfindet, kann in der Zwischenzeit zum Beispiel für eine plötzliche Investment-Chance genutzt werden. Liquide Mittel zu haben, erfüllt also auch den Zweck, antizyklisch investieren zu können, also zu kaufen, wenn die Kurse unten und die Assets günstig sind (mehr dazu in Kapitel 13). So habe ich es beispielsweise im Zollcrash gemacht. Ich hatte auf meinem Tagesgeldkonto meinen Notgroschen sowie Geld, das ich für eine Reise am Ende des Jahres brauchen würde. Als die Märkte absackten, folglich die Preise für Aktien günstig waren – Schlussverkauf! –, nahm ich einen Großteil meines verfügbaren Betrags und investierte ihn, einen Teil für mich und einen Teil ins Depot meines Kindes. Ich traf diese Entscheidung in dem Bewusstsein, dass mir noch genug Zeit blieb, den Topf vor der fälligen Zahlung für die Reise wieder aufzufüllen. Diese Strategie ist sicherlich nicht für alle Menschen gleichermaßen und in jeder Lebensphase geeignet. Sie setzt ein sicheres und stabiles Einkommen voraus. Nur wer die Gewissheit hat, dass die Töpfe zuverlässig wieder nachgefüllt werden, kann es sich leisten, die Liquiditätsreserve für antizyklische Investments zu nutzen.

Wichtig ist hier der klare Unterschied zum jahrelangen Ansparen oder Liegenlassen großer Summen. Geld zu lange nicht investiert zu lassen, kostet Rendite, die dir während der Wartezeit auf den nächsten Crash – von dem du nicht weißt, wann er kommt: nächste Woche oder in fünf Jahren? – durch die Lappen geht. Es geht eher darum, die eigene Liquidität aktiv zu managen und flexibel zu sein.

Und wo liegt die Liquiditätsreserve? Tagesgeld bildet die erste Verteidigungslinie mit dem Notgroschen: unmittelbar verfügbar, wenigstens ein bisschen verzinst, gesetzlich abgesichert. Für darüber hinausgehende Liquiditätsreserven, beispielsweise mittelfristige Sparziele, bieten sich Geldmarktfonds an. Sie sind ebenfalls täglich verfügbar, weisen deutlich geringere Schwankungen auf als beispielsweise Aktienfonds und erwirtschaften eine etwas höhere Rendite als klassisches Tagesgeld.

Wichtig bei hohen Cashreserven: Die gesetzliche Einlagensicherung schützt in Deutschland pro Person und pro Institut bis zu 100 000 Euro (§ 8 Abs. 1 EinSiG). Wer mehr hat, braucht meist ein weiteres Konto bei einer anderen Bank – und zwar wirklich einer anderen! Es gibt Konzernverflechtungen, wie zum Beispiel Deutsche Bank und Postbank, die unter der gleichen Banklizenz operieren, entsprechend gilt der Schutz hier nur einmal.

KAPITEL 12

Faktor 5: Vorsorge & Absicherung

Wie die dicke Rinde eines Baums, die ihn vor Krankheiten und Unwettern schützt, bildet deine Absicherung eine schützende Schicht um dein Leben und ist somit ein weiterer Faktor für deine finanzielle Resilienz. Sie bewahrt dich vor existenziellen Risiken und sorgt dafür, dass du auch in schweren Zeiten stabil bleibst. Wenn ein Notfall eintritt, brauchst du alle Ressourcen, um dich und deine Familie zu halten. Und wenn du nach einem produktiven Arbeitsleben in den Ruhestand gehst, sollst du Zeit und die Ressourcen haben, dein Leben so zu leben und zu gestalten, wie es deinen Werten und Wünschen entspricht.

Absicherung gegen Lebensrisiken

Im Kern geht es um wenige, aber existenzielle Risiken, die deine finanzielle Souveränität bedrohen könnten. Dabei geht es weniger darum, wie wahrscheinlich diese eintreten, sondern eher darum, wie groß der finanzielle Schaden vermutlich ausfällt und ob er tragbar wäre. In drei Bereichen können finanziell nicht tragbare Schäden entstehen, die sich durch Versicherungsprodukte absichern lassen:

1. Ansprüche Dritter gegen dein Vermögen. Schutz: Privathaftpflichtversicherung
2. Verlust der Arbeitskraft. Schutz: Berufsunfähigkeitsversicherung

3. Dein eigener Tod oder Tod deiner Beziehungsperson. Schutz: Risikolebensversicherung

> Neben diesen drei besonders wichtigen Versicherungen gibt es noch viele weitere, die man abschließen kann – manche sinnvoll, manche weniger. Lass dich individuell beraten, am besten durch eine unabhängige Honorarberatung. Diese Expert:innen können klären, was du wirklich brauchst, was nice to have wäre und was überflüssig oder unnötig ist. Weitere Informationen dazu findest du auf www.madamemoneypenny.de/honorarberatung.

Privathaftpflichtversicherung

Dein Vermögen gegen die Ansprüche anderer schützt du mit der Privathaftpflichtversicherung. Sie ist eine der wenigen freiwilligen Versicherungen, die unbedingt notwendig sind. Der Grund liegt in der unbegrenzten Haftung, die das Bürgerliche Gesetzbuch vorsieht: Wer einer anderen Person vorsätzlich oder auch fahrlässig (also auch bei Unachtsamkeit) einen Schaden zufügt, haftet dafür mit seinem gesamten gegenwärtigen und zukünftigen (!) Vermögen.[1] Ein absoluter No-Brainer! Angesichts jährlicher Kosten von oft unter 100 Euro für eine Police mit einer Deckungssumme von 20 Millionen Euro ist der Verzicht auf diesen essenziellen Schutz ökonomisch irrational und geradezu fahrlässig. Dennoch sind rund 20 Prozent der Menschen in Deutschland nicht haftpflichtversichert.[2] Solltest du dazugehören, dann ändere das. Jetzt.

Berufsunfähigkeitsversicherung

Für Menschen, die nicht schon reich sind, ist die eigene Arbeitskraft der größte Vermögenswert: Du verdienst nur Geld, wenn du arbeitest. Deshalb ist es finanziell auch so sinnvoll, Humankapital aufzubauen und Geld in die eigene Bildung und Qualifikation zu investieren, um dadurch bessere Bezahlung oder bessere Employability zu erreichen, was dich unabhängiger von einzelnen Arbeitgebern macht (mehr dazu in Kapitel 15). Deine Arbeitskraft kannst du mit einer Berufsunfähigkeitsversicherung, kurz BU, absichern.

Das Thema wird immer heiß diskutiert und viele würden sich diese Ausgabe gerne sparen. Ich bin nun wirklich nicht als größter Fan von Versicherungen bekannt, aber eine BU schützt dich vor dem finanziellen Schock, falls du aus gesundheitlichen Gründen längerfristig dein Einkommen verlierst. Denn das ist ein Schaden, den du in der Regel nicht selbst tragen kannst, sofern du nicht bereits Millionärin bist. Viele wiegen sich hier in falscher Sicherheit, doch die Zahlen sind alarmierend: Statistisch betrachtet wird jede vierte (!) erwerbstätige Person in Deutschland im Laufe ihres Berufslebens mindestens einmal berufsunfähig, manche für ein paar Jahre, andere dauerhaft bis zum Rentenalter. Unabhängig von Alter oder Branche.[3] Also: Schließ eine BU ab, solange du kannst.

Risikolebensversicherung

Was, wenn du oder die Person, mit der du dein Leben teilst, plötzlich stirbt? Eine Todesfallabsicherung wird zu einer strategischen Notwendigkeit, sobald wir für andere Menschen, zum Beispiel Kinder, finanziell verantwortlich sind.

Eine Risikolebensversicherung verhindert, dass zusätzlich zur emotionalen Last eine ökonomische Katastrophe folgt. Der strategische Fehler, den ich in diesem Zusammenhang häufig sehe, ist die einseitige Absicherung des Hauptverdieners. Die Person, die unbezahlte Care-Arbeit leistet, bleibt unversichert oder zu niedrig versichert. Sie bringt ja kein Geld nach Hause und daher entsteht im Todesfall auch kein finanzieller Schaden. Aber sie leistet unbezahlte Care-Arbeit – und die schlägt mit hohen Kosten zu Buche, wenn die Leistung nach einem Schicksalsschlag zugekauft werden muss. Zur Erinnerung: Der Gegenwert von Care-Arbeit weltweit beläuft sich auf 11 Billionen US-Dollar jährlich.

Wir empfehlen unseren Kundinnen daher immer, die Kosten zumindest mal grob zu überschlagen. Viele sind überrascht, dass der Ausfall der sorgearbeitenden Person sich schnell auf mehrere Tausend Euro im Monat summiert! So wie bei Anna, 37 Jahre. Sie hatte Kommunikationsmanagement studiert, war aber seit ihrer Heirat Hausfrau und mittlerweile Mutter von zwei Kindern (9 und 7 Jahre alt). Ihr Mann Michael, 43 Jahre alt, war Manager in einem Großkonzern und hatte gute Aussichten, in absehbarer Zukunft CEO zu werden. Die Rollenteilung war klar: Sie kümmerte sich um Kinder, Haus und Familienmanagement, hielt ihm den Rücken frei und unterstützte seine berufliche Karriere. Er arbeitete viel, hatte ein hohes Einkommen und musste dem Unternehmen quasi 24/7 zur Verfügung stehen – vor allem, wenn er CEO werden wollte.

Als wir gemeinsam über Vorsorgemaßnahmen sprachen, kamen wir auch auf das Thema Todesfallabsicherung. Die beiden hatten – wie so viele Paare – eine Risikolebensversicherung auf Michaels Leben abgeschlossen. Logisch: Er verdiente das Geld. Wenn er starb, brauchte die Familie finanzielle Absicherung. Aber was war mit Anna?

Sie sah mich etwas überrascht an, als ich fragte: »Was würde passieren, wenn du morgen nicht mehr da wärst?« Kein schöner Gedanke, das ist klar, aber ein notwendiger. Wir rechneten gemeinsam – ganz grob, aber realistisch: Kinderbetreuung, Familienmanagement, Haushaltshilfe, Fahrdienst et cetera. Das Ganze mal 30 Tage, weil Michael durch seinen Job keine Kapazitäten für Teilzeit oder Homeoffice hätte. Die Summe lag am Ende bei über 5000 Euro im Monat.

Anna war schockiert. Noch am selben Abend besprach sie das Thema mit ihrem Mann. Zwei Wochen später war eine Risikolebensversicherung auch auf ihr Leben abgeschlossen, mit einer ausreichend hohen Summe, um im Fall der Fälle Zeit, Struktur und Handlungsspielraum für die hinterbliebene Familie zu sichern.

Eine Risikolebensversicherung für die Person, die Care-Arbeit leistet, ist kein Nice-to-have, sondern eine Absicherung des gesamten Systems. Sie erhält im Ernstfall den Lebensstandard weitgehend, ermöglicht die Tilgung gemeinsamer Kredite – etwa einer Immobilienfinanzierung – und schafft die finanzielle Freiheit, die für eine Neuorganisation des Lebens notwendig ist. Dasselbe gilt für den Fall, dass die hauptverdienende Person verstirbt. Die gegenseitige Absicherung ist somit eine rationale, finanziell planbare Schutzmaßnahme für das »Gemeinschaftsunternehmen Partnerschaft/Familie«.

Sich auf den Ernstfall vorzubereiten, den eigenen Tod oder eine Situation, in der man nicht ansprechbar und geschäftsfähig ist, zum Beispiel bei einer schweren Erkrankung oder nach einem Unfall, ist emotional eine große Herausforderung. Dennoch: Deine Familie, Partner:in oder Kinder werden dir in einer solchen Extremsituation dankbar sein, wenn du im Vorfeld deine Wünsche durchdacht und alles vorbereitet hast. Dazu solltest du an einer leicht zugänglichen Stelle, beispielsweise in einem entsprechend gekennzeichneten Notfallordner, alle wichtigen Dokumente und Informationen sammeln. Diese zur Hand zu haben, reduziert die Belastung der Hinterbliebenen in emotionalen Extremsituationen oder erlaubt deiner Familie, dich optimal zu vertreten beziehungsweise zu versorgen.

> Im Workbook findest du eine Checkliste aller Dokumente und Informationen, die in deinen Notfallordner gehören.

Die eigene Altersvorsorge

Wir wissen bereits, dass die deutschen Steuerzahler:innen das vollkommen kaputte gesetzliche Rentensystem mitfinanzieren, das dennoch vorne und hinten nicht funktioniert, sodass vielen Menschen – und besonders Frauen – Altersarmut droht. Doch warum ist das eigentlich so? Was ist das Problem mit der gesetzlichen Rente? Um es in einem Wort zu sagen: Umlageverfahren.

Die gesetzliche Rente in Deutschland folgt dem sogenannten Umlageverfahren. Das bedeutet: Alle, die heute in die gesetzliche Rente einzahlen, finanzieren damit die heutigen Renten unserer Rentner:innen. Geld kommt rein, Geld geht direkt wieder raus (mit Ausnahme einer Minirücklage). Das Problem mit dem Umlageverfahren ist, dass es nur funktioniert, solange es ausreichend viele Einzahler:innen für die jeweiligen Rentenbezieher:innen gibt. In den 1960er-Jahren war das noch der Fall, denn da haben sechs Einzahlende einen Beziehenden finanziert. Heute kommen auf eine beziehende Person nur noch zwei Einzahlende, und im Jahr 2030 wird diese Zahl auf 1,5 sinken.[4] Die Rentenkasse gibt mehr aus, als sie einnimmt, und die Differenz wird aus Steuermitteln zugeschossen. Übrigens ein interessantes Money Mindset auf institutioneller Ebene …

Um unsere Rentner:innen finanziell versorgen zu können, bräuchten wir mehr Menschen, die in die Kasse einzahlen, also eine stabile Bevölkerungsentwicklung durch eine höhere Geburtenrate und/oder Zuwanderung. Beides aktuell nicht so unser Ding.

Damit das System funktioniert, wäre eine Geburtenrate von 2,1 Kindern pro Frau nötig, wir liegen bei 1,35.[5] Kanzler Adenauer war sich des Problems damals zur Einführung 1957 bewusst, doch seine ikonische Antwort lautete in etwa: »Kinder kriegen die Leute immer.« Nun ja, die Erfindung der Pille nicht einmal zehn Jahre später konnte er nicht erahnen. Und heute? Jede Regierung müht sich mit Schadensbegrenzung ab, ohne das System, das technisch nicht funktionieren kann, infrage zu stellen oder gar zu ändern. Erst steigen die Beiträge, dann wird diese Maßnahme eingefroren, weil es politisch (verständlicherweise) nicht durchsetzbar ist. Dann steigt das Rentenalter oder Mütter bekommen 20 Euro mehr im Monat. Die Maßnahmen scheinen das politische Haltbarkeitsdatum von vier Jahren selten zu überdauern, und währenddessen zahlen wir nicht nur mehr Rentenbeiträge, als wir jemals an Rente bekommen, sondern zusätzlich gehen noch rund 27 Prozent aller Steuern in die gesetzliche Rente. In Euro sind das 134 Milliarden![6] Tendenz steigend. Die Verantwortlichen operieren am toten Patienten und hoffen, die Bevölkerung merkt es nicht.

Dabei gibt es eine Lösung: Kapitaldeckung – also anstatt das Geld rauszuschieben, wie es reinkommt, könnten wir einen Teil am Markt investieren und von den Renditen die Renten (mit)finanzieren. Andere Länder machen es bereits, und es funktioniert. Schweden etwa nutzt ein Mischsystem aus Umlage und obligatorisch kapitalgedeckter Prämienrente, in den Niederlanden gibt es eine steuerfinanzierte Grundrente für alle und kapitalgedeckte Betriebsrenten, die fast alle Arbeitnehmer:innen einschließen. Läuft. Konkrete Konzepte liegen hierzulande ebenfalls vor, zuletzt von der FDP initiiert. Mir ist schleierhaft, warum unsere Politiker:innen – die Menschen, die Verantwortung für dieses System tragen – nicht in der Lage sind, das Rentensystem zu reformieren. Zumal die Lösung auf der Hand liegt.

Die gesetzliche Rente alleine reicht also nicht. Wissen wir. Allerdings ist sie dafür auch gar nicht vorgesehen, war sie sogar noch nie. Daher hat unser Rentensystem drei Schichten:

- In Schicht 1 fallen die unterschiedlichen Varianten der gesetzlichen Rente, berufsständische Versorgungswerke und das freiwillige Rentenkonzept Basisrente (auch als Rürup-Rente bekannt). In Schicht 1 wird insgesamt der größte Steuervorteil während der Einzahlphase gewährt, hier sind die Beiträge bis zu hohen Summen komplett steuerlich absetzbar. Renten aus dieser Schicht werden wie Einkommen versteuert.

- In Schicht 2 gehören die betriebliche Altersvorsorge (bAV) und die staatlich geförderten Riester-Renten. Hier gibt es deutlich kleinere Steuervorteile und einige Zulagen, zum Beispiel von den Arbeitgeber:innen, die man mitnehmen kann und sollte, die aber in den meisten Fällen nicht groß genug sind, um damit alleine die Rentenlücke zu schließen. Außerdem sorgen hier oft hohe Kosten der Produkte und gesetzliche Garantien für sehr geringe Nettorenditen.
- Schicht 3 umfasst alle privaten freiwilligen Vorsorgeformen, die zur Altersvorsorge geeignet sind. Das reicht von privaten Rentenversicherungen über den selbst verwalteten Vermögensaufbau mittels ETFs bis hin zu Immobilieninvestitionen. Die Stabilität des finanziellen Lebens im Alter hängt davon ab, wie die Einzelne die Bausteine innerhalb dieser Schichten für sich nutzt. In Schicht 3 gibt es die meisten Gestaltungsfreiheiten und Flexibilität, somit auch das höchste Renditepotenzial. Es erfordert jedoch ein hohes Maß an Eigenverantwortung und Disziplin, das für die Altersvorsorge geplante Geld auch für die Altersvorsorge vorzuhalten und nicht anderweitig auszugeben.

Die Kunst liegt darin, alle drei Schichten bestmöglich individuell zu kombinieren.

> Im Workbook findest du eine Übersicht aller Schichten des deutschen Rentensystems mit wichtigen Vor- und Nachteilen der einzelnen möglichen Bausteine.

> Eine private Rentenversicherung (so wie sie typischerweise in Schicht 3 angeboten wird) ist sinnvoll, wenn sie auf ETFs basiert, du einen günstigen Vertrag mit geringen Gebühren bekommst und sie in die Schicht 1 verschoben wird (Rürup- oder Basisrente), damit du Einkommensteuer mit ihr sparen kannst.

Ich weiß: Altersvorsorge ist so spannend wie Wandfarbe beim Trocknen zuzusehen, aber eben ein zentraler Faktor deiner finanziellen Resilienz. Es lohnt sich zu verstehen, wie das System aufgebaut ist und wie du es für dich nutzen kannst. Für die konkrete Umsetzung ist Unterstützung durch eine unabhängige Honorarberatung eine sehr gute Investition.

Reich mit Rürup

Die Basisrente (Rürup-Rente) ist ein interessanter Sonderfall, der strategisch smart in der Altersvorsorge genutzt werden kann. Sie ist in Schicht 1 angesiedelt, in der die Beiträge bis zu einer Höhe von 29 344 Euro (Singles) beziehungsweise 58 688 Euro (Ehepaare) pro Jahr zu 100 Prozent von der Einkommensteuer abgesetzt werden können. Die steuerlichen Vorteile in der ersten Schicht werden zunächst für die Beiträge zur gesetzlichen Rente genutzt, die verbleibende Lücke bis zu diesem Maximalbetrag kann man durch freiwillige Beiträge in eine Basisrente auffüllen.

Achtung, jetzt kommt's! Diese Beiträge reduzieren zudem das zu versteuernde Einkommen und sorgen somit für eine weitere steuerliche Begünstigung. De facto handelt es sich also um eine staatliche Förderung der privaten Vorsorge: Der Staat verzichtet heute auf Steuereinnahmen und schafft so einen jährlichen Vermögenszufluss, der andernfalls an das Finanzamt geflossen wäre.

Der echte finanzielle Hebel entsteht aber erst, wenn du diesen Steuervorteil nicht einfach verpulverst, sondern direkt und konsequent wieder investierst – zum Beispiel in dein ETF-Depot. Kurz gesagt: Du bekommst Steuergeld zurück und steckst es privat in deinen liquiden Vermögensaufbau. Das ist Geld, das du sonst nicht gehabt hättest. So kreierst du eine vom Staat subventionierte Aufwärtsspirale und hebelst deinen Vermögensaufbau. Du bekommst mehr finanziellen Output aus deinem Input.

Wichtig zu wissen: Der Staat subventioniert die private Vorsorge durch diesen Steuervorteil, verlangt aber im Gegenzug, dass das geförderte Kapital ausschließlich der lebenslangen Alterssicherung dient. Das bedeutet: Du kommst vor Renteneintritt nicht ran und bekommst sie monatlich ausbezahlt. Und du musst sie dann wie die gesetzliche Rente auch versteuern. Das Kapital ist während der Ansparphase also illiquide und damit nicht verfügbar; der Vertrag kann weder gekündigt, beliehen, übertragen noch als einmalige Summe ausgezahlt werden. Er kann stillgelegt werden, doch auch dann greifen diese Restriktionen. Auch die Vererbbarkeit ist je nach Vertrag eingeschränkt. Dieses System sorgt dafür, dass du deine Rente nicht für ein schickes Auto auf den Kopf haust. Es schützt aber auch vor dem Zugriff des Staates, zum Beispiel um die Pflege von Angehörigen zu finanzieren – anders als dein ETF-Depot.

Arm mit Riester

Good old Riester-Rente … Tja, was machen wir damit? Simpel: gar nichts. Ursprünglich als zentraler Baustein der privaten Altersvorsorge für die breite Bevölkerung gedacht, steht »riestern« heute sinnbildlich für das Scheitern politisch konstruierter Vorsorgemodelle. Im Kern steckt ein Zielkonflikt, der kaum zu lösen ist: Der gut gemeinte politische Wunsch nach maximaler Sicherheit –

in Form einer gesetzlich vorgeschriebenen Beitragsgarantie – führt in der Praxis zu einer eingebauten Renditebremse.

Diese Garantie zwingt die Produktanbieter:innen zu extrem konservativen Anlagestrategien, deren magere Erträge oft von den horrenden Abschluss- und Verwaltungskosten von durchschnittlich 25 Prozent (die natürlich nicht gesetzlich limitiert sind) aufgefressen werden. Gepaart mit einer hohen bürokratischen Komplexität, führt dies dazu, dass die staatliche Förderung – Zulagen und Steuervorteile – bei schlechten Produkten nicht bei den Sparer:innen ankommt, sondern im System versickert. Der Staat »subventioniert« hier eigentlich die Versicherungsbranche.

Zwar ist der politische Handlungsbedarf längst erkannt, doch die Suche nach einem einfacheren, günstigeren und renditestärkeren Nachfolgemodell zieht sich. Es ist eine der großen sozialpolitischen Aufgaben unserer Zeit – aber auf die Lösung zu warten, bringt uns nicht weiter. Die Verantwortung für eine renditestarke Altersvorsorge liegt, weiterhin, bei uns selbst.

Für dich geht es nicht darum, das *eine* perfekte Finanzprodukt zu finden. Gibt es ohnehin nicht. Wichtiger ist, die spezifische Funktion verschiedener Instrumente zu verstehen und sie intelligent zu orchestrieren. Die Basisrente dient der Schaffung eines subventionierten, sicheren Grundeinkommens im Alter. Parallel dazu dient der flexible Vermögensaufbau der Schaffung von frei verfügbarem, vererbbarem Kapital. Beide Instrumente synergetisch zu nutzen, ist die praktische Anwendung deines fundierten Finanzwissens.

Noch ein Hinweis: Wenn du die verschiedenen Bausteine innerhalb des Rentensystems über günstige, in ETFs investierte Versicherungsprodukte abbilden möchtest (was du tun solltest), dann musst du wissen, dass fast jeder Vertrag entweder teurer über eine Provisionsberatung oder günstiger über eine Honorarberatung zu haben ist. Du willst Letzteres.

Umgang mit Altlasten

Wir haben sie alle: die Versicherungsverträge des Grauens, die nichts Gutes in sich tragen. Ineffizient, überteuert, unzureichend. Ob es sich um eine kostspielige fondsgebundene Rentenversicherung aus früheren Jahren, einen renditeschwachen Riester-Vertrag oder um unvorteilhafte Produkte aus einem Erbe handelt: Die Konfrontation mit einer solchen finanziellen Altlast ist oft emotional anstrengend. Daher kündigen wir überstürzt Verträge, bei denen es rationaler wäre, sie stillzulegen, einfach weil wir uns dermaßen ärgern und das Ding schnellstens loswerden wollen, selbst wenn wir dafür teures Lehrgeld bezahlen. Hallo, Selbstregulation! Es kann aber auch sein, dass wir ebenso irrational daran festhalten.

Grundsätzlich gilt: Kündige niemals einen Vertrag, bevor du *wirklich* verstanden hast, was ganz nüchtern betrachtet deine Optionen sind. Oder ohne vorher eine Einschätzung von unabhängigen Expert:innen einer Honorarberatung eingeholt zu haben, da unter Umständen hohe Kosten inklusive Rückzahlungen von Förderungen drohen können. Wenn klar ist, dass ein Vertrag oder ein Produkt mehr schadet als nützt und das Geld anderweitig viel besser verwendet werden kann, gibt es zwei Möglichkeiten: Beitragsfreistellung und Kündigung.

Die regelmäßige Revision

Die Architektur der eigenen Vorsorge zu errichten, ist eine Sache, sie über Jahrzehnte hinweg stabil und wirksam zu halten, eine andere. Daher benötigt deine Altersvorsorge ein regelmäßiges System-Update. Bestimmte Lebensereignisse sind die Trigger dafür.

Berufliche Veränderungen. Ein deutlicher Gehaltssprung, der Schritt in die Selbstständigkeit oder ein Jobwechsel können eine Anpassung deiner Berufsunfähigkeitsversicherung oder deiner Altersvorsorgebeiträge erfordern.

Private Meilensteine. Eine Heirat, die Geburt eines Kindes, eine Trennung oder der Kauf einer Immobilie verändert deine finanzielle Situation und macht eine Neubewertung der Risikolebensversicherung, der Altersvorsorge und der Testamente unerlässlich.

Veränderte Rahmenbedingungen. Externe Faktoren wie Gesetzesänderungen im Erb- oder Steuerrecht oder neue, vorteilhaftere Versicherungstarife beziehungsweise Finanzprodukte können Anlass für eine Anpassung sein, so wie ab den 2000er-Jahren beispielsweise ETFs in Deutschland zugänglich und ab 2018 mit den Neo-Brokern populär wurden.

Umfassende Absicherung ist die Basis, die es uns erst erlaubt, den offensiveren Teil unserer resilienten Finanzstrategie, also den Vermögensaufbau, anzugehen. Und um diese erfolgreich umsetzen zu können, müssen wir vorher wissen, was wir tun. Wir brauchen Finanzkompetenz.

KAPITEL 13

Faktor 6: Finanzkompetenz

Das Leitgewebe eines Baums bringt Nährstoffe und Wasser dorthin, wo sie gebraucht werden. Genau diese strategische Intelligenz braucht auch dein Baum der finanziellen Resilienz. Finanzkompetenz ist das Leitgewebe deines Baums – sie verbindet Boden, Wurzeln, Stamm und Krone und sorgt dafür, dass Geld, Zeit und Energie dort ankommen, wo sie den größten Unterschied machen. Du musst in der Lage sein, Risiken souverän zu managen, in Krisen die richtigen Entscheidungen zu treffen und teure Fehler zu vermeiden. Ohne Finanzkompetenz bleibt dein Baum anfällig. Mit ihr wird er unerschütterlich.

Financial Literacy vs. Finanzkompetenz

In internationalen Studien wie PISA oder der OECD-Analyse zur Financial Literacy wird Finanzbildung oft auf Grundwissen reduziert: Was ist Inflation? Wie funktioniert ein Zinssatz? Die meisten Tests erfassen also nur theoretisches Wissen, nicht aber die Fähigkeit, die eigene finanzielle Lebensplanung kompetent umzusetzen oder in alternativen Szenarien zu denken. Sie testen Produktwissen im Detail – was ist eine Kreditkarte, was ein Girokonto? –, aber nicht das ganzheitliche Zusammenspiel aller Produkte als Werkzeuge einer vorausschauenden finanziellen Lebensplanung.

Was wir stattdessen brauchen, ist Finanzkompetenz: eine Verbindung aus Finanzwissen, Umsetzungskraft, Haltung und emotionaler Reife im Umgang mit Geld.

Finanzwissen. Du kennst dein Einkommen, deine Fixkosten, deine Spielräume und deine Rentenlücke. Du verstehst Märkte, Produkte und Kosten. Du weißt, welche Renditen du brauchst, und denkst kritisch über Risiken und Erwartungen nach.

Umsetzungskraft. Du baust dein persönliches Finanzsystem auf, streust breit, erreichst deine Zielrendite, ohne dabei unvernünftige Risiken einzugehen, und du erkennst Chancen und handelst strategisch entsprechend. Nur angewandtes Wissen ist Macht.

Haltung und emotionale Reife. Du bleibst trotz Unsicherheit handlungsfähig, übernimmst Verantwortung für deine finanzielle Situation, auch in den Dynamiken von Familie und Partnerschaft, löst dich von inneren Blockaden und Denkfehlern (»Das Sparbuch ist sicher«), bist lernbereit und lässt dich nicht von Angst, Gier oder Scham leiten.

Wenn du finanzkompetent bist, denkst du zudem langfristig, lässt dich nicht von kollektiven Fehlannahmen blenden (zum Beispiel Börse = Casino), bist emotional reguliert und erkennst systemische Schwächen, wie etwa das gesetzliche Rentensystem oder ineffiziente oder zu teure Produkte.

Das Vier-Stufen-Modell der Kompetenzentwicklung

Du weißt nicht, was du nicht weißt: Auf dieser Stufe befinden sich die meisten Menschen hinsichtlich ihrer Finanzkompetenz. Den Lernprozess von völliger Unkenntnis über die eigene Unkenntnis bis hin zur automatisierten Meisterschaft bildet das sogenannte

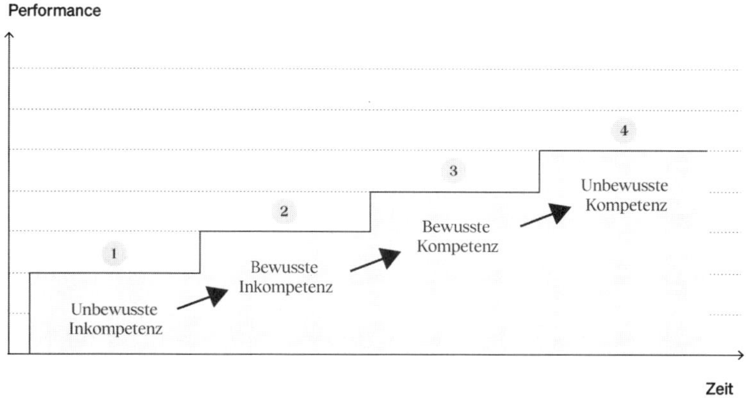

Abb. 9: Das Vier-Stufen-Modell der Kompetenzentwicklung nach Burch

Vier-Stufen-Modell der Kompetenzentwicklung ab, auch bekannt als Conscious Competence Learning Model nach Noel Burch von Gordon Training International (Abb. 9).

Stufe 1: Unbewusste Inkompetenz

Auf der ersten Stufe weißt du noch nicht einmal, dass du etwas nicht weißt oder kannst. Es fehlt also nicht nur die Kompetenz selbst, sondern vor allen Dingen das Bewusstsein über die eigene Inkompetenz. Psychologisch betrachtet ist dies eine kognitive Verzerrung, die in der Forschung als Dunning-Kruger-Effekt bekannt ist. Weil wir unsere Defizite gar nicht kennen, besteht wenig Lernbereitschaft; Veränderungen werden eher abgewehrt oder als irrelevant abgetan.

Der Übergang zur nächsten Stufe passiert daher selten von selbst, oft braucht es einen aufrüttelnden Moment, etwa durch Feedback oder Konfrontation: Jemand (zum Beispiel eine Freundin oder Mentorin) oder etwas (zum Beispiel dieses Buch) macht dich darauf aufmerksam, dass deine Vorstellung von Risiko, Krypto, Altersvorsorge oder Schuldenmanagement nicht stimmt oder dass dich unbewusste Glaubenssätze zurückhalten. Plötzlich stellst du fest: »What?! Das wusste ich ja gar nicht!« Oder du verpasst Chancen, siehst andere erfolgreich investieren, ärgerst dich über die steigenden Preise an der Supermarktkasse oder erlebst, wie ein Finanzprodukt, das dir von vermeintlichen Expert:innen empfohlen wurde, nur Verluste schreibt. Und du willst wissen: »Ey, warum ist das eigentlich so?«

Solche Aha-Momente können unbequem sein, denn sie offenbaren eine Wissenslücke, die dir bislang nicht bewusst war. Womöglich hattest du schon den einen oder anderen bei der Lektüre dieses Buchs. Genau dieses Unbehagen stößt oft den Lernprozess an.

Stufe 2: Bewusste Inkompetenz

Jetzt weißt du immerhin, was du nicht weißt. Auf der zweiten Stufe hast du deine Wissenslücke erkannt, und dir ist klar, dass du eine bestimmte Fähigkeit (noch) nicht beherrschst. Als ich Kraulschwimmen lernen wollte, habe ich in Videos durchaus gesehen, wie es richtig geht. Doch im Wasser war ich der reinste Körperklaus. Und das wochenlang. Diese Stufe ist oft mit Frustration, Scham oder Verunsicherung verbunden, denn unser Selbstbild kann mitunter ins Wanken geraten. Das ist übrigens oftmals der Grund, warum Menschen lieber auf Stufe 1 verharren: Stufe 2 ist schmerzhaft. Gleichzeitig ist diese Erkenntnis notwendig für jedes echte Lernen, denn ohne das Bewusstsein über Defizite kann keine zielgerichtete Entwicklung stattfinden. In dieser Zeit dominiert das Gefühl: »Ich sehe, was ich falsch mache, aber ich weiß noch nicht, wie ich es besser machen kann.«

Der Übergang zur nächsten Stufe gelingt selten von allein, du musst aktiv bleiben und dich verbessern: Du holst dir Rückmeldungen von Menschen, die schon weiter sind, und/oder lässt dich von Impulsen aus Gesprächen, Büchern oder Workshops inspirieren. Wichtig ist hier mentales Durchhalten, denn das alles kann zäh sein. Deswegen holen sich Sportler:innen Trainer:innen und Manager:innen Coaches. Beim Kraultraining zog ich meine Trainingseinheiten eisern durch und sah bald erste Fortschritte.

Stufe 3: Bewusste Kompetenz

Du weißt, was du weißt. Auf der dritten Stufe weißt du, was zu tun ist, und kannst die neue Fähigkeit gezielt einsetzen, doch das erfordert noch viel Konzentration, Aufmerksamkeit und Energie. Diese Phase ist vergleichbar mit dem fortgeschrittenen Lernen eines Musikinstruments oder dem Einüben neuer Gesprächstechniken: Du kennst die Abläufe, musst sie aber noch aktiv abrufen. Nach einigen Wochen konnte ich mich beim Kraulen über Wasser halten und die Bewegungsabläufe klappten gut, aber es war noch kein Automatismus. Der Übergang zur nächsten Stufe braucht immer Zeit und jede Menge Wiederholung. Also: üben, üben, üben.

Stufe 4: Unbewusste Kompetenz

Du weißt nicht, was du weißt. Die vierte Stufe beschreibt das Stadium, in dem die Fähigkeit vollständig verinnerlicht wurde. Du wendest sie ohne bewusste Anstrengung an, sie ist automatisiert und intuitiv geworden. Im Grunde weißt du nicht mehr bewusst, dass du etwas kannst. Ein klassisches Beispiel ist das Autofahren nach einigen Jahren: Man denkt nicht mehr über jeden Handgriff nach, sondern reagiert situativ und sicher. Man spürt Risiken und Chancen, ohne sie jedes Mal neu analysieren zu müssen. Was einst mühsam erlernt wurde, ist jetzt selbstverständlich. Auf dieser Stufe komme ich hoffentlich mit meinem Kraulschwimmen auch irgendwann an …

Weitergedacht, hört das Modell nie auf: Wenn du oben angekommen bist, wartet die nächste Challenge auf dich, bei der du wieder ganz unten beginnst. Denn du kannst beim Thema »Investieren mit Standard-ETFs« auf Stufe 3 oder 4 angekommen sein und gleichzeitig bei fortgeschrittenen Finanzstrategien in der unbewussten Inkompetenz hängen und dort wieder ganz unten anfangen. Das ist die Definition von lebenslangem Lernen: zu erkennen, was man nicht weiß, offen und wissbegierig zu bleiben und den gesamten Prozess erneut zu durchlaufen. Wieder und immer wieder.

Das Paradoxon der Risikoaversion

Ich betrete wieder die Bühne, es ist bereits spätnachmittags. Ein Fahrradhelm mit Madame-Moneypenny-Logo sitzt fest auf meinem Kopf. Einige Teilnehmerinnen kichern leise, andere schauen mich irritiert an. Ich spüre ein Zögern im Saal und viele Fragezeichen. So soll es sein. Ich gehe bis zur Mitte der Bühne, nehme den Helm ab und lege ihn auf den kleinen Beistelltisch neben mir.

»Was ist Risiko für euch? Ruft eure Antworten einfach rein.«

»Alles verlieren«, kommt prompt aus der ersten Reihe. »Pleite gehen!«, etwas weiter hinten. »Totaler Depotcrash«, »Kein Geld mehr«, »Gefahr« und andere Wortmeldungen. Die Stimmen überlappen sich, fließen ineinander. Ich nicke.

»Ja, diese Antworten bekomme ich fast immer. Und ich verstehe sie. Denn so denken viele Menschen über Risiko. Risiko ist eine Bedrohung. Eine rote Warnleuchte. Etwas, das man meiden muss, um sicher zu sein. Besonders uns Frauen wird das häufig von klein auf eingetrichtert: Sei vorsichtig, kletter den Baum nicht zu weit hoch, geh besser kein Risiko ein. Dabei ist das beim Investieren eine der größten Fehlannahmen überhaupt! Wer finanzkompetent und finanziell resilient werden will, muss eines der zentralsten Missverständnisse erkennen und überwinden: das tief verankerte, aber falsche Verständnis von Risiko, wenn es um Geld und persönliche Finanzen geht. Oft wird Risiko bei Investments automatisch als die Wahrscheinlichkeit eines Totalverlusts verstanden. Als könnte man sein gesamtes Geld verlieren – jederzeit. Das ist die größte Angst vieler Menschen und auch der Grund, warum viele gar nicht oder zu defensiv investieren. Aber für Finanzexpert:innen bedeutet Risiko etwas anderes: Schwankungen. Nicht mehr und nicht weniger.«

Ich gehe ein paar Schritte auf der Bühne, bevor ich weiterspreche.

»Wenn ein Anlageprodukt, zum Beispiel ein ETF, als risikoreich gilt, heißt das nicht, dass die Gefahr eines Totalverlusts hoch ist. Bei breit gestreuten Anlagen ist das sogar extrem unrealistisch, zumindest solange wir uns an die Grundregeln halten. Was stattdessen korrekterweise mit Risiko gemeint ist, ist das Maß der Schwankung, also wie stark die Kurse bei einem Investment nach unten oder auch nach oben ausschlagen. Das ist erst mal verwirrend, denn auch eine starke positive Entwicklung – also eine große Schwankung nach oben – gilt als hohes Risiko. Weil es eben einen großen Ausschlag gibt, in dem Fall halt nach oben. Eine hohe Risikozahl auf einem Produktinformationsblatt heißt demnach nicht automatisch: ›Achtung, Gefahr!‹ Sondern einfach nur: ›Dieses Investment kann stark schwanken.‹«

Ich halte kurz inne.

»Es ist ganz wichtig, das *wirklich* zu verstehen«, betone ich. »Diese Schwankungen sind gar kein Risiko im Sinne von ›Ich verliere mein ganzes Geld!‹, sondern die natürlichen Wellenbewegungen, das Auf und Ab der Märkte und damit die Grundvoraussetzung für Rendite. Mehr Schwankung bedeutet mehr Renditepotenzial. Weniger Risiko bedeutet weniger starke Wellen und damit weniger Renditepotenzial. Weil Finanzprofis diese Schwankungen unglücklicherweise ›Risiko‹ nennen, müssen wir diese Erkenntnis neu verknüpfen: Risiko bringt Rendite. Wir *wollen* Rendite, um unser Ziel zu erreichen, also brauchen wir Risiko. Fakt ist: Es gibt keine risikofreie, also schwankungsfreie Rendite. Das ist auch die Erklärung, warum Riester nicht funktioniert: Gesetzliche Regelungen schützen uns vor Risiko und somit auch vor Rendite.«

Ein Raunen geht durch den Saal. Ich weiß, dass diese Erkenntnis für viele ein Aha-Moment ist. Ich mache eine kurze Pause und lasse den Blick durch die Reihen schweifen. Viele schreiben mit. Einige nicken. Eine Frau in der dritten Reihe hält inne, sieht nachdenklich auf.

»Was viele nicht wissen – und das meine ich nicht abwertend, sondern im Sinne von unbewusster Inkompetenz: Nur weil das Depot mal rot ist, hat man noch keinen Verlust gemacht. Die Aktien sind in dem Moment weniger wert als zum Zeitpunkt des Kaufes. Das war's aber auch schon. Der Verlust ist theoretisch. Es besteht nach wie vor die Chance, dass die Kurse wieder steigen. Was sie historisch gesehen über lange Zeiträume auch tun. Aber: Wer in diesem Moment verkauft, realisiert den Verlust. Dann – und nur dann! – ist das Geld verloren. Hier liegt auch die Gefahr des Totalverlusts: im eigenen

Tun. Aber nicht in der bösen Börse. Ein Verlust mit einem wirklich breit gestreuten Aktien-ETF bei langer Haltedauer ist nicht möglich. Punkt. Die Wahrscheinlichkeit eines positiven Ergebnisses beim S&P 500, dem Leitindex der USA, liegt beispielsweise bei einem Jahr bei etwa 75 Prozent, bei zehn Jahren bei knapp 95 Prozent.[1] Und Achtung: Dabei ist es *egal*, welche zehn Jahre man betrachtet, also trotz aller Krisen, Kriege, Pandemie. Das bedeutet eine 95-prozentige Chance auf eine positive Rendite! Wo sonst abseits des Aktienmarkts gibt es eine so hohe Chance auf Gewinn?!«

Ich sehe förmlich, wie es in einigen Köpfen bereits heftig rattert.

»Ist das nicht verrückt? Man hört ständig: ›Börse ist wie Roulette und man verliert dabei zwangsläufig.‹ Statistisch gesehen ist das aber gar nicht möglich, wenn man die Grundregeln befolgt. In so ein Casino würden eigentlich alle rennen, wenn da nicht die unbewusste Inkompetenz wäre. Viele stecken bei diesem Thema noch auf Stufe 1 fest: Sie halten Risiko für den sicheren Verlust und meiden Investments. Diese Zurückhaltung verhindert oft, dass sie ihre finanziellen Ziele erreichen, allen voran ihre Rentenlücke zu schließen. Denn wer aus Angst vor Risiko gar nicht oder in sichere, also schwankungsarme und somit renditeschwache Produkte investiert, tauscht ein gefühltes Risiko gegen ein reales: schleichender Wertverlust, Altersarmut, verpasste Lebensziele.«

Ich spreche langsam, betont: »Und genau deshalb muss der Satz ›Ich bin risikoavers, ich investiere nicht‹ umgedreht werden in: ›Ich bin risikoavers, *deshalb* investiere ich.‹ Wer sein Geld *nicht* investiert, verliert es real und setzt seine finanzielle

Zukunft aufs Spiel. Ein Beispiel: Wer 10000 Euro auf dem Tagesgeldkonto liegen lässt, verliert bei einer Inflation von 2 Prozent pro Jahr in 30 Jahren fast die Hälfte der Kaufkraft – übrig bleiben inflationsbereinigt nur rund 5500 Euro. Aber das ist nicht alles. Hätte das Geld stattdessen im Durchschnittsrenditebereich breit gestreuter Aktienanlagen, also rund 8 Prozent pro Jahr, gearbeitet, läge der reale Wert bei etwa 55000 Euro. Der Unterschied: knapp 50000 Euro. Das ist der Preis des Nichthandelns.«

Erneut geht ein Raunen durch den Saal.

»Unsere Bereitschaft, Risiken einzugehen, ist über unser Leben hinweg erstaunlich konstant. Aber unsere Fähigkeit, es zu managen, wächst. Mit Erfahrung, mit Kompetenz. Je mehr ihr versteht, je mehr Marktzyklen ihr erlebt habt, desto gelassener werdet ihr sein. Und desto souveräner könnt ihr in risikoreichere, also renditestärkere Anlageklassen investieren.«

Auf der Leinwand erscheint die nächste Slide: die drei Arten des Anlagerisikos. Nacheinander werden sie eingeblendet.

»Worin liegt eigentlich genau das Risiko beim Investieren? In der typischen Finanzwelt gibt es zwei Arten von Risiko: das einzelner Aktien und das ganzer Märkte, zum Beispiel des gesamten Aktien- oder Immobilienmarkts. Doch ich bin der Meinung, dass es noch ein drittes gibt, und das ist sogar das spielentscheidende. Schauen wir uns das mal im Einzelnen an.

Erstens: das unsystematische Risiko, also wie sehr eine einzelne Aktie im Vergleich zum gesamten Aktienmarkt schwankt, etwa aufgrund eines Bilanzskandals bei einem Konzern oder des Niedergangs einer Kryptowährung. Die gute Nachricht: Dieses Risiko lässt sich durch eine breite Streuung innerhalb einer Anlageklasse nahezu vollständig eliminieren, indem wir zum Beispiel in einen breit gestreuten Aktien-ETF investieren. Wenn eins von 1400 Unternehmen abstürzt, gleichen die anderen 1399 diesen Verlust komplett aus.

Zweitens: das systematische Risiko, also das Schwanken eines ganzen Markts, zum Beispiel des Aktienmarkts. Es entsteht durch makroökonomische Faktoren, die alle Aktiengesellschaften gleichzeitig betreffen, wie eine globale Rezession, eine hohe Inflation, eine Pandemie oder weitreichende politische Umbrüche. Dieses Risiko ist die Flut, die alle Boote hebt oder senkt. Für das Tragen dieses Risikos werden wir als Anleger:innen langfristig durch Rendite belohnt. Und wir begegnen ihm mit Geduld und einer breiten Diversifikation über verschiedene Anlageklassen. Wer finanzkompetent ist, nutzt bei einer Krise des Aktienmarkts die gleichzeitigen Chancen in anderen Assetklassen, wie zum Beispiel Rohstoffe, und wird so finanziell resilienter.«

Ich trete einen Schritt näher zum Rand der Bühne.

»Und drittens – und das ist das, was in der typischen Finanzwelt ignoriert wird: das verhaltensbedingte Risiko. Also das Risiko aufgrund unserer eigenen Fehlentscheidungen. Die Verhaltensökonomik hat eindrücklich gezeigt, dass die größten Verluste oft durch irrationale, emotional getriebene Entscheidungen der Anleger:innen selbst entstehen. Also durch den Blödsinn, den wir machen, wie Panikverkäufe im Crash, gieriges Nachjagen von Trends, Selbstüberschätzung oder das Verfallen in eine Schockstarre. Gegen dieses Risiko helfen Finanzkompetenz, Selbstregulation und ein klares, regelbasiertes Framework auf Basis einer Strategie, zum Beispiel der Core-

Satellite-Strategie. Ein vernünftiger Plan schützt uns vor emotionalen Kurzschlussreaktionen. Was wir brauchen, ist nicht weniger Risiko, sondern ein *besseres* Risikomanagement. Positive Asymmetrien. Situationen, in denen das Verlustrisiko begrenzt ist und das Gewinnpotenzial deutlich höher als das Verlustpotenzial. Und: in denen die Wahrscheinlichkeit auf Gewinn höher ist als auf Verlust.«

Ich gehe langsam zur Bühnenmitte zurück, nehme den Fahrradhelm und halte ihn hoch über meinen Kopf.

»Und damit kommen wir zu diesem Ding hier. Was hat ein Fahrradhelm mit eurem Geld zu tun? Mehr als ihr denkt. Der Aufwand, ihn zu tragen, ist minimal. Es kostet wenige Sekunden Zeit, vielleicht etwas platte Haare, und in der Anschaffung liegt er meist unter 100 Euro. Im Ernstfall entfaltet sich die Asymmetrie mit voller Wucht. Der potenzielle Verlust: ein kaputter Fahrradhelm. Der potenzielle Gewinn: überleben. Das ist eine positive Asymmetrie. Und genau das bietet uns der Aktienmarkt, wenn wir langfristig dabeibleiben. Wenn wir nur lang genug investiert bleiben, ist die Gewinnchance immer vielfach größer als die Verlustwahrscheinlichkeit. Historisch betrachtet: Bei einem Investment in den MSCI World hätte man im schlechtesten 20-Jahres-Zeitraum immer noch 2,2 Prozent Rendite pro Jahr erwirtschaftet, in den besten 20 Jahren sogar 15,4 Prozent! Einen Verlust gab es nie. Deutlich mehr Upside als Downside – und selbst die Downside ist noch positiv. Das ist positive Asymmetrie. Um ihren Nutzen zu maximieren, müssen wir zwei Dinge tun: in der Krise smart investieren und ein finanziell resilientes Portfolio aufbauen, das über ETFs hinausgeht.«

Dann setze ich den Helm wieder auf, klopfe ein paarmal darauf und blicke lächelnd in die Runde.

»Sieht nicht sehr stylisch aus, ist aber sinnvoll. Genau wie eure Finanzkompetenz. Also, haltet die Augen offen nach positiven Asymmetrien!«

Vermögensaufbau in der Krise

Sowohl im Coronacrash als auch im Zollcrash konnte ich zwei Typen von Anleger:innen beobachten: diejenigen, die aus Panik verkauften, und diejenigen, die aktionistisch aus FOMO irgendetwas kauften. Die Verkäufer:innen realisierten einen Verlust, den Käufer:innen unterliefen vermutlich langfristige kostspielige Fehler wie Überlappungen, hohe Transaktionskosten oder eine unabsichtliche Verschiebung der Asset Allocation und des Risikoprofils. Auch hier zeigte sich: Vorbereitet zu sein, hilft.

Anstatt sich mitten im Crash, also mit äußerst viel Stress im Nervensystem, weil das Depot 20 Prozent im Minus ist, zu überlegen, was zu tun ist, ist es viel förderlicher – für die Nerven und das Vermögen –, bereits vorab gewappnet zu sein.

Die positive Asymmetrie in der Krise

Vermögen wird in Krisen gemacht. Warum? Weil die Kurse niedrig stehen und die Aktien somit günstig zu haben sind. Der Kurs einer Aktie ist ja nichts weiter als der Preis einer Aktie. Ganz konkret: Du bekommst für das gleiche Geld mehr Anteile.

Es ist wie bei jeder Preissenkung. Angenommen, du hast ein Budget von 10 Euro. Wenn ein Apfel 5 Euro kostet, bekommst du

2 Äpfel. Wenn ein Apfel dank eines Rabatts nur 1 Euro kostet, bekommst du 10 Äpfel. Gleiches Budget, größerer Warenkorb. Äpfel kannst du einmal essen, Aktien hingegen schaffen Vermögen und steigen im Wert. Im Crash kaufst du also mehr Anteile, die pro Anteil in der Folge ohne dein Zutun mehr Vermögen schaffen. Nur an der Börse laufen die Kund:innen panisch davon, wenn es ein Sonderangebot gibt. Merke: Börsencrashs sind der neue Black Friday. Der Punkt der größten Verzweiflung ist gleichzeitig der Punkt der maximalen finanziellen Chance (siehe Abb. 10).

Und genau darin liegt auch die positive Asymmetrie. Wir haben gelernt, dass über einen langfristigen Zeitraum quasi keine Verluste möglich sind mit breit gestreuten Aktienfonds; die Downside ist also limitiert. Nun sind in der Krise die Kurse bereits unten, was die potenzielle Upside maximiert. Irgendwann gehen die Kurse wieder nach oben und übersteigen ihr vorheriges Hoch. Das ist immer so. Heißt: Du hast im Crash effektiv nur noch eine supergeringe Downside (Kurse sind bereits unten), während die potenziellen Gewinne ab dem Tiefpunkt äußerst hoch sind. Zudem ist die Wahrscheinlichkeit, dass du langfristig mehr Gewinne als Verluste machst, exorbitant hoch in dieser Phase.

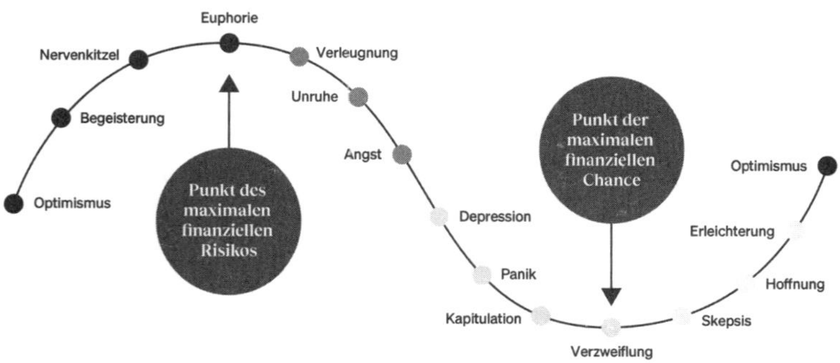

Abb. 10: Das emotionale Auf und Ab

Der Crashbonus

Nach dem Coronacrash hörte ich sehr häufig den Satz: »Hätte ich doch nur im Coronacrash investiert …« Die Zahlen zeigen: Diese Reue ist begründet. Wer am Tiefpunkt im März 2022 in einen ETF auf den MSCI-World Index investiert hat, hat nach 5 Jahren und 5 Monaten 130 Prozent (!) Rendite gemacht.[2] Mehr als verdoppelt in nur fünfeinhalb Jahren! Normalerweise dauert das 10 bis 12 Jahre. In Krisen ergibt sich also eine Chance, verlorene Jahre aufzuholen beziehungsweise schneller ans Ziel zu kommen. 130 Prozent Gewinn nach fünfeinhalb Jahren machen aus 10 000 Euro 23 000 Euro und aus 100 000 Euro 230 000 Euro. Werden diese 230 000 Euro weitere 17 Jahre zu 9 Prozent pro Jahr investiert, ergibt das 1 Million Euro. Wohlgemerkt: ohne einen einzigen weiteren Cent einzahlen zu müssen. Wer Sparen doof findet, sollte also smart investieren. Ohne diesen Booster in den ersten fünfeinhalb Jahren ergäben sich rund 665 000 Euro, der »Crashbonus« würde demnach etwa 355 000 Euro betragen.

Zugegeben, dieses Szenario ist höchst theoretisch, weil es äußerst schwierig bis unmöglich ist, den absolut idealen Kaufzeitpunkt zu erwischen. Dennoch: Selbst wenn man nicht zum perfekten Zeitpunkt investiert hat, waren die Renditen enorm. Wer am ersten Tag des Crashs, am 20. Februar 2020, investiert hätte – also vor dem Tiefpunkt –, hätte in fünfeinhalb Jahren rund 93 Prozent Rendite gemacht.

Nicht verkaufen – niemals?

Historische Korrektur- und Crash-Analysen am S&P 500 zeigen eindrücklich die Vorteile davon, im Crash nicht zu verkaufen, denn die Durchschnittsrendite zwölf Monate nach einer Korrektur beträgt 49 Prozent (!).[3] Vermögen wird in Krisen gemacht. Die Top-Performance-Tage kamen oft kurz nach den schlechten Tagen und die besten Tage lagen alle in Bärenmärkten oder Rezessionen.[4] Zum Beispiel ereigneten sich 3 der besten 30 Tage und 5 der schlechtesten 30 Tage alle zwischen dem 9. und 18. März 2020.[5] Das sind nur 8 Handelstage! Und jetzt kommt der Knaller: Wenn du die 10 besten Handelstage in einem 10-Jahres-Zeitraum verpasst, entgehen dir 50 Prozent deines potenziellen Endvermögens. Wenn du die 30 besten Tage verpasst, machst du Verlust. Read that again. Niemand weiß, wann diese 10 oder 30 Tage auf 10 Jahre sind! Niemand weiß, ob es morgen hoch- oder runtergeht, wann der Tiefpunkt des Crashs erreicht ist und ob nächsten Dienstag ein Top-Performance-Tag sein wird oder nicht. Die einzige Chance, die Top-Performance-Tage zu erwischen, ist, alle Tage mitzunehmen. In guten wie in schlechten Zeiten sozusagen.

Dennoch halte ich die simple Regel »Im Crash niemals verkaufen und niemals deinen Sparplan stoppen« für zu pauschal. Sie gilt nur für Investor:innen, die über ausreichend Finanzkompetenz und ein entsprechend strategisch sinnvolles Portfolio verfügen. Wobei sie sich diese Frage überhaupt nicht stellen – eben weil sie so finanzkompetent sind. Solltest du dir in einem Crash die Frage stellen, ob du verkaufen sollst oder nicht, darfst du diese innere Unruhe und Angst als Zeichen dafür werten, dass es Lücken gibt, sowohl in deiner Finanzkompetenz als auch bei deiner Planung und Umsetzung. In dem Fall kann es sinnvoll sein, Sparpläne zu stoppen (für das eigene Wohlbefinden), gewisse Assets zu verkaufen und umzuschichten. Gerade wenn eine Assetklasse besonders günstig ist, lassen sich Überlappungen auflösen, indem man zwar günstig verkauft, aber auch günstig einkauft.

Typische Fehler beim Investieren

Das verhaltensbedingte Risiko ist keine abstrakte Theorie. Es manifestiert sich in klassischen Fehlern, die in jeder Krise aufs Neue Tausende von Euro vernichten und Anleger:innen davon abhalten, Vermögen aufzubauen.

Überschneidungen im Depot haben

Als es im April 2025 an den Börsen plötzlich bergab ging, weil US-Präsident Trump seine Strafzölle angekündigt hatte, bekam ich verzweifelte Nachrichten wie diese: »Mein Depot ist 30 Prozent im Minus, was soll ich tun?« Dabei war der MSCI World im selben Zeitraum nur um rund 6,6 Prozent gefallen. Wie kann es sein, dass einzelne Depots derart abstürzen, obwohl auch dort ETFs enthalten sind, vermeintlich breit diversifiziert und passiv investiert wird? Ganz einfach: Vielen ist nicht bewusst, wie breit oder eng sie tatsächlich investiert sind und ob es in ihrem Depot Überschneidungen gibt, die die vermeintliche Diversifizierung killen. Sie glauben, sie seien breit diversifiziert und hätten ihr Risiko minimiert, weil sie mehrere ETFs halten. Doch das genaue Gegenteil ist oft der Fall: Durch Überschneidungen entsteht ein Klumpenrisiko, das jede Schwankung, auch die nach unten, potenziert.

Grundsätzlich kann es gut sein, in mehrere ETFs zu investieren, wenn man dadurch breiter diversifiziert. Wenn das aber zum Beispiel MSCI World, S&P 500 und Nasdaq 100 sind, sieht das auf dem Papier zunächst nach breiter Streuung aus – schließlich enthalten diese Indizes zusammen über 2000 Unternehmen. Doch die Realität ist eine andere, denn diese Indizes überschneiden sich massiv. Im August 2025 zum Beispiel war Microsoft im MSCI World mit etwa 5 Prozent enthalten, im S&P 500 mit rund 7,5 Prozent und im Nasdaq 100 noch mal mit 10 Prozent. Man investiert also drei Mal in Microsoft. Wenn der Kurs von Microsoft sinkt, zieht es in der Folge das Depot mehr nach unten, als wenn man nur einen dieser ETFs hätte.

Wer bewusst so einen Tech-Überhang im Depot möchte: fair enough. Dann muss man die Schwankungen aber auch erwarten und aushalten. Dieses USA-Tech-Beispiel ist nur eines von vielen. Solche Überschneidungen gibt es in unzähligen ETF-Kombinationen.

Den MSCI World für eine Strategie halten

Ich erlebe immer häufiger, dass Anleger:innen heutzutage »mal eben schnell« in einen ETF investieren. Es ist ja auch so simpel: Broker aussuchen, Depot eröffnen, und mit ein paar Klicks ist ein ETF-Sparplan angelegt, gerne auf den MSCI World. In den letzten Jahren ist diese Vorgehensweise gut gegangen, einfach weil wir von 2009 bis 2022 – abgesehen von einem heftigen, aber nur sehr kurzen Coronaknick – die längste Börsenrally aller Zeiten hatten. Doch in turbulenteren Zeiten reicht das einfach nicht. Der MSCI World war noch nie eine eigene »Strategie«. Er ist ein Index, nicht mehr und nicht weniger. Und ein ETF auf diesen Index ist demnach ein einzelnes Finanzprodukt. In keiner ernsthaften Finanzstrategie der Welt lautet die Ansage: »Mach einfach nur ein Finanzprodukt und alles wird immer gut.«

Das vermutlich größte Missverständnis beim MSCI World ist, dass dieser Index die *ganze Welt* abdeckt, steckt ja schließlich im Namen. Aber das ist falsch! Der MSCI World bildet die größten Unternehmen in 23 Industrieländern ab, aber Südkorea, China oder Indien sind zum Beispiel gar nicht enthalten.

Was ich damit sagen will: Um dich finanziell resilient aufzustellen, brauchst du deutlich mehr als einen ETF-Sparplan (oder zwei). Du brauchst strategische Strukturen, und vor allem musst du anfangen, erwachsene Geldentscheidungen zu treffen, statt schnell, schnell in irgendetwas zu investieren (mehr dazu in Kapitel 14).

Zu wenig Rendite machen

In einem meiner kostenlosen Online-Trainings fragte mich eine Teilnehmerin: »Ich habe die letzten zwei Jahre nur 2 Prozent Rendite gemacht. Was mache ich falsch?« Immerhin kannte sie ihre Rendite, viele haben keinen blassen Schimmer. Und dass diese nicht gerade üppig war, war ihr ebenfalls klar. Zum Vergleich: Ich habe in den letzten zwei Jahren gut 17 Prozent Rendite pro Jahr gemacht. Also, woran kann das liegen?

Ich bin froh um jede Frau, die beschließt, *überhaupt* zu investieren; das ist grundlegend eine gute Entscheidung. Schade, nein, regelrecht dramatisch ist aber, dass viele auf Produkte setzen, die viel zu wenig bringen. Weil ihnen zum Beispiel nicht klar ist, dass es ETFs gibt, die »absichtlich« sehr geringe Renditen abwerfen, wie etwa Staatsanleihen-ETFs. Wer dort 1,5 Prozent Rendite macht, denkt vermutlich, das wäre schon gut. Aber nach Inflation ist das real negativ. Zur Klarstellung: Solche ETFs haben durchaus ihre Berechtigung im Depot, aber mit einer ganz anderen Funktion. Sie bringen Sicherheit, keine Rendite.

Oder nehmen wir konservative Misch-ETFs, also eine Kombination aus Anleihen und Aktien. Diese werfen vielleicht 3 bis 4 Prozent jährlich ab. Das ist aber deutlich weniger als das, was viele Frauen brauchen, um genug Vermögen im Alter zu haben. Die Marktrendite bei einem Investment zu 100 Prozent in Aktien, zum Beispiel über Aktien-ETFs, liegt historisch bei 7 bis 9 Prozent pro Jahr. Du willst ein ausreichendes Vermögen aufbauen, um in der Rente davon leben zu können. Wenn du dabei zu wenig Rendite machst, reicht es aber am Ende nicht. Das Resultat: Altersarmut.

Schauen wir uns das mal mit konkreten Zahlen an.

500 Euro pro Monat, über 30 Jahre investiert, ergeben vor Inflation und Steuern:

- bei 2 Prozent Rendite ca. 246 000 Euro,
- bei 6 Prozent Rendite ca. 489 000 Euro,
- bei 8 Prozent Rendite ca. 709 000 Euro.

Zwischen 2 Prozent und 8 Prozent Rendite liegen mehr als 450 000 Euro Unterschied! Und selbst zwischen 6 Prozent und 8 Prozent ergibt sich eine Differenz von über 200 000 Euro. Zwei Prozentpunkte, die du leicht verfehlen kannst, weil du den falschen ETF gewählt hast, zu viele Gebühren bezahlst oder zu konservativ investierst.

Das Bittere: Viele wissen gar nicht, dass sie zu wenig Rendite machen. Sie denken, sie haben alles richtig gemacht, weil sie einen ETF-Sparplan haben. Aber ohne Strategie, Risikokompetenz, ohne Wissen über die Zusammensetzung, über die Funktion einzelner ETFs, über Assetklassen und deren historische Performance ist das einfach nicht genug. Das sehen wir bei vielen Frauen, die in unsere Programme kommen und bereits investiert sind: Sie machen im Schnitt 2 bis 4 Prozent Rendite pro Jahr, obwohl sie eigentlich 8 Prozent machen müssten.

Aktive Fonds einzeln oder im teuren Versicherungsmantel kaufen

Als ich mich mit Mitte 20 mit meinem ersten Unternehmen selbstständig machte, stand ich vor der Entscheidung, ob ich weiterhin in die gesetzliche Rentenversicherung einzahlen sollte. Schon damals hatte ich kein besonders großes Vertrauen in das deutsche Rentensystem, denn mir war klar, dass es so nicht zukunftsträchtig sein konnte. Ich entschied mich also dagegen und ging zu einer Beratung, die »kostenlos und unabhängig« war. Eine Beraterin einer bekannten großen Beratungsfirma verkaufte mir eine private Rentenversicherung. Was genau da drinsteckte, wusste ich nicht. Ich hatte zu der Zeit kaum finanzielle Bildung, keine Ahnung von Kostenstrukturen oder Vertragsbedingungen und verließ mich auf das, was mir gesagt wurde. Sie war schließlich die Expertin. Und so zahlte ich jahrelang brav ein, ohne die grundlegenden Fragen zu stellen: »Was kostet mich das eigentlich?«, »Wie funktioniert das Produkt genau?« Und vor allem: »Wenn diese Beratung kostenlos ist, wovon leben dann diese Leute?!« Erst viele Jahre später, nachdem ich begonnen hatte, mich intensiver mit Geldfragen zu beschäftigen, und kritisch nachhakte, erfuhr ich: Die Gesamtkosten dieser fondsgebundenen Rentenversicherung beliefen sich auf satte 18 000 Euro. Solche Produkte haben oft 2 bis 3 Prozent Verwaltungskosten pro Jahr, dazu Abschlusskosten von 5000 bis 10 000 Euro (manchmal sogar noch mehr!). Ach ja, und weitere laufende Kosten kommen gegebenenfalls obendrauf. Da kann man sein Geld auch gleich anzünden.

Ich dachte damals, ich würde monatlich 300 Euro in meine Rente investieren, doch in Wahrheit floss ein erheblicher Teil meines Geldes als Provision an die Beraterin. Eine bittere Erkenntnis. Denn sie war nicht unabhängig, sondern eine Maklerin, die eine Provision für jeden Verkauf eines Produkts erhielt. Sie hatte mir also diese Versicherung verkauft und wurde dafür vom Versicherungsunternehmen bezahlt. Das Geld dafür wurde von meinen Beiträgen abgezogen. Es handelt sich hier um einen glasklaren, systemischen Interessenkonflikt: Je mehr Verträge sie verkaufen, je höher der Monatsbeitrag ist, desto mehr Geld erhalten sie an Provision. Allein aus diesem Grund gibt es Omis mit drei Riester-Verträgen an der Backe.

Hast du auch so eine teure Versicherung abgeschlossen? Höchstwahrscheinlich. Vor allem wenn du nichts für die »Beratung« an sich bezahlt hast, zahlst du indirekt über deine Beiträge. Erfahrungsgemäß lohnt es sich, bereits bestehende Vorsorgeverträge unabhängig einschätzen zu lassen und eine klare Handlungsempfehlung zu erhalten. 99 Prozent der Verträge, die ich im Mentoring-Programm sehe und von unserem Team prüfen lasse, sind Geldvernichtungskonstrukte.

Meine Maklerin versuchte mir zusätzlich eine ganze Reihe aktiver Fonds zu verkaufen – dabei sind sie versteckte Renditekiller mit hohen Gebühren, intransparenten Strukturen und dem fadenscheinigen Versprechen, besser zu performen als passive ETFs. Das ist Fake News. Studien zeigen, dass über 85 Prozent aller aktiv gemanagten Fonds nach Kosten dauerhaft eben nicht besser abschneiden als passive Vergleichsindizes.[6] Und selbst wenn es ein paar gibt, die das wirklich schaffen: Wie groß ist die Chance, dass ausgerechnet der, den du – seien wir ehrlich: zufälligerweise – erwischt hast, genau ein solcher ist und über die nächsten 30 Jahre auch bleibt? Die Wahrscheinlichkeit liegt bei deutlich unter 10 Prozent, wie zwei groß angelegte Studien belegen.[7]

Wie die Geldvernichtung mit aktiven Fonds passiert? Schauen wir uns dazu ein Beispiel an. Nehmen wir für beide Varianten eine Sparrate von 500 Euro pro Monat an, die Anlagedauer beträgt 30 Jahre.

	Passiver ETF	**Aktiver Fonds**
Durchschnittliche Bruttorendite	7% p. a.	7% p. a.
Kosten	Gesamtkostenquote (TER): 0,3% p. a.	Verwaltungskosten: 1,8% p. a. Ausgabeaufschlag: 5% auf jede Einzahlung
Nettorendite	6,7% p. a.	5,2% p. a.
Endvermögen	rund 556 000 €	rund 403 000 €

556 000 Euro vs. 403 000 Euro. Das ist ein Minus von 153 000 Euro. Wohlgemerkt: Nicht wegen anderer Märkte oder Risiken, sondern allein wegen höherer Kosten. Und das ist dem aktiven Fonds gegenüber sogar noch wohlwollend gerechnet. Oftmals liegen viele dieser Produkte sogar unter 5 Prozent Nettorendite (also Marktrendite minus Kosten).

Kurzfristig mag es einfacher wirken, so ein Versicherungs- oder Anlageprodukt zu kaufen. Man hat das Thema vom Tisch, »Expert:innen« kümmern sich darum. Und die haben das schließlich gelernt (und performen dennoch schlechter als ein ETF!). Langfristig ist es das Gegenteil. Noch mal: Du bezahlst jemanden, damit er es besser macht als du. Doch der ist teuer und macht es schlechter, als du es selbst machen würdest. Du verzichtest auf rund 30 Prozent deines langfristigen Vermögens, in unserem Rechenbeispiel schmerzhafte 153 000 Euro, nur weil du nicht selbst investierst, sondern es jemand anderem überlässt, der sein Geld mit deinem Geld verdient. Hinzu kommt die Intransparenz, das Kleingedruckte. Und das unangenehme Gefühl, nicht zu wissen, was da eigentlich genau passiert. Oft sind aktive Fonds in Versicherungsprodukte integriert, die du nicht so einfach wieder verkaufen kannst. Wenn du aus solchen Konstrukten rauswillst, ist das oft noch mit Vertragsstrafen, Sperrfristen oder komplizierten Kündigungswegen verbunden. Braucht kein Mensch.

Falls du bereits in aktive Fonds investierst, hast du höchstwahrscheinlich bereits Geld verbrannt und tust es weiterhin. Die gute Nachricht: Wenn du ab sofort vernünftig investierst – also ohne horrende Gebühren und mit mehr Rendite –, musst du unter Umständen gar nicht viel mehr sparen und investieren als bisher. Deine Gesamtrechnung dürfte besser ausfallen, weil du aus dem gleichen Betrag mehr machst als mit deiner aktuellen Strategie. Achtung: Es gibt übrigens auch aktive ETFs und sogar Mischformen! Also besser checken, ob du wirklich in kostengünstige, passive ETFs investiert bist.

Den Bedarf falsch kalkulieren

Häufig ist das Problem eine mangelhafte oder schlicht nicht vorhandene Bedarfsplanung für die Rente. Keine Planung ist gefährlich. Fast noch gefährlicher ist aber eine, die dich in falscher Sicherheit wiegt. Selbst wenn Frauen sich an Finanzcoaches oder Berater:innen gewandt haben, die sich als »erfahrene Expert:innen« anpreisen, klaffen mitunter riesige Lücken in der Planung aufgrund von Fehlannahmen zur späteren Rente, insbesondere durch nicht oder falsch berücksichtigte Inflation und Steuern sowie zu hohe Renditeerwartungen im Ruhestand.

Wenn du im Alter jeden Monat 2000 Euro zur Verfügung haben möchtest, reicht es nicht, nur diesen Betrag zu planen. Denn Geld verliert durch die Inflation mit der Zeit an Kaufkraft. Bei 2 Prozent Inflation pro Jahr brauchst du in 30 Jahren fast 3600 Euro im Monat, um dir das Gleiche leisten zu können wie heute mit 2000 Euro. Wer das nicht berücksichtigt, macht einen gefährlichen Denkfehler. 2000 Euro heute sind nicht 2000 Euro in 30 Jahren, sondern deutlich weniger wert. Dein Geld wird nicht reichen. Punkt.

Manche rechnen die Inflation auch nur bis zum Renteneintritt mit ein, als würde sie danach auf magische Weise verschwinden. Du lebst hoffentlich noch 15 bis 30 Jahre oder länger, und auch in dieser Zeit steigen die Preise weiter. Wer nur bis zum Renteneintritt rechnet, unterschätzt also seinen tatsächlichen Kapitalbedarf im höheren Rentenalter dramatisch. Das Resultat ist erneut: Das Geld wird nicht reichen.

Hinzu kommt: ETF-Verkäufe unterliegen der Abgeltungssteuer auf Kursgewinne, die aktuell inklusive Solidaritätszuschlag 26,375 Prozent beträgt. Gegebenenfalls kommt noch Kirchensteuer dazu.

Den entsprechenden Betrag musst du demzufolge abziehen, wenn du kalkulierst, wie viel Geld du wirklich monatlich netto zur Verfügung haben wirst. Die Steuer fällt zusätzlich zur Inflation ins Gewicht und viele vergessen sie oder rechnen sie an der falschen Stelle mit ein.

Viele kalkulieren mit 8 Prozent Rendite pro Jahr, auch für die Zeit nach dem Renteneintritt. Aber das ist gefährlich. Denn in dieser Phase brauchst du das Geld verlässlich und es darf keinen großen Schwankungen unterliegen (jedenfalls nicht das komplette Vermögen). Wichtig sind planbare Auszahlungen, mehr Sicherheit, und damit sinkt logischerweise die Rendite. Deshalb ist es wichtig, das Portfolio rechtzeitig vor dem Renteneintritt schrittweise umzustellen, Schwankungen rauszunehmen und sichere Reserven aufzubauen. Eigentlich klar.

Warum rechnen einige Coaches und Berater:innen dennoch mit zu viel Rendite in der Rentenphase? Weil es verlockend aussieht. Weniger sparen, weniger Risiko, und trotzdem reicht es am Ende. Auf dem Papier nur durch Denk- und Rechenfehler, im echten Leben gar nicht. Und genau hier beginnt das nächste Problem: Die falsch kalkulierte Rendite zieht eine ebenso falsch kalkulierte Sparrate nach sich.

Die Sparrate zu gering ansetzen

Immer wieder kommen Frauen mit utopisch geringen Sparraten zu uns. Oft haben sie bereits ein Coaching oder einen Kurs gemacht oder sich beraten lassen. Beispielsweise schrieb eine Teilnehmerin, als sie gerade zwei Wochen bei uns im Programm war: »Ich bin sehr froh, dass ich das Mentoring bei euch gestartet habe. Mein monatlicher Sparbetrag liegt nämlich bei 627,52 Euro und nicht bei 150 Euro, wie ich es in einem anderen Videoseminar ausgerechnet habe. Da hätte ich im Alter ganz schön blöd aus der Wäsche geschaut!« Und dafür hat sie auch noch Geld bezahlt! Zum Glück hatte sie es erkannt und war erst 35 Jahre alt. Sie hatte also noch Zeit, diesen Fehler wieder auszubügeln. Dennoch hat sie wertvolle Jahre für den Vermögensaufbau verschenkt.

Der Betrag von 150 Euro taucht nicht zufällig immer wieder auf, er scheint Teil eines Systems zu sein. In vielen Verkaufsgesprächen wird genau mit dieser Summe gearbeitet, vermutlich als emotional niedrigschwelliger Einstieg. 150 Euro klingen machbar. Wer hört, dass dieser Betrag reicht, um fürs Alter vorzusorgen, fühlt sich beruhigt und bestärkt zugleich. Und genau darauf zielt das Narrativ ab. Eine höhere, realistische Sparrate – wie rund 600 Euro bei unserer Teilnehmerin – wirkt dagegen anstrengend oder gar überfordernd. Und das könnte potenzielle Kund:innen abschrecken. Also bleiben viele Berater:innen bei den 150 Euro. Die Hürde scheint niedrig, das Produkt lässt sich besser verkaufen und niemand muss über die unbequeme Wahrheit sprechen.

Die Frauen kommen mit einem guten Gefühl aus der Beratung – nur leider mit komplett falschen Zahlen. Ihre monatliche Sparrate ist zu gering. Sie investieren zu wenig und stehen am Ende mit einer viel zu kleinen Rente da. Obwohl sie dachten, sie hätten alles richtig gemacht. Und obwohl viele von ihnen vielleicht sogar in der Lage gewesen wären, mehr und ausreichend zu sparen und mehr Vermögen aufzubauen. Tragisch!

Beim Anlegen Verhaltensfehlern unterliegen

Der Behavioral Gap beschreibt die Lücke zwischen der Fondsrendite und deiner persönlichen tatsächlichen Rendite. Mit anderen Worten: Wie viel der ETF macht und wie viel du machst, sind zwei Paar Stiefel. Warum? Weil viele Anleger:innen sich falsch verhalten. Sie kaufen zu spät. Sie verkaufen zu früh. Sie wechseln zu oft. Sie verfallen in Aktionismus. Oder sie geraten in Panik. Oder sie investieren zu wenig und zu defensiv. Oder, oder, oder.

Der Analyseanbieter Morningstar hat für die USA über einen Zeitraum von zehn Jahren herausgefunden, dass die durchschnittliche Fondsrendite 8,2 Prozent pro Jahr beträgt, die durchschnittliche Anlegerrendite jedoch nur 7 Prozent pro Jahr.[8] Anleger:innen machen also 1,2 Prozentpunkte weniger, als möglich wäre – *jährlich*. Der Grund: Verhaltensfehler. Das ist viel, vor allem über lange Zeiträume. Ein Beispiel: Du legst 500 Euro monatlich über 30 Jahre an. Bei 8,2 Prozent Rendite (vor Steuern) macht das gut 736 000 Euro, bei 7 Prozent Rendite nur ca. 588 000 Euro, also 148 000 Euro weniger. In Deutschland ist diese Lücke sogar noch viel drastischer: Es gibt zwar nicht so große Studien dazu wie in den USA, aber die verfügbaren Daten zeigen, dass deutsche Privatanleger:innen mit ihrem liquiden Vermögen sogar nur mit 2 bis 3 Prozent (!) Rendite pro Jahr nach Hause gehen.[9] Das wären dann nach 30 Jahren (zu 2,5 Prozent Rendite pro Jahr; 500 Euro pro Monat) knappe 267 000 Euro. Im Vergleich zu machbaren 736 000 Euro. Ein Verlust, den sie größtenteils emotional getriebenen Fehlentscheidungen verdanken, nicht höheren Gebühren oder schlechten ETFs. Deine Verhaltensfehler kosten dich bares Geld. Das kannst du dir nicht leisten.

Steuerliche Vorteile ungenutzt lassen

Wer die Spielregeln nicht kennt, verliert auch beim Thema Steuern bares Geld. Sowohl in der Ansparphase bis zum Ruhestand als auch in der Auszahlungsphase. Ein Beispiel für die Auszahlungsphase: das FIFO-Prinzip (»First In, First Out«).

Beim Verkauf von ETF-Anteilen gilt gesetzlich: Die zuerst gekauften Anteile gelten steuerlich als zuerst verkauft. Also die Anteile, die zuerst reingekommen sind (First In), gehen auch als Erstes wieder raus (First Out). Was heißt das für dich? Stell dir vor, du hast zehn Jahre lang monatlich ETF-Anteile gekauft. Die älteren Anteile haben sich über die Zeit ordentlich entwickelt und enthalten demnach die höchsten Kursgewinne. Diese Gewinne musst du versteuern. Neuere Anteile hingegen konnten aufgrund der kürzeren Zeit im Depot noch nicht so hohe Gewinne erwirtschaften. Wenn du nun 20 000 Euro brauchst, verkaufst du die dafür nötige Anzahl an ETF-Anteilen. Und jetzt kommt die Krux: Dein Broker verkauft immer die ältesten Anteile zuerst. First In, First Out. Und weil die ältesten die meisten Gewinne erwirtschaftet haben, »verkaufst« du diese hohen Gewinne und zahlst darauf entsprechend Steuern.

Auch in der Ansparphase kann man Einkommensteuer sparen und diese Ersparnis dann investieren. Durch den Zinseszinseffekt boostet man diese Steuerersparnis noch mal extra, was in der Auszahlungsphase natürlich so nicht mehr möglich ist.

Finanzkompetenz zu entwickeln, ist ein Lernprozess über mehrere Stufen. Je weiter du diesen Weg gehst, desto tiefer wird dein Verständnis für Geld, Märkte und dich selbst – und desto gelassener wirst du mit Schwankungen und anderen Unsicherheiten umgehen. So wächst nicht nur deine Kompetenz, sondern auch deine finanzielle Resilienz. Die entscheidende Frage lautet daher: Wie übersetzt du diese Kompetenz in ein Portfolio, das nicht nur Rendite erwirtschaftet, sondern auch positive Asymmetrien für deinen Vermögensaufbau nutzbar macht? Die Antwort liegt in einem intelligenten Framework für den langfristigen Vermögensaufbau.

KAPITEL 14

Faktor 7: Investiertes Vermögen mit Langfriststrategie

Ein diversifiziertes Portfolio gleicht einer Baumkrone. Sie ist der produktive Teil deines Baums der finanziellen Resilienz, der wächst, sich ausbreitet und durch Fotosynthese Energie gewinnt. Dein investiertes Vermögen ist der Teil deiner Finanzen, der aktiv für dich arbeitet, Rendite erwirtschaftet und langfristig Früchte in Form von Vermögenszuwachs und zunehmender finanzieller Freiheit trägt. Für eine üppige Krone brauchst du ein intelligentes Risikomanagement und eine Strategie, mit der du langfristig nur gewinnen kannst.

Ein Framework für intelligentes Risikomanagement

In einer Welt geopolitischer und ökonomischer Spannungen reicht es nicht mehr, nur auf den Aktienmarkt zu setzen. Gerade wenn man die Zyklen des Hedgefonds-Managers Ray Dalio im Blick behält, ist ein Investment in einen Welt-ETF allein nicht mehr genug, um für die Zukunft gewappnet zu sein. Entscheidend ist, deine Diversifikation auszuweiten und weitere Assetklassen in dein Portfolio zu integrieren. Erst dann kannst du auf alles, was kommen mag, reagieren.

Die Grundsteine der modernen Portfoliotheorie wurden in den 1950er-Jahren gelegt. Bis dahin war Investieren vor allem eine Jagd nach dem nächsten »Gewinner« – dem *einen* Unternehmen, das alle anderen überflügeln würde. Der Ökonom Harry M. Markowitz stellte diesen Ansatz mit seiner Veröffentlichung *Portfolio Selection* von 1952 fundamental infrage. Seine revolutionäre Erkenntnis, für die er 1990 den Nobelpreis für Wirtschaftswissenschaften erhielt, war ebenso einfach wie tiefgreifend: Die Eigenschaften einer einzelnen Anlage sind für den Gesamterfolg weniger relevant als ihr Zusammenspiel mit allen anderen Anlagen im Portfolio. Seine Annahme: Durch eine kluge Streuung, also Diversifikation, lässt sich das Risiko für eine gegebene Rendite minimieren. Stimmt, wie sich herausgestellt hat.

Jede Assetklasse hat eine Funktion im Portfolio und eine in Krisenszenarien. Wie bei einem Fußballteam (ja, ich nutze eine Fußballanalogie in einem Finanzbuch für Frauen) braucht es nicht nur Stürmer (Aktien), sondern auch eine solide Verteidigung (Anleihen) und einen verlässlichen Torwart (Cash). Das richtige Mischverhältnis – die Asset-Allocation – hängt von der individuellen Risikotragfähigkeit, dem Anlagehorizont und den finanziellen Zielen ab. Die Kunst besteht darin, die Anlageklassen so zu kombinieren, dass das Gesamtrisiko kontrolliert und die benötigte Rendite stabil und langfristig realisiert werden können.

Verschiedene Assetklassen und deren Funktionen			
Assetklassen	**Hauptfunktion im Portfolio**	**Funktion in der Krise**	**Historisches Beispiel**
Aktien (auch als ETFs)	Wachstum, Dividendenertrag	Aktien profitieren am meisten von einem Rebound	Jahre nach der Finanzkrise; 2009–2021 war die stärkste Aktienrally aller Zeiten.
Anleihen	Stabilität & Ertrag, Sicherheit, v.a. Staatsanleihen von Ländern mit hoher Bonität	Meist gegenläufig zu Aktien	Finanzkrise 2008/2009; 30-jährige US-Staatsanleihen stiegen von Oktober 2008 bis März 2009 um 20 Prozent.
Immobilien	Sachwert & Inflationsschutz, Mieterträge	Behalten Realwert/Inflationsschutz	Hyperinflation (z.B. Deutschland 1923): Immobilien blieben real wertstabil, während die bestehenden Schulden reduziert wurden.
Rohstoffe/ Gold	Sachwert, Wertspeicher & Inflationsschutz	Schutz vor Enteignung, transportabel bei Flucht (v.a. Gold)	Ukrainekrieg ab 2022: Gold wurde genutzt, um Vermögen über die Grenze zu schaffen.
Kryptowährungen	Spekulatives Wachstum, digitaler Wertspeicher	Schutz vor staatlicher Enteignung, transportabel bei Flucht, Alternative bei Verfall staatlicher Währungen	Venezuela hat seit 2013 eine Hyperinflation von 1000000% p. a. und die Menschen nutzen Krypto, um Geld zu bewegen.

Verschiedene Assetklassen und deren Funktionen			
Assetklassen	**Hauptfunktion im Portfolio**	**Funktion in der Krise**	**Historisches Beispiel**
Fiatwährungen	Ausgleich von Währungsschwankungen, liquide Rücklagen in sicheren Währungen	Essenziell bei regionalem Zusammenbruch	Im Libanon ist seit Herbst 2019 das Bankensystem samt der Landeswährung zusammengebrochen. Ohne US-Dollar war zeitweise nichts zu kaufen, inklusive Lebensmitteln.

Aktien. Sie sind der Wachstumsmotor deines Portfolios. Als Anteilseignerin an Unternehmen partizipierst du direkt am wirtschaftlichen Erfolg. Langfristig bieten sie die höchsten Renditen bei einer zu erwartenden Volatilität. Aktien-ETFs oder andere Aktienfonds sind hier im weitesten Sinn mitgemeint, da sie die Anlageklasse Aktien enthalten.

Anleihen. Sie fungieren als Stabilisatoren. Du leihst einem Staat oder einem Unternehmen Geld und erhältst dafür Zinsen. Insbesondere Staatsanleihen mit hohem Bonitätsrating (zum Beispiel deutsche Bundesanleihen) gelten in Krisen als sicherer Hafen. Ihr Wert verhält sich oft gegenläufig zu Aktien: Wenn die Aktienmärkte fallen, flüchten Anleger:innen häufig in sichere Anleihen.

Immobilien. Sie gelten als Sachwerte und bieten einen gewissen Schutz vor Inflation. Gleichzeitig sind sie illiquide, mit hohen Transaktionskosten verbunden und stark von der Zinsentwicklung und regulatorischen Eingriffen (zum Beispiel Mietpreisbremse, energetische Sanierungspflichten) abhängig. Ein starker Zinsanstieg kann den Immobilienmarkt empfindlich abkühlen und umgekehrt. Übrigens: Zu dieser Assetklasse zählen auch Parkplätze,

Gewerbeimmobilien, Wald- und Agrarflächen. Eine Investition ist zudem in Form von börsennotierten Immobilienfonds (REITs) oder Genossenschaftsmodellen möglich. Was viele Anleger:innen übersehen oder unterschätzen: Selbst gehaltene Immobilien haben aufgrund ihres hohen Werts oft einen übergroßen Anteil im gesamten Vermögen. Wenn ihr Wert fällt oder steigt, eine größere Renovierung fällig ist oder unerwartet Geld aus dem Gesamtvermögen benötigt wird, wirkt sich das überproportional auf das Gesamtvermögen aus. Ein Klumpenrisiko, das großen Einfluss auf die eigene finanzielle Handlungsfähigkeit hat.

Rohstoffe. Das sind natürliche Güter wie Öl, Gas, Metalle (zum Beispiel Gold, Silber, Kupfer) oder Agrarprodukte wie Weizen, Kaffee oder gefrorener Orangensaft, die an internationalen Märkten (eigenen Börsen) gehandelt werden. Sie gelten als eigene Anlageklasse, weil ihr Preis von Angebot und Nachfrage auf den Weltmärkten bestimmt wird. Rohstoffe können im Portfolio beigemischt werden und als Absicherung gegen Inflation und geopolitische Risiken dienen. Typischerweise korrelieren sie nur schwach oder sogar negativ mit Anleihen und Aktien, das trägt zu einer echten Diversifikation bei. Ihr Anteil sollte aber eher klein bleiben, weil sie keine laufenden Erträge liefern. Man kann direkt in Rohstoffe investieren oder indirekt über ETFs oder ETCs, die Rohstoffindices abbilden. Insbesondere Gold ist als Direktinvestment zur Schaffung einer Krisenreserve geeignet.

Kryptowährungen. Sie sind eine junge, hochspekulative Anlageklasse. Bitcoin gilt als digitaler Wertspeicher (»digitales Gold«), während Smart-Contract-Plattformen wie Ethereum vor allem für Anwendungen der sogenannten Decentralized Finance und digitale Verträge oder auch das Web3 genutzt werden. Kryptowährungen übernehmen Funktionen, die typischerweise Geld zugeordnet sind, aber ohne eine zentrale Vermittlung durch Banken oder Staaten. Bislang sind Kryptowährungen kaum reguliert und erfordern ein hohes Maß an Eigenverantwortung durch die Investor:innen. In der Praxis zeigen Kryptowährungen wie Bitcoin eine hohe Korrelation zu risikobehafteten Anlagen wie Tech-Aktien, nur mit deutlich höheren Schwankungen. Fallen die Börsen, fallen Kryptowerte oft überproportional mit. Eine Investition hier bleibt eine Wette auf die Zukunft und sollte, wenn überhaupt, nur einen kleinen Teil des Portfolios ausmachen.

Fiatwährungen. Eine Fiatwährung ist Geld, das nicht durch Gold oder andere Rohstoffe gedeckt ist, sondern allein durch das Vertrauen in den Staat und seine Zentralbank existiert. Fiat kommt aus dem Lateinischen und bedeutet »Es werde!«. Sinngemäß ist es also Geld, weil ein Staat sagt, dass es Geld ist. Fiatwährungen wie der US-Dollar, Euro oder Schweizer Franken sind keine klassische Anlageklasse, spielen im Portfolio aber eine wichtige Rolle. Sie dienen zur Liquiditätssicherung, zum Ausgleich von Währungsrisiken bei internationalen Investments und als Krisenreserve in stabilen Währungsräumen, vor allem für Investor:innen, die nicht in stabilen Währungsräumen leben. In extremen Phasen können bestimmte Währungen als »sichere Häfen« dienen, falls die eigene Währung verfällt. Als reine Renditequellen eignen sie sich aber nicht. Manche eher von Gier getriebene Trader:innen spekulieren aktiv auf Währungskursentwicklungen, doch das ist hochriskant, zeitintensiv und nicht zu empfehlen.

Neben den genannten Assetklassen gibt es zahlreiche weitere. Besonders zu **Private Equity und Start-up-Investitionen** erreichen mich immer wieder Fragen. Beteiligungen an privaten, reifen, nicht börsennotierten Unternehmen können langfristig höhere Renditen bringen und sind unabhängig von den Schwankungen an den Börsen. Sie sind aber deutlich riskanter als Aktien und nicht liquide, da das Kapital lange Zeit gebunden ist. Neben direkten Investitionen in private Unternehmen gibt es die Möglichkeit, über Private Equity Fonds zu investieren. Beim Angel Investing, also Investitionen in Start-ups in ihrer Frühphase, investiert man in junge, noch nicht profitable Start-ups mit erwartetem Potenzial. Hier braucht man besonders viel Geduld, Expertise, viel Kapital und eine sehr hohe Risikotoleranz. Rund 50 Prozent der Investments scheitern und das Geld ist komplett weg.[1] Ich investiere in Start-ups, um einen Impact zu machen, und schreibe meine investierte Summe gedanklich ab. Für mich handelt es sich eher um eine Spende. Ich freue mich, wenn ich Gründerinnen unterstützen kann. Das ist für mich einfach ein schöner Full-Circle-Moment. Alles in allem handelt es sich bei direkten Investitionen in Unternehmen um eine sehr aufwendige Anlageklasse mit sehr hohem Risiko, weshalb ich sie hier nur am Rande erwähne.

Die Core-Satellite-Strategie

Eine Chance, die positive Asymmetrie am Markt zu maximieren, bietet die Core-Satellite-Strategie. Der Core limitiert den potenziellen Verlust, während die Satelliten für mehr Rendite sorgen. Mehr Upside als Downside.

Der Core (typischerweise 70 bis 80 Prozent des Portfolios) besteht aus breit diversifizierten, passiven und kostengünstigen Anlagen wie globalen Aktien-ETFs und gegebenenfalls Staatsanleihen. Er sorgt dafür, dass du am allgemeinen Marktwachstum teilhast. Dieser Teil ist bewusst »langweilig«; er soll keine Adrenalinschübe auslösen, sondern über Jahrzehnte stoisch und regelbasiert eine stabile Rendite sichern. Hier ist eine positive Asymmetrie bereits eingebaut: Bei 20 Jahren Haltedauer liegt der schlechteste Fall beim

MSCI World bei +2,2 Prozent, der beste bei +15,4 Prozent. Der Core limitiert die Downside.

Die Satelliten (typischerweise 20 bis 30 Prozent des Portfolios) flankieren den Core und werden genutzt, um Rendite zu erwirtschaften. Somit ist eine noch höhere Upside möglich, als wenn wir nur in den Core investieren würden. Noch mal mehr Upside bei gleicher potenzieller Downside – Träumchen!

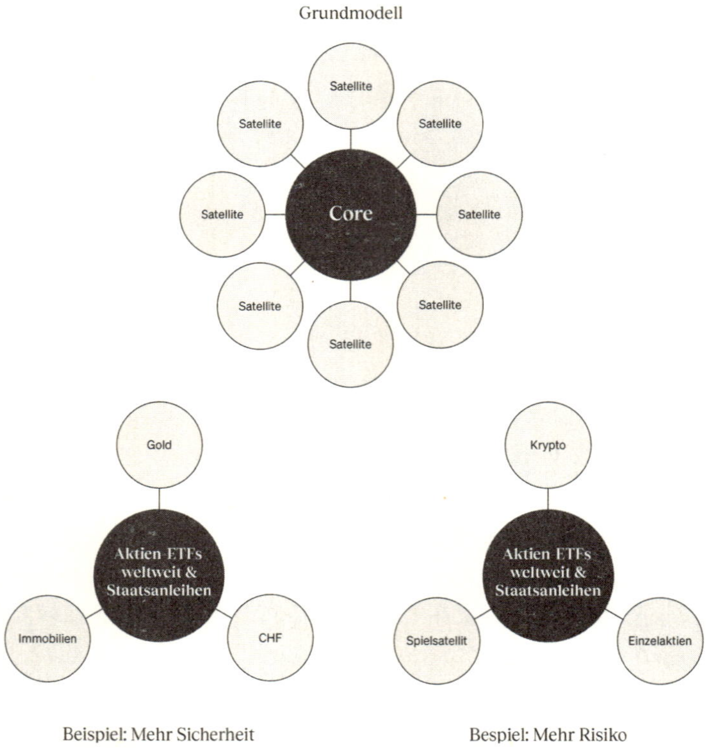

Abb. 11: Verschiedene Core-Satellite-Konstellationen

Die Vorteile der Core-Satellite-Strategie

Manche Anleger:innen setzen bereits eine Art Core-Satellite-Strategie um, ohne es zu wissen, doch leider oft ohne Plan. Wie Ziyanda (35), die an unserem Advanced-Assets-Programm teilgenommen hat: »Ich hatte ein paar ETFs gekauft, auch ein paar Einzelaktien, und schon mit Krypto und Rohstoffen experimentiert. Am Ende hatte ich ein wildes Sammelsurium, aber weder Sicherheit noch Rendite im Blick. Jetzt habe ich endlich eine Struktur, mit der ich strategisch Vermögen aufbauen kann.«

Genau hier setzt die Core-Satellite-Strategie an: Der zufällige Mix erhält eine klare Struktur – stabil, aber auch flexibel und strategisch durchdacht. Du behältst den Überblick, begrenzt Risiken und weißt jederzeit, welcher Teil deines Portfolios wofür gedacht ist. Das bringt zahlreiche Vorteile mit sich.

Lösung des Sicherheits-Rendite-Dilemmas. Du musst dich nicht mehr zwischen einem sicheren, aber renditeschwachen Portfolio und hochriskanter Zockerei entscheiden. Die Core-Satellite-Strategie gibt dir einen klaren Rahmen, um beides zu verfolgen: Stabilität durch den Core und gezielte Chancen durch die Satelliten. Der Core reduziert den maximalen Verlust deines Gesamtportfolios, während deine Satelliten Chance auf Mehrrendite bringen. So wird dein Portfolio positiv asymmetrisch. Läuft.

Nooooooch mehr Rendite. Wer bereit und fähig ist, noch mehr Risiko einzugehen, kann die Satelliten nutzen, um renditeorientierter zu investieren. Zum Beispiel mit Einzelaktien oder einem höheren Kryptoanteil.

Stressreduktion. Diese Struktur reduziert den Entscheidungsstress enorm. Der Core läuft im Autopilot, während du deine Energie auf die bewusste Auswahl und Überwachung der Satelliten konzentrieren kannst.

Sicherheit durch Satelliten. Du kannst die Satelliten nicht nur für mehr Rendite nutzen, sondern auch um dein Portfolio sicherer zu machen, ohne den Core anzutasten. Indem du defensive Satelliten hinzufügst oder riskantere reduzierst, steuerst du dein Gesamtrisiko in die gewünschte Richtung.

Verteilung des Gesamtrisikos. Durch die Satelliten wird das Gesamtrisiko deines Portfolios auf deutlich mehr Schultern verteilt. Du bist nicht von einer einzigen Anlageklasse oder einem Produkt abhängig, sondern hast mehrere Stellschrauben, die sich gegenseitig ausbalancieren.

Strukturiertes Management deines Verhaltensrisikos. Du bist kein Homo oeconomicus, du hast einen natürlichen Impuls, aktiv zu werden und Chancen zu nutzen. Dieser Impuls bekommt mit der Core-Satellite-Strategie einen festen und begrenzten Raum. Anstatt deinen Core anzutasten, kannst du deinen Handlungsdruck auf die Satelliten verlagern. Zudem kannst du einen »Spiel-Satelliten« für spekulativere Ideen definieren. Ob Kryptowährungen, einzelne Branchen wie Tech oder Investments in private Unternehmen – du kannst gezielt und in einem klar begrenzten Rahmen höhere Risiken eingehen, Erfahrungen sammeln und daraus lernen. Dein Gestaltungsspielraum ist variabel und wächst mit deiner Risikokompetenz. Und falls dein gesamtes Portfolio mal stark ins Minus rutscht und du nervös wirst, kann es helfen, gezielt einen Satelliten (teilweise) zu verkaufen. Das verschafft dir Handlungsfreiheit und entlastet dich mental, ohne dass du in Panik deinen Core verkaufst.

Gewappnet in jeder Zyklusphase. Da du in verschiedene Assetklassen investiert bist, profitierst du, egal welche Schwankungen Zinsen, Inflation und andere makroökonomische Faktoren verursachen.

Flexibilität und Individualität für dein Leben. Dein Core-Satellite-Portfolio ist ein dynamisches System, das mit dir wächst.

Auswahl und Aufteilung der Satelliten können und sollen sich an deine Lebensumstände, dein wachsendes Vermögen und deine Risikokompetenz anpassen.

Schnelle Reaktion. Weil du mit deinem Core-Satellite-Portfolio bereits in unterschiedliche Assetklassen investiert bist und über weitgreifende Finanzkompetenz und Erfahrung verfügst, kannst du bei Krisen an den Märkten schnell und sogar antizyklisch handeln. Du musst dich nicht in einer stressigen Situation erst einarbeiten und überhaupt die Möglichkeiten schaffen, in die jeweiligen Assetklassen zu investieren oder dich anderweitig krisenfest zu machen. Du hast bereits das Wissen, die Erfahrung und das Depot. Mal ganz ehrlich: Obwohl du eigentlich weißt, dass du es nicht tun solltest, schaust du im Crash doch in dein Depot und konsumierst Informationen zum Geschehen, oder? Wenn du weißt, was du tust, kannst du die Informationen auch in Handlungen übersetzen.

Regelbasiertes Investieren. Ein fester Rahmen schützt dich vor blindem Aktionismus. Wenn deine Regel lautet »Maximal 10 Prozent in Krypto«, ist sofort klar, was zu tun ist: Liegt der Anteil bei 12 Prozent, wird verkauft. Fällt er auf 5 Prozent, wird nachgekauft. Solche klaren Leitplanken sind Gold wert, besonders in Krisenzeiten. Sie nehmen dir die Last, unter Stress große Entscheidungen treffen zu müssen, und verhindern, dass Gier oder Angst dich zu riskanten oder zu defensiven Schritten verleiten.

Keine ungewollte Risikoverschiebung. Mit der Core-Satellite-Strategie kannst du dein Risiko pushen, und sie sorgt gleichzeitig dafür, dass es nicht unbemerkt aus dem Ruder läuft. Du entscheidest bewusst, wie viel Risiko du eingehen willst – von Stufe 1 (sehr defensiv) bis Stufe 3 (deutlich offensiver). Gleichzeitig schützt dich diese Struktur davor, in übertriebene Spekulationen oder Hebelprodukte zu rutschen (Stufe 4), bei denen man am Ende mehr verlieren kann, als man investiert hat (siehe Abb. 12).

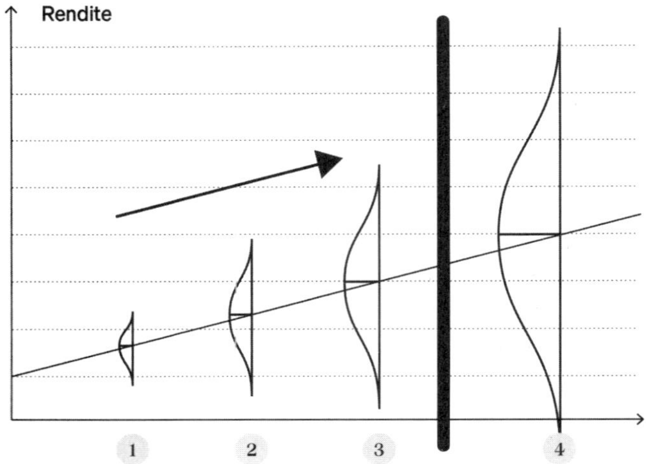

Abb. 12: Die Core-Satellite-Strategie als Schutz vor extremen Risiken nach Oaktree Capital Management

Grundregeln für die Core-Satellite-Strategie

Jede Strategie ist nur so gut wie ihre tatsächliche Umsetzung, und die scheinbare Einfachheit der Core-Satellite-Architektur birgt diverse Fallstricke. Hier kommen die wichtigsten Regeln, die es zu beachten gilt.

Der Core ist kein Selbstläufer. Der Glaube, im breit gestreuten Kern könne man nichts falsch machen, ist ein gefährlicher Trugschluss. Die Auswahl und Gewichtung der richtigen Core-ETFs ist die wichtigste Entscheidung der gesamten Strategie: Sind die ETFs wirklich global genug diversifiziert? Wie hoch sind die laufenden Kosten? Wie exakt bildet der ETF seinen Index ab? Ein unüberlegt gewählter, zu teurer oder zu eng gefasster Core-ETF kann dem langfristigen Vermögensaufbau mehr schaden als ein fehlgeschlagener Satellit.

Das Gesamtkonstrukt entscheidet. Das Portfolio muss in ein finanziell resilientes Gesamtkonstrukt deiner Vorsorge und Vermögensplanung eingebaut sein. Keine Investitionsstrategie der Welt regelt alles. Wenn Lebensrisiken nicht abgesichert sind und dein Altersvorsorgeplan nicht solide ist, rettet dich im Fall der Fälle auch die beste Investitionsstrategie nicht.

Disziplin ist alles. Die klare Trennung zwischen dem rationalen Kern und den spannenden Satelliten klingt in der Theorie einfach. In der Praxis lauert hier eine große psychologische Falle. Es braucht nur einen Hype um eine neue Technologie oder eine Branche, die durch die Decke zu gehen scheint – und schon wächst die Versuchung, den Satellitenanteil immer weiter zu erhöhen. Aus einer kleinen Beimischung von 10 Prozent wird schleichend ein Anteil von 30 oder gar 40 Prozent. Wer hier nicht bewusst und streng gegensteuert, verliert die Balance. Die Folge: Das Gesamtrisiko des Portfolios steigt unbemerkt an. Klare Regeln, zum Beispiel eine vorher festgelegte prozentuale Aufteilung zwischen Core und Satelliten, verhindern Aktionismus und sorgen dafür, dass du langfristig auf Kurs bleibst. Such dir zur Unterstützung auch eine Community und/oder Mentorin, die dich herausfordert und in die richtige Richtung führt.

Auf versteckte Überlappungen achten. Ein häufig übersehener Fehler beim Investieren ist, wie schon beschrieben, die inhaltliche Überlappung zwischen Kern und Satelliten. Nehmen wir an, der Core ist ein Welt-ETF und wird um einen Technologiesatelliten ergänzt, der den Nasdaq 100 abbildet. Einige der größten Positionen im Nasdaq 100 – Unternehmen wie Apple, Microsoft, Amazon oder Nvidia – sind bereits im Welt-ETF enthalten. Statt das Portfolio breiter aufzustellen, wird in Wahrheit die Abhängigkeit von einigen wenigen Techgiganten verdoppelt und ein Klumpenrisiko entsteht.

Unüberlegter Aktionismus schadet. Die Satelliten sind der Ort für gezielte Wetten. Genau das verleitet viele Anleger:innen jedoch dazu, hektisch auf kurzfristige Trends aufzuspringen oder zu versuchen, den perfekten Ein- und Ausstiegszeitpunkt zu erwischen. Sie handeln auf Basis von Nachrichten oder Stimmungen. Die Folge ist fast immer dieselbe: unnötig hohe Transaktionskosten, eine ständige Unruhe im Depot und am Ende eine schlechte Rendite.

Zu viele Satelliten sind unübersichtlich. Am Anfang steht vielleicht nur ein Satellit. Dann kommt ein zweiter hinzu, dann ein dritter. Jeder einzelne Satellit erfordert Aufmerksamkeit: Er muss recherchiert, seine Zusammensetzung verstanden und beobachtet werden, und regelmäßig muss bewertet werden, ob die ursprüngliche Investmentthese noch gültig ist. Was als einfache und klare Struktur beginnt, kann sich schnell in ein unübersichtliches und zeitaufwendiges Dickicht aus verschiedenen Anlageklassen verwandeln. Hier gilt: Weniger ist oft mehr. Klarheit schlägt Komplexität.

Rebalancing ist Pflicht. Core und Satelliten werden sich über die Zeit unterschiedlich entwickeln. Läuft ein Technologiesatellit zum Beispiel extrem gut, wird sein Anteil am Gesamtportfolio wachsen und die ursprüngliche Gewichtung verschieben. Um die strategische Balance wiederherzustellen, muss regelmäßig einmal oder auch mehrmals im Jahr ein Rebalancing durchgeführt werden. Egal ob kalenderbasiert oder schwellenwertbasiert (beispielsweise sobald eine Abweichung von mehr als 5 Prozent entsteht): Wichtig ist, konsequent nach klaren Regeln vorzugehen.

Fehler potenzieren sich. Je fortgeschrittener die Strategie, je mehr Geld im Spiel ist, je komplexer die Entscheidungen, desto höher das Fehlerpotenzial. Und genau wie die möglichen Gewinne potenzieren sich auch die möglichen Fehler, und vor allem wächst ihr Impact. Ein Fehlerchen mit 1000 Euro ist etwas anderes als ein Fehler mit 100 000 Euro. Fehler werden ebenfalls gehebelt. Das Gleiche gilt für dein Mindset: Der Einfluss von Projektionen, Werten, Glaubenssätzen, Skripten et cetera auf dein Handeln steigt ebenfalls. Wenn du 50 000 Euro »Sicherheit« in den roten Zahlen siehst, ist die Panik ungleich größer, als wenn es 5000 Euro sind. Diese Panik wird dich leiten. Mach unbedingt vorher die notwendige Mindset-Arbeit.

Schritt für Schritt zum Vermögen

Eine klar aufgebaute Core-Satellite-Strategie ist ein sichtbares Zeichen von Finanzkompetenz. Sie zeigt, dass du nicht nur reagierst und planlos herumprobierst, sondern dein Portfolio bewusst steuerst, dich auf unterschiedliche Szenarien vorbereitest und Vermögensaufbau betreibst – mit System statt durch Zufall.

So setzt du die Core-Satellite-Strategie Schritt für Schritt um:

1. **Mindset-Arbeit.** Noch bevor du ans weitere Investieren denkst, solltest du deine Projektionen, Werte und Skripte kennen und beherrschen.
2. **Definiere dein Ziel.** Wie viel Vermögen willst du zu welchem Zeitpunkt erreichen? Daraus ergibt sich die notwendige Investitionsrate und Rendite.
3. **Prüfe die Realität.** Welche Rendite erwirtschaftest du mit deinem jetzigen Portfolio tatsächlich? Achtung: (Neo-)Broker zeigen meist nur die Gesamtrendite oder die des letzten Jahres, und das oft verzerrt, weil Ein- und Auszahlungen nicht korrekt einberechnet werden. Das ist aber nicht deine persönliche, realistische jährliche Rendite!
4. **Finde die Lücke.** Wenn Soll und Ist auseinanderklaffen, liegt die Ursache fast immer im Risiko. Weniger Risiko bedeutet weniger Rendite.

5. **Kenne deine Risikobereitschaft.** Bestimme sie mit einem wissenschaftlichen Test – und wiederhole ihn am besten, falls dein letztes Profil schon älter ist.
6. **Lerne die Spielregeln.** Erweitere dein Wissen über die Core-Satellite-Strategie, die Assetklassen und ihre Korrelationen miteinander.
7. **Simuliere Szenarien.** Mit einem Portfolio-Simulator kannst du durchspielen, wie verschiedene Assets dein Risiko und deine Rendite beeinflussen und ob dir das zusätzliche Risiko den möglichen Mehrertrag wert ist.
8. **Lege deine neue Asset-Allokation fest.** In Prozent, und zwar so, dass sie geeignet ist, deine Zielrendite zu erreichen, und gleichzeitig in deinem Risikorahmen bleibt. Achte dabei unbedingt auf Überlappungen!
9. **Übersetze Prozent in Euro.** Leite aus der Allokation ab, wie viel Geld konkret in jede Assetklasse fließen soll.
10. **Handle konsequent.** Pass deine Sparpläne an, tätige neue Investments und bring dein Depot auf Kurs.
11. **Überwache und justiere regelmäßig.** Überprüfe mindestens einmal im Jahr: Passt deine Asset-Allokation noch zu deinen Zielen, deinem Risiko und deiner Lebensrealität? Führe Rebalancing durch, wenn einzelne Satelliten zu groß geworden sind, und entscheide bewusst, ob neue Satelliten hinzugefügt oder alte geschlossen werden sollen.

Ja, ich weiß, das ist viel Arbeit und alles neu. Aber es lohnt sich. Und noch mehr: Wenn du schon in den Vermögensaufbau mit ETFs eingestiegen bist, wäre es doch schade, nun stehen zu bleiben. Denn du hast dir bereits eine Grundkompetenz aufgebaut. Du weißt, was ETFs sind, wie die Börse funktioniert, kennst deine Rentenlücke, hast eine komplett neue Sprache gelernt. Du hast die Basisarbeit getan. Ab jetzt wird es leichter. Du hast die Grundlagen geschaffen, um den Zinseszinseffekt des Lernens zu nutzen (siehe Abb. 13). Durch die harte Phase mit viel Arbeit und langsamem Output bist du schon lange durch, jetzt kommt die Hebelphase: Jede zusätzliche Input-Einheit an Wissen zahlt überproportional auf dein Können ein.

Auch hier liegt eine positive Asymmetrie vor: Die Downside von zusätzlichem Lernen ist gering – eben ein paar Stunden mehr Aufwand. Die Upside hingegen ist riesig, weil du sofort auf Optimierung statt auf Grundlagenarbeit gehst. Vielleicht ist jetzt der Moment gekommen, diese Hebelphase bewusst zu nutzen. Statt bei den Grundlagen stehen zu bleiben, solltest du dein Wissen nun einsetzen, um eine fortgeschrittene Strategie – wie die Core-Satellite-Strategie – auf deine solide Basis zu setzen. Also: Go for it!

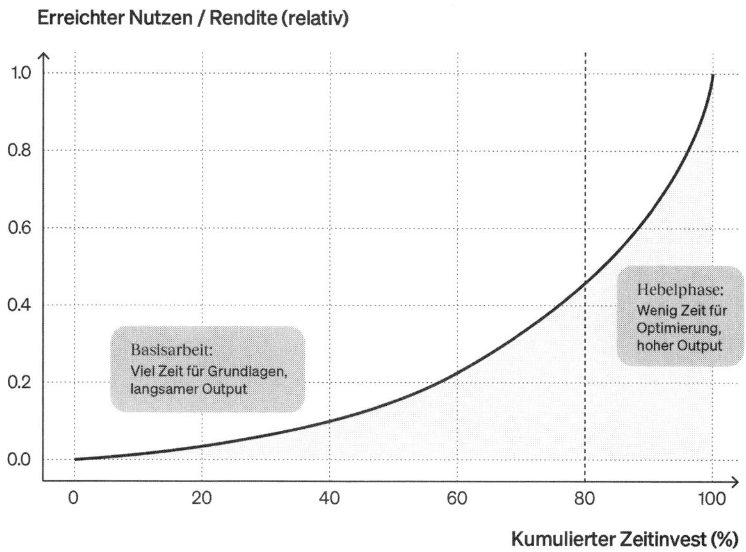

Abb. 13: Von der Basisarbeit zur Hebelphase – mehr Return pro Zeiteinheit

Diese Investition in dein Finanzwissen ist jedoch nur ein Teilaspekt einer viel größeren Ressource, die oft übersehen wird. Die Fähigkeit, neue Kompetenzen aufzubauen und sich an eine veränderte Welt anzupassen, ist der Kern deines wertvollsten Guts: deines Humankapitals.

KAPITEL 15

Faktor 8: Humankapital

Jeder Baum ist Teil eines größeren Ökosystems: Die Sonne liefert Energie, Regen stillt den Durst, Nährstoffe aus der Erde nähren das Holz und manchmal schützen benachbarte Bäume den jungen Stamm vor Sturm und Frost. Ohne diese äußeren Kräfte wächst kein Baum. Selbst wenn dein Boden stabil ist (Mindset), deine Wurzeln tief reichen (Ownership), dein Stamm kräftig ist (Selbstbestimmung) und deine Krone Früchte trägt (investiertes Vermögen) – ohne dein Humankapital würde all das verkümmern. Humankapital ist das Sonnenlicht und das Wasser für deinen Baum der finanziellen Resilienz: lebenslanges Lernen, Weiterentwicklung, Neugier, die Bereitschaft, dich zu verändern, und die Menschen, die dich auf diesem Weg begleiten. Es ist die Quelle, die dein gesamtes System nährt, erhält und gegen Krisen schützt.

Die Quelle allen Wohlstands

Humankapital ist die einzige Kapitalform, die alle anderen hervorbringt. Es ist also die Quelle jeglichen Vermögensaufbaus. Alles beginnt mit unserer Fähigkeit zu lernen, zu handeln und zu gestalten.

Deshalb lautet eine meiner persönlichen 10 Geldregeln: »Kein Ausgabenlimit auf Gesundheit und Weiterbildungen.« Ich spare nicht bei Investitionen in mein Humankapital und lege kontinuierlich 10 Prozent meines Einkommens für solche Investitionen beiseite. Mein Humankapital ist fester Bestandteil meiner Asset-

Allocation. Denn ich muss erst etwas lernen, bevor ich es korrekt umsetzen kann. Zum Beispiel Finanzen: Wenn ich erfolgreich in Aktien investieren will, aber über keine ausreichend große Finanzkompetenz verfüge, muss ich Zeit und Geld investieren (Humankapital), um zu lernen, wie das geht. Ansonsten verbrenne ich Geld durch Fehlentscheidungen oder verliere wertvolle Zeit durch planloses Herumprobieren. Wenn ich ein Unternehmen aufbauen will, muss ich lernen, wie es geht. Und zwar nicht einmal, sondern kontinuierlich. Ich nehme sehr regelmäßig Coachings und Beratung in Anspruch – und jeder Euro hat sich mehr als gelohnt. Der langjährige Präsident der Harvard University, Derek Bok, sagte einmal: »Wenn du denkst, Bildung ist zu teuer, versuch's mit Dummheit.«[1]

Schon der Moralphilosoph und Aufklärer Adam Smith stellte 1776 Humankapital auf dieselbe Stufe mit materiellem Kapital. Er argumentierte explizit, dass die Investition in Bildung und Fähigkeiten mit der Investition in Maschinen gleichzusetzen ist und sich in Form von Profit auszahlt und so zum Wohlstand ganzer Nationen beiträgt. Interessant finde ich, dass das deutsche Wort »Vermögen« genau diese Doppeldeutigkeit in sich trägt: Es meint sowohl Besitz als auch Fähigkeit. Beides gehört zusammen: Nachhaltiges, stabiles Vermögen (der Besitz) entsteht erst aus dem Vermögen (dem Können), es zu erwirtschaften, zu erhalten und zu vermehren. »Die wichtigste Investition ist die in dich selbst«, soll auch Investment-Legende Warren Buffett gesagt haben. Der Return on Investment ist hier am höchsten bei gleichzeitiger nichtexistierender Downside (hallo, positive Asymmetrie). Eine Investition in ein gutes Seminar hat nur dann eine Downside, wenn du nicht hingehst oder das Erlernte nicht umsetzt. Und das liegt zu 100 Prozent in deiner Hand.

Die zwei Ebenen des Humankapitals

Doch Humankapital beinhaltet mehr als nur Lernen. Es besteht aus zwei Ebenen: der generativen und der erhaltenden. Die generative Ebene ist das, womit du Wert schaffst: deine Fähigkeiten, dein Können, dein Wissen. Die erhaltende Ebene ist das, was dich befähigt, all das überhaupt zu nutzen: Gesundheit, mentale Stärke, emotionale Balance, Selbstvertrauen. Beide brauchen einander. Ohne die generative Kraft kannst du nichts erschaffen. Ohne die erhaltende Kraft brennst du aus.

Generative Ebene

Das generative Humankapital ist das Herzstück deiner ökonomischen Produktivität. Wer über ein breites Set an Fähigkeiten und Zugängen verfügt, beispielsweise schreiben, führen, strukturieren, analysieren und pitchen kann oder ärztlich, anwaltlich, gutachterlich oder beratend tätig sein darf, ist nicht nur krisenfester, sondern auch strategisch beweglicher.

Wenn mir morgen jemand mein gesamtes Geld und mein Unternehmen, meine Haupteinnahmequelle, wegnehmen würde – ich könnte es wieder aufbauen. Vielleicht anders, vielleicht kleiner oder größer, aber ich wüsste, wie es geht. Ich könnte auch einen völlig anderen beruflichen Weg einschlagen und Podcasterin werden oder Banken beraten oder in den Bildungssektor wechseln. Alles, was ich dafür brauche, trage ich in mir: Wissen, Erfahrung, Kontakte, Kreativität, Urvertrauen. Mein Humankapital – das kann mir niemand nehmen.

Auch in den kommenden Jahrzehnten wird eine der entscheidendsten Ressourcen nicht reines Fachwissen sein, sondern die Fähigkeit, dieses in Einkommen zu überführen. Diversifizierung meint in diesem Zusammenhang, die Anzahl und Vielfalt der Wege, auf denen du Einkommen erzielen kannst: Anstellung, Selbstständigkeit, Kapitalerträge, digitale Produkte, Lizenzen, Beteiligungen. Ein diversifiziertes Einkommen ist wie ein Kletternetz aus vielen Seilen. Reißt eines, fangen dich die anderen auf. Vielleicht schwankst du kurz, aber du stürzt nicht unkontrolliert ab. Du bleibst handlungsfähig. Also kein Alles-oder-nichts, sondern ein System, das auf Vielfalt basiert. Und Vielfalt schützt – das gilt nicht nur in der Natur und an der Börse, sondern auch in der Ökonomie des Alltags.

Erhaltende Ebene

Gesundheit ist die Basis jeder Produktivität. Sie umfasst Energie, Regeneration, hormonelle Balance, Bewegung und Schlafqualität. Ein gesunder Körper schenkt dir die Energie für den Aufbau eines Nebenprojekts, und innere Balance gibt dir die Kraft, um wirklich langfristig erfolgreich sein zu können. Auch deine mentale Gesundheit ist essenziell, um dein Humankapital zu erhalten. Mit einem ausgeruhten Geist triffst du bessere Entscheidungen für deine Zukunft, machst zum Beispiel keine Panikkäufe oder -verkäufe. Du brauchst innere Ruhe, um deine Ziele zu definieren und konkret auf sie hinzuarbeiten. Mentale Klarheit und emotionale Selbstregulation schützen dich vor Überstimulation, Aufschieberitis und Selbstsabotage (Stichwort: Money Scripts). Nur wenn du weißt, welche Prägungen und Glaubenssätze dich bremsen, kannst du die Bremse lösen und richtig durchstarten.

Deine Haltung und eine gereifte Persönlichkeit tragen ebenfalls zum Erhalt deines Humankapitals bei. Genauer: dein Selbstvertrauen, dein Zutrauen in die eigene Wirksamkeit und deine Lernfähigkeit, dein Mindset. Es ist die Stimme in dir, die nach einem Rückschlag nicht fragt: »Wer ist schuld?«, sondern: »Was habe ich gelernt?« Die Psychologin Carol Dweck bezeichnet das als »Growth

Mindset«:[2] die Einstellung, dass Charaktereigenschaften und Talente nicht von Geburt an festgelegt sind, sondern wir lernen und uns verbessern können. Das hilft uns, Herausforderungen als Lerngelegenheiten zu sehen und nicht als Katastrophen. Krisen wie Jobverlust, Trennung oder Branchenumbrüche stärken damit deine Resilienz. Wenn du scheiterst, lernst du dazu. Jede Veränderung wird so zum Trainingsfeld deiner eigenen Widerstandskraft. Das ist der Unterschied zwischen Schockstarre und Handlungsfähigkeit. Zwischen einem Opfer der Umstände und der Architektin des eigenen Lebens.

Ich erinnere mich an eine Freundin, die gemeinsam mit ihrem Mann ein Privattheater leitete – ein kleines Wunder im Berliner Kulturbetrieb. Die beiden galten als Dreamteam: kreativ, erfolgreich, mehrfach preisgekrönt. Alles schien sicher. Doch als die Ehe zerbrach, fiel auch das gemeinsame Lebenswerk in sich zusammen. Sie hatte die finanziellen Entscheidungen des Theaters jahrelang ihrem Mann überlassen, während sie sich um das Künstlerische kümmerte. Was sie nicht wusste (Stichwort: finanzielle Untreue): Er hatte Schulden verschwiegen, Förderungen veruntreut und jahrelang keine Miete gezahlt. Als das Theater Insolvenz anmeldete, stand sie plötzlich mit einer privaten Mietschuld von 150 000 Euro da, denn die Rechtsform des Theaters war dummerweise eine GbR und da haften die Gesellschafter:innen mit dem Privatvermögen. Eine Krise, die viele Menschen gebrochen hätte. Aber sie rappelte sich auf. Sie blieb nicht bei der Frage »Warum ich?«, sondern stellte sich die Frage: »Was kann ich tun?« Sie konzentrierte sich auf ihren Circle of Control. Sie verließ das Theater, startete allein, holte sich rechtlichen Beistand und erweiterte ihr kreatives Portfolio. Sie nutzte ihr diversifiziertes Humankapital und ihr Growth Mindset und begann, als Autorin, Coach und Speakerin zu arbeiten. Und während viele in der Coronakrise ums Überleben kämpften, verdiente sie plötzlich mehr als je zuvor. Nicht weil sie Glück hatte, sondern weil sie das Prinzip des Growth Mindset lebte. Sometimes you win, sometimes you learn.

> Im Workbook findest du einen Selbsttest, mit dem du herausfinden kannst, in welchen Bereichen du stark bist, wo du verwundbar bist und wo dein größtes strategisches Entwicklungspotenzial liegt.

Humankapital ist Agency

Die wahre Bedeutung des Humankapitals zeigt sich meist erst im Moment des Verlusts. Viele Frauen merken erst nach einer Kündigung, einer Trennung oder einem Todesfall, dass ihr größtes Kapital nicht auf dem Konto liegt, sondern in ihrem Kopf – oder eben nicht. Aktien können wertlos werden, dein Erspartes kann dir genommen werden, deine Sicherheit kann bröckeln. Dein Humankapital ist das Einzige, was du wirklich besitzt. Niemand kann dein Wissen, deine Erfahrungen oder dein Netzwerk löschen. Wenn es hart auf hart kommt, hast du vielleicht nur noch das! Deine Zukunftsfähigkeit hängt davon ab, ob du dich in den Jahren davor selbst als Ressource ernst genommen hast. Humankapital ist für Frauen keine akademische Kategorie, sondern ein Schutzraum, den sie in sich selbst anlegen. Es ist das wahre Vermögen, das bleibt, wenn alles andere wegfällt, und gleichzeitig die Quelle deiner Agency.

Nach Anthony Giddens' Modell bestimmen menschengemachte Strukturen – Institutionen, Normen, Gesetze, Rollenbilder – unser Leben. In Teil 1 haben wir das bestehende System analysiert, um Handlungsspielräume zu identifizieren. In Teil 2 ging es konkret darum, was du tun kannst, um finanziell resilient zu werden. Deine Agency bezeichnet deine Fähigkeit, innerhalb dieser Strukturen zu handeln, sie entweder zu reproduzieren oder zu verändern.

Frauen agieren seit Jahrhunderten in Strukturen, die ihre Möglichkeiten begrenzen. Wir sind Teil von Arbeitsmärkten, die Mutterschaft bestrafen, und Steuersystemen, die meist Männer bevorzugen. Wir sind gesellschaftlichen Normen unterworfen, die Fürsorge als weibliche Pflicht definieren, aber ökonomisch nicht vergüten. Diese Strukturen wirken unsichtbar, aber massiv. Sie erzeugen Stress, ökonomische Abhängigkeit – und nicht zuletzt Altersarmut. An dieser Stelle wird dein Humankapital zur subversiven Kraft, denn Wissen, Bildung und berufliche Kompetenz erweitern deinen Handlungsspielraum (Circle of Control). Jede neue Fähigkeit, jedes Zertifikat, jedes Netzwerk ist ein Schritt heraus aus der Ohnmacht und hinein in deine Unabhängigkeit und damit deinen Wohlstand. Agency bedeutet laut Giddens, die Fähigkeit zu haben, anders zu handeln. Und genau dabei hilft Humankapital: Es macht das Andershandeln möglich.

Laut einer OECD-Studie von 2022 verdienen Frauen mit höherer Bildung nicht nur mehr, sie haben auch mehr berufliche Autonomie, Einfluss und Entscheidungsfreiheit.[3] Sie können zwischen Teilzeit oder Vollzeit wählen, anstatt zu einem von beiden gezwungen zu sein. Sie können verhandeln, statt um etwas zu bitten. Sie können eine Beziehung beenden oder einen Job kündigen, statt bleiben zu müssen. Humankapital verwandelt Wissen in Macht. Die Ökonomin Claudia Goldin, die 2023 den Wirtschaftsnobelpreis erhielt, hat diese Dynamik historisch vermessen. Ihre Langzeitforschung zeigt: Echte Gleichstellung entsteht nicht dadurch, dass Frauen »auch arbeiten«, sondern dadurch, dass sie über ihre Arbeit frei entscheiden können. Der Schlüssel liegt also nicht in der bloßen Erwerbsbeteiligung, sondern in der Planbarkeit des eigenen

Lebens. Optionen zu haben – und sie zu nutzen. Goldin nennt das die »Revolution der Entscheidungsfreiheit«.[4]

Erst wenn Frauen ihr Leben frei gestalten können, entsteht ökonomische Gleichstellung. Und diese Freiheit beginnt mit Humankapital. Mit Bildung, Wissen, Kompetenz – und mit der tiefen, inneren Überzeugung: *Ich kann. Ich weiß. Ich darf.*

Soziales Kapital

Viele betrachten Humankapital als rein individuelle Eigenschaft. Doch die moderne Soziologie zeigt: Leistung und Wissen allein reichen oft nicht aus. Soziales Kapital beschreibt die Qualität und Struktur deiner Beziehungen, deines Netzwerks: Wer unterstützt dich? Wer empfiehlt dich weiter? Wer versorgt dich mit Informationen, Kontakten, Impulsen? Dazu zählen emotionale Unterstützer:innen ebenso wie strategische Verbündete. Deine Kompetenz (was du kannst) ist die brillante Software. Dein Sozialkapital (wen du kennst) ist das Betriebssystem, auf dem diese Software überhaupt erst wirksam wird. Nicht umsonst ist das soziale Netzwerk einer der sechs Faktoren für psychologische Resilienz (siehe Kapitel 8). Der bewusste Aufbau deines Humankapitals beinhaltet immer beides: dich und dein Netzwerk.

Frauen waren historisch ausgeschlossen von den Machtzentren dieser Welt: von den Clubs und den Hinterzimmern, in denen Karrieren gemacht wurden. Aber wir schaffen uns neue Netzwerke – unsere eigenen Ökosysteme. Nicht durch Macht über andere (Power Over), sondern durch Verbindung *miteinander*. Eine Harvard-Studie zeigt: Frauen mit strategischen Netzwerken steigen häufiger auf, verdienen mehr, haben größeren Einfluss.[5] Nicht weil wir hierarchisch »netzwerken«, wie Männer es häufig tun, sondern weil wir Frauen Kooperation über Konkurrenz stellen. Wir schaffen Räume, in denen Wissen zirkuliert, in denen wir uns gegenseitig sichtbar machen, ermutigen, weiterempfehlen. Wie die Bäume eines Waldes, die sich über ihre Wurzeln Nährstoffe zuführen, wenn einer von ihnen krank ist, wächst so ein System, das stabil bleibt, auch wenn einzelne Teile wanken. Soziales Kapital verwandelt individuelle Stärke in kollektive Macht (Power With). Und genau darin liegt der Beginn des strukturellen Wandels, den Giddens beschreibt.

Jedes Mal, wenn eine Frau lernt, sich bildet, ihr eigenes Geld verdient, erweitert sie ihren Handlungsspielraum – und verschiebt die Grenzen dessen, was für alle möglich wird. Humankapital ist somit auch ein politisches Werkzeug, um dich einer patriarchalen Struktur zu entziehen, die auf weibliche Abhängigkeit setzt. Es ist ein Akt des feministischen Widerstands gegen Strukturen, die uns kleinhalten wollen. Was du weißt, ist dein Licht, was du teilst, ist dein Feuer.

> Im Workbook findest du weitere Informationen zum strategischen Netzwerkaufbau.

Unsere gemeinsame Chance

Zu Beginn dieses Buchs haben wir gesehen: Das chinesische Wort für Krise *wēi jī* (危机) setzt sich zusammen aus Gefahr und Wendepunkt. Aber jetzt kommt's! Das Zeichen für Chance, *jī huì* (机会), erzählt die Geschichte weiter. Denn es setzt sich zusammen aus *jī*, dem Wendepunkt aus dem Wort Krise, und dem Zeichen *huì*. Es bedeutet *Treffen/Zusammenkunft*, aber auch *Fähigkeit* – beides Teile unseres Humankapitals. In jeder Krise steckt also ein Wendepunkt, und dieser wird zur Chance, wenn wir mit unseren Fähigkeiten zusammenkommen. Als das zu mir durchgedrungen ist, bekam ich Gänsehaut. Das Zusammenkommen und das Tun. Das Wir und das Ich. Eine Krise bringt Frauen zusammen, die sonst vielleicht nie zueinandergefunden hätten, um Strukturen tiefgreifend zu verändern. Sie zwingt uns, Fähigkeiten zu entwickeln, die wir nicht gesucht hätten. Sie lässt uns wachsen – einzeln und gemeinsam. Und genau darin liegt die Zukunft: nicht in der Angst, sondern im Lernen. Nicht im Ertragen, sondern im Gestalten.

Wenn du nur eine Sache aus diesem Buch mitnimmst, dann bitte diese: Humankapital ist deine allerwichtigste Investition. Sie bringt die meiste Rendite und ist absolut krisensicher. Doch es ist nicht nur eine private Ressource – es ist gesellschaftlicher Widerstand. Jede Frau, die sich weiterbildet, verändert das System. Bildung ist Agency. Netzwerke sind Strukturwandel. Wir sind das Kapital, das die Welt transformiert.

Von Wut und Hoffnung

Der letzte Programmpunkt ist beendet, der Applaus ebbt langsam ab. Ich trete noch einmal auf die Bühne, ins warme Licht der Scheinwerfer, schaue auf über 400 Frauen vor mir. Ihre Gesichter zeigen nach diesem langen, intensiven Tag eine Mischung aus Erschöpfung und Konzentration. Ihre Notizbücher sind vollgeschrieben, ihre Köpfe voller Ideen. Und ich möchte ihnen gerne ein paar letzte Gedanken auf den Heimweg mitgeben.

»Liebe Moneypennys, danke, dass ihr heute hier wart«, beginne ich. Die Stille im Raum wird wieder dichter, das leise Rascheln und Murmeln verstummt.

»Ich habe euch zum Abschluss ein Zitat von Chimamanda Ngozi Adichie mitgebracht, das mich sehr berührt hat: ›Ich bin wütend. Die Definition von Geschlechterrollen ist eine große Ungerechtigkeit. Wir sollten alle wütend sein. Wut hat in der Geschichte oft positiven Wandel bewirkt, aber zusätzlich zu meiner Wut habe ich auch Hoffnung. Denn ich glaube an die menschliche Fähigkeit, sich zum Besseren zu verändern.‹[1] Ich kann euch sagen, ich bin wütend, und ich hoffe, ihr auch. Wir brauchen diese Wut, wir brauchen sie kanalisiert in Handlungen, die diese Welt besser machen – für uns alle.

Vielleicht fragt ihr euch: Reicht es wirklich, wenn wir Frauen uns nur individuell an ein fehlerhaftes und ungerechtes patriarchales System anpassen? Ist die Selbstoptimierung der Einzelnen die Antwort auf ein strukturelles Problem? Meine klare Antwort lautet: Nein, sie ist nicht die endgültige Antwort. Aber sie ist ein möglicher Anfang. Das hier ist kein Plädoyer dafür, einfach nur die Regeln des Systems besser zu spielen, sondern dafür, dass wir uns die Macht und die Ressourcen nehmen, um die Regeln neu zu schreiben.

Erst wenn wir auf einem soliden finanziellen Fundament stehen, können wir es uns leisten, den Kampf für die großen Veränderungen zu führen: für faire Bezahlung, für die Anerkennung von Care-Arbeit, für eine Wirtschaft, die uns Menschen dient und nicht umgekehrt. Erst wenn wir nicht mehr um unser eigenes Überleben kämpfen müssen, können wir gemeinsam den Kampf für die Veränderung des großen Systems aufnehmen. Erst dann können wir unsere Wut über die Ungerechtigkeit von einem persönlichen Motor in eine kollektive, politische Kraft verwandeln.

Und genau hier liegt unsere gemeinsame Verantwortung. Die beschriebenen Strategien sollen euch nicht nur persönlich stärken. Sie sollen uns, jede Einzelne, in die Lage versetzen, die eigenen Privilegien, das Wissen und Vermögen zu nutzen, um auch andere Frauen zu unterstützen. Um die Stimmen derer zu verstärken, die weniger gehört werden. Um die Brücken und Leitern, die du für dich baust, auch für andere zu öffnen. Der Weg beginnt in uns selbst. Aber er endet nicht dort. Er endet in der Solidarität.

Die Systeme werden nicht von selbst gerechter, und die Welt da draußen wird sich nicht über Nacht zum Besseren verändern. Aber wenn ich euch sehe – die Frauen hier im Raum und all jene da draußen –, dann habe ich Hoffnung. Hoffnung, weil ihr anpackt. Weil ihr euch einmischt, kämpft, helft, gründet, laut seid. In NGOs, in der Politik, in der Wirtschaft, euren Gemeinden, Netzwerken und Familien.

Ich denke an all die Momente, in denen Menschen gemeinsam etwas bewegt haben: an die #MeToo-Bewegung und jetzt die ›No Kings‹-Proteste gegen Trump, an die vielen, die aus Solidarität ihr Disney-Plus-Abo kündigten, als er versuchte, Jimmy Kimmel mundtot zu machen. Ein kleiner Akt, der zeigte, wie mächtig kollektiver Widerstand sein kann. Oder an Gisèle Pelicot aus Frankreich, die nach den Vergewaltigungen, die sie erlitten hatte, laut war und damit dafür gesorgt hat, dass Frankreich sein Sexualstrafrecht nach dem Prinzip ›Nur Ja heißt Ja‹ verschärft hat.[2] Ich denke an die Isländerinnen, die mit ihrem kollektiven Streit 1975 ihr gesamtes Land lahmgelegt und so den Grundstein für Gleichstellung gelegt haben. Solche Geschichten geben mir Zuversicht. Sie zeigen, dass Veränderung möglich ist, wenn wir sie selbst anstoßen. Und ja – Hoffnung ist auch unsere einzige Option. Was sollten wir sonst tun? Den Kopf in den Sand stecken? Aufgeben? Nein. Wir sind aktiv, mutig und solidarisch. Wir lassen uns nicht lähmen, sondern wachsen an den Herausforderungen. Hoffnung ist, wie Václav Havel sagte, nicht die Überzeugung, dass etwas gut ausgeht, sondern die Gewissheit, dass etwas Sinn hat, egal wie es ausgeht.[3]

Also bleibt wütend über die Ungerechtigkeit und fokussiert euch auf euren Einflussbereich: Sprecht mit eurer Freundin, eurer Kollegin, euren Liebsten. Und baut Brücken. Seid Mentorin und Mentee. Unterstützt andere Frauen, wo immer ihr könnt. Denn finanzielle Resilienz ist keine rein individuelle Eigenschaft. Ihre wahre Kraft entfaltet sie erst, wenn sie zu einer kollektiven Stärke wird. Der Tag heute war nur der Anfang. Die eigentliche Arbeit beginnt jetzt.«

Ein warmer Applaus trägt mich von der Bühne, hinein in ein Gewirr aus Gesprächen. Händeschütteln, letzte, dringende Fragen, ein Meer aus hoffnungsvollen, entschlossenen Gesichtern.

Eine halbe Stunde später schließt sich die schwere Tür des Taxis hinter mir und schluckt den Lärm der Hauptstadt. Es schneit, es ist kalt. Ich sinke in das kühle Leder des Rücksitzes und schließe für einen Moment die Augen. Mein Griff geht zum Handy. Auf dem Display eine Nachricht von zu Hause: »Alles ruhig, Kind träumt von Abenteuern.« Darunter ein Foto meines Kindes, friedlich schlafend. Ich atme tief durch, eine Welle der Liebe und der Erleichterung spült die letzte Anspannung des Tages langsam fort.

Die Lichter der Stadt ziehen als unscharfe Streifen am Fenster vorbei. Während ich ins Leere starre, lässt mein Kopf die Bilder des Tages noch einmal Revue passieren. Nicht die Powerpoint-Folien oder die Agendapunkte, sondern die Gesichter, die Aha-Momente, die Emotionen. Ich spüre noch die Energie der Kaffeepausen – dieses leise, aber intensive Summen, wenn aus zaghaften Fragen handfeste Pläne werden und aus fremden Tischnachbarinnen Verbündete. Es ist dieses Gefühl, das bleibt. Es ist die Macht der Madame-Moneypenny-Community, die Macht von Frauen im Kollektiv.

Mein Blick in die Zukunft? Ich sehe keine fertigen Lösungen. Aber ich sehe unzählige Anfänge. Und eine wütende und hoffnungsvolle Gemeinschaft von Frauen, die bereit ist loszugehen – egal, was kommt.

Dank

Mein Name steht auf dem Cover, aber dieses Buch ist das Ergebnis der kollektiven Kraft vieler Menschen, denen ich von Herzen danken möchte.

Allen voran danke ich meinen Eltern, die mir im letzten Jahr unzählige Stunden Kinderbetreuung an Wochenenden, Abenden und Nächten geschenkt haben, damit ich überhaupt Zeit hatte, dieses Buch zu schreiben. Danke, Schwesterherz: Als erste Feedbackgeberin hast du mit deinem ehrlichen Feedback die Richtung dieses Buches entscheidend geprägt.

Auch der Text ist in Zusammenarbeit entstanden. Ich danke jeder Person, die an verschiedenen Stellen daran mitgearbeitet hat! Danke, liebe Zineb Nouns, dass du dich spontan auf dieses Projekt eingelassen und durch deinen fachlichen Input viele Kapitel auf ein neues Niveau gehoben hast. Liebe Desirée Šimeg, ich danke dir für deinen unermüdlichen Einsatz und die gemeinsamen Nachtschichten – Endspurt geschafft! Danke, liebe Eva Gengler und liebe Sophia Fritz, für euren Input und euer Vertrauen.

Ich danke auch meinen Freundinnen, die mich nicht nur mit Feedback, sondern auch mit seelischem Beistand unterstützt haben. Ebenso wie meinem Team, das mir den Rücken freigehalten hat. Ein großes Dankeschön geht natürlich an die gesamte Madame-Moneypenny-Community. Danke für eure Fragen, eure Erfahrungen und euer Vertrauen in mich. Ohne euch gäbe es Madame Moneypenny und somit auch dieses Buch nicht.

Zum Schluss danke ich mir selbst. Dieses Projekt war fordernd, lang und nicht selten schmerzhaft. Es gab einige Tage, an denen es leichter gewesen wäre hinzuschmeißen. Ich habe mich durch

Rückschläge gekämpft und weitergemacht, ohne meine Ansprüche an dieses Buch herunterzuschrauben. In gewisser Weise hat dieses Buch mich ebenfalls resilienter gemacht.

Anmerkungen

Der Winter ist da

1 Taleb, N. N. (2018): Antifragilität – Anleitung für eine Welt, die wir nicht verstehen, Pantheon Verlag, S. 106.
2 https://cdn.book-family.de/stylebook/data/uploads/2023/10/bir2023_final.pdf
3 Covey, S. R. (1989). The 7 habits of highly effective people. Free Press.
4 Giddens, A. The Constitution of Society: Outline of the Theory of Structuration, 1986

KAPITEL 1: Die Zeitenwende

1 Vgl. Dalio, R. (2018). Principles for navigating big debt crises. Bridgewater Associates; Dalio, R. (2021). Principles for dealing with the changing world order: Why nations succeed and fail. Simon & Schuster; Shvets, V. (2020). The great rupture: Three empires, four turning points, and the future of humanity. Boyle & Dalton; Howe, N. & Strauss, W. (1997). The fourth turning: An American prophecy – What the cycles of history tell us about America's next rendezvous with destiny. Broadway Books; Howe, N. (2023). The fourth turning is here: What the seasons of history tell us about how and when this crisis will end. Atria Books.
2 Dalio, R. (2025). How countries go broke: The big cycle. Avid Reader Press, S. 372, https://economicprinciples.org/downloads/How-Countries-Go-Broke.pdf.
3 Infinia (2025). EZB-Leitzins: Verlauf, Statistik und Prognose. www.infina.at/trends/ezb-leitzins/
4 https://de.statista.com/statistik/daten/studie/1347565/umfrage/entwicklung-der-bauzinsen-in-deutschland/
5 www.deutschlandfunk.de/zinsen-erstmals-seit-juli-2022-nicht-weiter-angehoben-100.html
6 Berechnet auf Grundlage der Daten von: https://europace.de/epx-mean/
7 Vgl. BORIS-D Zentrales Bodenrichtwertinformationssystem
8 https://thesciencesurvey.com/editorial/2025/04/29/a-historical-crossroads-how-political-theory-can-explain-todays-turmoil/; www.youtube.com/watch?v=dw3tveiaD2M; www.youtube.com/watch?v=HOub3bmUGV4; www.youtube.com/watch?time_continue=18&v=HKZmEiFlyDY&embeds_referring_euri=https%3A%2F%2Fwww.tabularasamagazin.de%2F&source_ve_path=Mjg2NjY
9 Howe, N., Strauss, W. (2025): The Fourth Turning. Was uns Zyklen der Geschichte über die Zukunft unserer Gesellschaft lehren, FinanzBuch Verlag, Kindle-Edition, Position 406–408.

10 www.imf.org/en/Publications/WEO/Issues/2025/04/22/world-economic-outlook-april-2025

11 www.ifw-kiel.de/de/publikationen/aktuelles/trump-sieg-wirtschaftlich-schwierigster-moment-in-geschichte-der-bundesrepublik/?utm

12 tagesschau.de: »Marktbericht: Höhere Verluste als zu Beginn der Corona-Pandemie«, tagesschau.de, 04.04.2025, www.tagesschau.de/wirtschaft/finanzen/marktberichte/marktbericht-boersen-kurssturz-dax-wall-street-trump-zoelle-100.html; »Dax mit hohen Verlusten: Handelskrieg mit Trumps USA droht«, ZDFheute, 07.04.2025, www.zdf.de/nachrichten/wirtschaft/dax-einbruch-zehn-prozent-us-zoelle-100.html

13 www.wsj.com/finance/stocks/u-s-stock-futures-fall-further-after-china-retaliates-against-trump-tariffs-3be33fa7?utm, www.wsj.com/livecoverage/stock-market-tariffs-trade-war-04-04-2025/card/stocks-head-for-record-two-day-wipeout-Oph5W2WKWqGaPYRh5Zea

14 www.reuters.com/markets/us/futures-fall-after-sharp-rally-trump-tariff-reversal-2025-04-10/?utm

15 https://newsroom.co.nz/2025/04/04/the-defining-word-of-2025-uncertainty/, www.marketwatch.com/story/not-even-the-co-creator-of-this-economic-uncertainty-index-can-tell-when-the-worst-will-be-over-9ec655dd

16 www.moodys.com/web/en/us/about-us/usrating.html

17 www.tagesschau.de/wirtschaft/moodys-rating-usa-100.html

18 www.cbo.gov/publication/61570, www.whitehouse.gov/articles/2025/05/one-big-beautiful-bill-is-a-once-in-a-generation-chance/

19 www.theguardian.com/business/2025/may/19/eurozone-growth-forecasts-cut-amid-uncertainty-over-trump-trade-war-tariffs

20 https://carnegieendowment.org/emissary/2025/03/trump-foreign-policy-second-american-revolution-nato-un?lang=en

21 »What to Do in the Wake of Trump's Tariff Pause | Prof G Markets«, 14.04.2025, www.youtube.com/watch?v=rntQzCvwwZA

22 https://dgap.org/de/forschung/publikationen/trumps-america-first-politik-bedroht-den-welthandel

23 De Bondt, Werner F. M., Thaler, Richard (1985). Does the Stock Market Overreact?, *The Journal of Finance*, 40/3, 1985, S. 793–805.

24 Baumeister, R.F., Bratslavsky, E., Finkenauer, C. & Vohs, K. D. (2001). »Bad ist Stronger than Good«. *Review of General Psychology*, 5(4), 323–370. https://doi.org/10.1037/1089-2680.5.4.323

25 Nicholas Bloom: »The Impact of Uncertainty Shocks«, in: Econometrica, Vol. 77, Nr. 3, Mai 2009, S. 623–685, online unter: https://doi.org/10.3982/ECTA6248

KAPITEL 2: Das Patriarchat schlägt zurück

1 www.spiegel.de/kultur/donald-trump-diese-200-woerter-sollen-aus-us-regierungsdokumenten-verschwinden-a-7b7dc461-a924-4548-a083-b11c4843a651

2 https://pen.org/banned-books-list-2025

3 www.politico.com/news/2025/08/12/smithsonian-museums-trump-review-00505838?utm
4 www.spiegel.de/kultur/smithsonian-museen-das-sind-die-kunstwerke-die-donald-trump-missfallen-a-76a92b85-143a-4a9d-9a40-6dc21bc8d96e
5 www.tagesschau.de/ausland/amerika/trump-exodus-wissenschaftler-monitor-100.html
6 www.businessinsider.de/karriere/diese-11-bekannten-us-konzerne-streichen-jetzt-diversity-initiativen/
7 www.handelsblatt.com/technik/it-internet/softwarehersteller-reaktion-auf-trump-politik-sap-streicht-frauenquote/100127302.html
8 www.forbes.com/sites/janicegassam/2025/09/29/laid-off-pushed-out-still-standing-4-black-women-on-rebuilding-careers/
9 www.youtube.com/watch?v=HGSvGR1bGGo
10 Die Peter Thiel Story: Die Peter Thiel Story, 4. Juni 2025, https://podcasts.apple.com/de/podcast/die-peter-thiel-story/id1814608156
11 Demopoulos, A.: Were the No Kings protests the largest single-day demonstration in American history? *The Guardian*, 19.06.2025, www.theguardian.com/us-news/2025/jun/19/no-kings-how-many-protesters-attended
12 www.bbc.com/news/election-us-2016-37595321
13 https://apnews.com/article/trump-rape-carroll-trial-fe68259a4b98bb3947d42af9ec83d7db?utm
14 www.theguardian.com/us-news/2025/jul/18/trump-epstein-friendship
15 https://msmagazine.com/2024/11/04/sexism-politics-kamala-harris-first-woman-president/
16 www.spiegel.de/politik/ausland/donald-trump-und-hillary-clinton-im-3-tv-duell-wer-war-besser-a-1117440.html
17 https://theweek.com/politics/things-donald-trump-has-said-about-women?
18 www.zeit.de/news/2024-08/01/ist-sie-schwarz-trump-provoziert-mit-attacke-auf-harris
19 www.youtube.com/watch?v=E-5sGYguihM
20 www.esquire.com/news-politics/news/a41648/donald-trump-twitter-insults/
21 www.stern.de/panorama/meike-winnemuth/shifting-baselines--wie-wir-unsere-definitionen-anpassen-8642270.html
22 www.zeit.de/2025/21/misogynie-politik-mannosphaere-usa-diversitaet
23 www.newsweek.com/andrew-tate-women-shouldnt-vote-us-election-1961140
24 www.tagesschau.de/ausland/europa/andrew-tate-auslieferung-100.html
25 https://tu-dresden.de/bu/der-bereich/chancengleichheit/fun/news/factfriday-your-body-my-choice
26 https://committees.parliament.uk/oralevidence/16148/html/?utm
27 www.bbc.co.uk/programmes/m002d8wf
28 www.worldbank.org/en/news/press-release/2023/03/02/pace-of-reform-toward-equal-rights-for-women-falls-to-20-year-low
29 www.tagesschau.de/ausland/amerika/supreme-court-kippt-abtreibungsrecht-101.html

30 www.t-online.de/nachrichten/ausland/usa/id_92338542/usa-supreme-court-kippt-landesweites-recht-auf-abtreibung-roe-v-wade-urteil.html
31 Gender Equity Policy Institute (2025). Maternal Mortality in the United States After Abortion Bans. https://thegepi.org/maternal-mortality-abortion-bans/
32 www.americanprogress.org/article/stopping-the-abuse-of-tech-in-surveilling-and-criminalizing-abortion/
33 www.nbcnews.com/politics/donald-trump/trump-was-able-kill-roe-v-wade-rcna84897
34 www.theatlantic.com/magazine/archive/2025/01/america-misogyny-gender-politics-trump/680753/
35 www.bka.de/DE/Presse/Listenseite_Pressemitteilungen/2024/Presse2024/241119_PM_BLB_Straftaten_gegen_Frauen.html
36 https://unwomen.de/gewalt-gegen-frauen-in-deutschland/
37 https://de.statista.com/statistik/daten/studie/1536953/umfrage/opfer-von-femiziden-in-deutschland/; https://www.bka.de/SharedDocs/Downloads/DE/Publikationen/JahresberichteUndLagebilder/StraftatenGegenFrauen/StraftatengegenFrauenBLB2024.html?nn=237578
38 World Health Organization & Pan American Health Organization (2012): Understanding and addressing violence against women, https://iris.who.int/server/api/core/bitstreams/d08c9852-6313-4351-8429-e9b3bfde8368/content.
39 https://wist.info/atwood-margaret/25926/
40 Lindeman, T. (2022). ›Incel‹ who killed 11 in Toronto van murders sentenced to life in prison. The Guardian, 13.06.2022, www.theguardian.com/world/2022/jun/13/toronto-van-murders-court-victim-2018-attack
41 Swedish politician calls mass migration debate morally wrong The Australian News, 17.09.2025, https://theaustraliannews.com.au/swedish-politician-calls-mass-migration-debate-morally-wrong-abc-news/
42 Bundeskriminalamt (2024): Geschlechtsspezifisch gegen Frauen gerichtete Straftaten – Bundeslagebild 2023, www.bka.de/SharedDocs/Kurzmeldungen/DE/Kurzmeldungen/241119_BLBStraftatengegenFrauen2023.html; UN-Women Deutschland (2024): Gewalt gegen Frauen in Deutschland 2023, https://unwomen.de/gewalt-gegen-frauen-in-deutschland/; https://www.bka.de/SharedDocs/Downloads/DE/Publikationen/JahresberichteUndLagebilder/StraftatenGegenFrauen/StraftatengegenFrauenBLB2024.html?nn=237578
43 OECD (2020), »Women at the core of the fight against COVID-19 crisis«, OECD Policy Responses to Coronavirus (COVID-19), OECD Publishing, Paris, https://doi.org/10.1787/553a8269-en
44 www.spiegel.de/kultur/rechtsextremismus-gewalt-femizide-die-welt-koennte-so-schoen-sein-ohne-euch-maenner-essay-a-af9ec71c-de46-432e-9e40-ae68f8efd35e
45 www.zeit.de/2025/45/femizide-schweiz-spanien-gesetze-gewalt-gegen-frauen
46 https://www.bundesregierung.de/breg-de/aktuelles/kabinett-haeusliche-gewalt-fussfessel-2394530

47 www.theguardian.com/us-news/2025/apr/24/womanosphere-conservative-women
48 www.washingtonpost.com/business/2025/08/11/mothers-leaving-workforce-large-numbers/
49 www.spiegel.de/kultur/anti-feminismus-schlank-still-rechts-die-neue-medien-welt-fu-r-junge-frauen-a-740391c2-00c1-48c8-affd-b09c49ddcfc8
50 www.watson.ch/leben/people/575801638-influencerin-millane-friesen-sorgt-mit-religioesem-content-fuer-empoerung

KAPITEL 3: Goodbye, Gleichstellung

1 www.welt.de/politik/deutschland/article254722382/CDU-Chef-Ich-wuerde-heute-anders-abstimmen-sagt-Merz-zu-Vergewaltigung-in-der-Ehe.html
2 www.campact.de/bundestagswahl-2025/merz-kein-kanzler-fuer-frauen
3 www.sueddeutsche.de/politik/schwangerschaftsabbruch-straffreiheit-friedrich-merz-lux.RGuh9B7iPwS9eSfqnAYyxa
4 www.focus.de/politik/deutschland/72-prozent-der-deutschen-sagen-legalisiert-abtreibungen-in-frueher-phase_id_259856340.html
5 www.zeit.de/news/2025-07/02/queerbeauftragter-queere-menschen-sind-keine-zirkuspferde?utm; www.spiegel.de/politik/friedrich-merz-ueber-regenbogenflagge-am-csd-der-bundestag-ist-kein-zirkuszelt-a-8ad8cbfd-c30f-4a13-bd0e-0970a45bad32; www.zdfheute.de/politik/merz-regenbogenfahne-bundestag-zirkuszelt-100.html
6 Friedrich Merz und das Problem mit dem »Stadtbild«, Deutschlandfunk, 23.10.2025. www.deutschlandfunk.de/friedrich-merz-stadtbild-migration-diskussion-100.html?utm
7 www.zdfheute.de/politik/deutschland/merz-petition-stadtbild-radikale-toechter-100.html
8 www.spiegel.de/politik/deutschland/friedrich-merz-ueber-geschlechterparitaet-in-der-bundesregierung-wir-tun-damit-auch-den-frauen-keinen-gefallen-a-84ec18ef-67ad-4085-a928-2dea15b525be
9 www.n-tv.de/politik/Der-neue-Bundestag-ist-eine-Katastrophe-in-Zahlen-article25589225.html?utm
10 www.destatis.de/DE/Themen/Laender-Regionen/Internationales/Thema/allgemeines-regionales/frauenanteil-parlamente.html?utm
11 www.destatis.de/DE/Themen/Laender-Regionen/Internationales/Thema/allgemeines-regionales/frauenanteil-parlamente.html?utm
12 »Mehr Fortschritt wagen, Bündnis für Freiheit, Gerechtigkeit und Nachhaltigkeit Koalitionsvertrag 2021–2025 zwischen der Sozialdemokratischen Partei Deutschlands (SPD), Bündnis 90/Die Grünen und den Freien Demokraten (FDP)«, FragDenStaat, ohne Datum, https://fragdenstaat.de/dokumente/142083-koalitionsvertrag-2021-2025/

13 »Verantwortung für Deutschland – Koalitionsvertrag zwischen CDU, CSU und SPD – 21. Legislaturperiode«, FragDenStaat, ohne Datum, https://fragdenstaat.de/dokumente/258046-koalitionsvertrag-cdu-csu-spd-2025-entwurf/
14 www.profamilia.de/fachinfos/nach-themen/150-jahre-218-stgb
15 www.bundeshaushalt.de/DE/Bundeshaushalt-digital/bundeshaushalt-digital.html
16 https://de.statista.com/themen/11967/altersarmut/#topicOverview
17 www.atlanticcouncil.org/blogs/new-atlanticist/germanys-economy-has-gone-from-engine-to-anchor/?utm
18 www.deutschlandfunk.de/deutschland-bundeswehr-infrastruktur-schulden-bremse-sondervermoegen-102.html
19 www.tagesschau.de/inland/innenpolitik/debatte-arbeitszeit-deutschland-100.html
20 www.der-paritaetische.de/alle-meldungen/paritaetischer-kita-bericht-zeigt-wachsende-defizite-in-kindertageseinrichtungen/; www.bertelsmann-stiftung.de/fileadmin/files/BSt/Presse/Pressemitteilung_Mehr_Plaetze_und_bessere_Qualitaet_in_Kitas_bis_2023_wenn_jetzt_entschlossen_gehandelt_wird_20231128.pdf
21 www.news4teachers.de/2025/07/der-countdown-laeuft-ab-2026-gilt-der-rechtsanspruch-auf-ganztag-doch-die-zeit-wird-knapp-das-geld-noch-knapper/
22 www.destatis.de/DE/Presse/Pressemitteilungen/2024/12/PD24_478_224.html
23 www.vdk.de/themen/frauen/frauen-und-pflege/
24 www.oecd.org/en/data/indicators/hours-worked.html
25 www.ardmediathek.de/video/monitor/faules-volk-arbeiten-wir-zu-wenig/das-erste/Y3JpZDovL3dkci5kZS9CZWl0cmFnLXNvcGhvcmEtYjM4MjU3ZWEtZTEwMS00OTg1LWEyODEtODNiNmRkN2ZmYWI0
26 www.diw.de/de/diw_01.c.825333.de/publikationen/wochenberichte/2021_38_1/massnahmen_zur_finanziellen_bildung_wirken_____deutschland_s___llte_nationale_strategie_fuer_finanzielle_bildung_entwickeln.html
27 Starken, S. L. (2025): Zu Besuch am rechten Rand – Warum Menschen AfD wählen, Heyne, S. 100
28 Starken, S. L. (2025): Zu Besuch am rechten Rand – Warum Menschen AfD wählen, Heyne, S. 98
29 www.youtube.com/watch?v=pMSZW8igb7A
30 Alternative für Deutschland, AfD begrüßt ihr 70 000. Mitglied – Ein deutliches Signal für den politischen Wandel. Alternative für Deutschland, 17.10.2025, www.afd.de/tino-chrupalla-alice-weidel-carsten-huetter-afd-begruesst-ihr-70-000-mitglied-ein-deutliches-signal-fuer-den-politischen-wandel/
31 www.tagesspiegel.de/politik/mannerdomane-politik-frauenanteil-der-afd-bei-21-prozent-12012179.html
32 www.youtube.com/watch?v=XI7fnIJO264
33 Starken, S. L. (2025): Zu Besuch am rechten Rand – Warum Menschen AfD wählen, Heyne, S. 101

34 https://vielfalt.uni-koeln.de/antidiskriminierung/glossar-diskriminierung-rassismuskritik/tokenism
35 Küpper, B., Zick, A. (2015). Gruppenbezogene Menschenfeindlichkeit | Rechtsextremismus, bpb.de. www.bpb.de/themen/rechtsextremismus/dossier-rechtsextremismus/214192/gruppenbezogene-menschenfeindlichkeit/
36 https://de.statista.com/prognosen/1469771/nutzer-von-ki-tools-weltweit
37 www.spiegel.de/panorama/amazon-wollte-bewerber-mit-kuenstlicher-intelligenz-beurteilen-doch-diese-ist-sexistisch-a-deb7824c-ec57-446f-8128-bd345441451f
38 https://bbc.com/news/business-50365609
39 www.heise.de/news/Kuenstliche-Intelligenz-Sprachmodelle-geben-Frauen-schlechtere-Gehaltsratschlaege-10477889.html
40 Criado-Perez, C. (2019): Unsichtbare Frauen – Wie eine von Daten beherrschte Welt die Hälfte der Bevölkerung ignoriert, btb Verlag.
41 Bose, D., Segui-Gomez, M. & Crandall, J. R. (2011). Vulnerability of female drivers involved in motor vehicle crashes: an analysis of US population at risk. American Journal of Public Health, 101(12), S. 2368–2373; Criado Perez, C. (2019). Unsichtbare Frauen: Wie eine von Daten beherrschte Welt die Hälfte der Bevölkerung ignoriert. btb Verlag.
42 Criado Perez, C. (2019). Unsichtbare Frauen: Wie eine von Daten beherrschte Welt die Hälfte der Bevölkerung ignoriert. btb Verlag. S. 272
43 Criado-Perez, C. (2019): Unsichtbare Frauen: Wie eine von Daten beherrschte Welt die Hälfte der Bevölkerung ignoriert, btb Verlag.
44 Buyl, M. et al (2024): Large Language Models Reflect the Ideology of their Creators. 10.48550/arXiv.2410.18417.
45 www.whitehouse.gov/wp-content/uploads/2025/07/Americas-AI-Action-Plan.pdf
46 Closing the Gender Gap in GenAI Skills: Strategies for empowering more women to learn and harness Generative AI (Coursera 2024)
47 Closing the Gender Gap in GenAI Skills: Strategies for empowering more women to learn and harness Generative AI (Coursera 2024)
48 www.baua.de/DE/Angebote/Publikationen/Berichte/F2573; Studie »Digitalisierung und Wandel der Beschäftigung« (DiWaBe 2.0)

KAPITEL 4: Frauen in der Krise

1 www.destatis.de/DE/Presse/Pressemitteilungen/2025/05/PD25_175_13.html
2 www.stlouisfed.org/publications/regional-economist/october-2009/the-mancession-of-20082009-its-big-but-its-not-great
3 www.intereconomics.eu/contents/year/2021/number/5/article/covid-19-and-oecd-labour-markets-what-impact-on-gender-gaps.html
4 »Frauen in der Coronakrise stärker belastet«, 01, Böckler Impuls, Hans-Böckler-Stiftung, 2021, www.boeckler.de/de/boeckler-impuls-frauen-in-der-coronakrise-starker-belastet-29949.htm

5 Seebauer, Johannes, Alexander S. Kritikos und Daniel Graeber: »Warum vor allem weibliche Selbstständige Verliererinnen der Covid-19-Krise sind«, DIW Wochenbericht 15, DIW Berlin, 2021, www.diw.de/de/diw_01.c.815794.de/publikationen/wochenberichte/2021_15_3/warum_vor_allem_weibliche_selbststaendige_verliererinnen_der_covid-19-krise_sind.html

6 https://edition.cnn.com/2025/10/17/economy/us-women-workforce-shecession-return; https://cepr.org/voxeu/columns/shecession-she-recession-2020-causes-and-consequences

7 www.ilo.org/sites/default/files/wcmsp5/groups/public/%40dgreports/%40inst/documents/publication/wcms_820697.pdf

8 www.wsi.de/fpdf/HBS-008189/p_wsi_studies_29_2021.pdf S. 18

9 www.bpb.de/kurz-knapp/zahlen-und-fakten/sozialbericht-2024/553197/konsumausgaben/

10 www.destatis.de/DE/Presse/Pressemitteilungen/2024/01/PD24_020_611.html

11 www.verbraucherzentrale.de/wissen/vertraege-reklamation/kunden rechte/pink-tax-wenn-frauen-mehr-fuers-gleiche-zahlen-98512

12 www.weforum.org/stories/2022/10/inflation-crisis-hits-women-harder/

13 https://www.businessinsider.de/karriere/gehalt-frauen-bekamen-2022-seltener-mehr-geld-als-maenner/

14 www.destatis.de/DE/Presse/Pressemitteilungen/2024/02/PD24_073_63991.html

15 www.boeckler.de/de/boeckler-impuls-ruckschritt-durch-corona-23586.htm

16 www.bertelsmann-stiftung.de/de/themen/aktuelle-meldungen/2020/dezember/corona-traditionelle-aufgabenverteilung-im-haushalt-belastet-frauen-stark

17 www.bundestag.de/resource/blob/847662/19_14-2_9-3-_ESV-Dr-Theresa-Entringer_soziale-Folgen.pdf S. 4

18 www.dia-vorsorge.de/studie/corona-jeder-fuenfte-hatte-erhebliche-finanzielle-belastungen/

19 www.ucl.ac.uk/news/2024/jan/financial-stress-linked-worse-biological-health

20 www.geo.de/wissen/gesundheit/stress-und-gesundheit--finanzielle-sorgen-belasten-am-staerksten-34434192.html, https://neurosciencenews.com/financial-stress-health-25511

21 www.apa.org/news/press/releases/2008/10/stress-women

22 Mani, A., Mullainathan, S., Shafir, E. & Zhao, J. (2013). Poverty impedes cognitive function. Science, 341(6149), 976–980.

23 https://youtu.be/7ljbt6jB5ss?si=cIE7vEuyMvAp6mk-

24 Leopold, T. (2018). Gender differences in the consequences of divorce: A study of multiple outcomes. Demography, 55(3), 769–797. https://doi.org/10.1007/s13524-018-0667-6

25 https://statistik.arbeitsagentur.de/DE/Statischer-Content/Statistiken/Themen-im-Fokus/Frauen-und-Maenner/generische-Publikationen/Frauen-Maenner-Arbeitsmarkt.pdf

26 Illing, H.; Schmieder, J.; Trenkle, S. (2022): The Gender Gap in Earnings Losses after Job Displacement.

27 www.youtube.com/watch?v=uDdBvsdGlxg&list=PLVCO6rBilWyzI74k_smgjZypyyy3697gU&index=1
28 https://reports.weforum.org/docs/WEF_Gender_Parity_in_the_Intelligent_Age_2025.pdf, S. 9
29 https://reports.weforum.org/docs/WEF_Future_of_Jobs_2025_Press_Release_DE.pdf
30 https://chefinnensache.de/content/uploads/2024/10/241008_Chefinnensache-Umfrage-Ergebnisse_vFINAL-1.pdf
31 www.welt.de/wirtschaft/plus239575251/L-Oreal-Der-Profiteur-des-Lippenstift-Effekts.html
32 www.loreal-finance.com/eng/news-release/2023-annual-results, www.cosmetic-business.com/de/news-alt/loreal-mit-deutlichem-wachstum-2023
33 www.rheingold-marktforschung.de/news/zwischen-schoener-leben-und-ueberleben-wie-sich-krisen-im-einkaufswagen-zeigen
34 MacDonald, D. & Dildar, Y. (2020). Social and psychological determinants of consumption: Evidence for the lipstick effect during the Great Recession. Journal of Behavioral and Experimental Economics; Bardey, A., Buentello, D., Rogaten, J., Mala, A. & Khadaroo, A. (2023). Exploring the post-COVID lipstick effect: A short report. International Journal of Market Research; Netchaeva, E. & Rees, M. (2016). Strategically Stunning. Psychological Science, 27, 1157–1168.
35 www.forbes.com/sites/pamdanziger/2022/06/01/with-inflation-rising-the-lipstick-effect-kicks-in-and-lipstick-sales-rise, vgl. Juliet Schor (1998): The Overspent American. Basic Books. S. 49, www.tagesschau.de/wirtschaft/verbraucher/lipstick-effekt-konsum-101.html, www.businessinsider.de/wirtschaft/lipstick-effekt-lippenstift-umsatzanstieg-a/
36 www.uni-mannheim.de/forschung-erleben/artikel/der-lippenstift-effekt/, Hill, S. E., Rodeheffer, C. D., Griskevicius, V., Durante, K. & White, A. E. (2012). Boosting beauty in an economic decline: Mating, spending, and the lipstick effect. Journal of Personality and Social Psychology, 103, 275–291
37 https://de.statista.com/statistik/daten/studie/1386029/umfrage/hautpflegeprodukte-monatliche-ausgaben-deutschland/

KAPITEL 5: Ein Teufelskreis mit Rückkopplungseffekt

1 www.boeckler.de/de/boeckler-impuls-ehegattensplitting-macht-erwerbsarbeit-fuer-frauen-unattraktiv-10347.htm
2 www.statistikportal.de/de/nachhaltigkeit/ergebnisse/ziel-5-geschlechtergleichheit/frauenanteil-alleinerziehenden
3 www.boeckler.de/de/boeckler-impuls-ehegattensplitting-macht-erwerbsarbeit-fuer-frauen-unattraktiv-10347.htm
4 www.boeckler.de/de/boeckler-impuls-ehegattensplitting-macht-erwerbsarbeit-fuer-frauen-unattraktiv-10347.htm
5 www.diw.de/de/diw_01.c.555170.de/diw_berlin_untersucht_alternativen_zum_ehegattensplitting.html

6 von Heesen, B. (2022): Was Männer kosten: Der hohe Preis des Patriarchats, Heyne Verlag
7 www.destatis.de/DE/Themen/Querschnitt/Gleichstellungsindikatoren/gender-pension-gap-f33.html
www.destatis.de/DE/Themen/Gesellschaft-Umwelt/Einkommen-Konsum-Lebensbedingungen/Lebensbedingungen-Armutsgefaehrdung/Tabellen/einkommen-gender-pension-gap.html?nn=641904
8 www.demografie-portal.de/DE/Fakten/rentenhoehe.html; www.welt.de/wirtschaft/article243219203/Rente-Jeder-dritten-Frau-in-Vollzeitarbeit-droht-spaeter-Rente-unter-1000-Euro.html?utm
9 www.ifo.de/DocDL/sd-2024-08-gender-gaps-steuerpolitik_1.pdf
10 www.bmfsfj.de/resource/blob/113474/cfb3b8047964183010cc5c9e2ae48c2b/dauerhaft-ungleich-berufsspezifische-lebenserwerbseinkommen-von-frauen-und-maennern-in-deutschland-data.pdf
11 www.bertelsmann-stiftung.de/en/publications/publication/did/wer-gewinnt-wer-verliert-2020-1
12 www.bertelsmann-stiftung.de/fileadmin/files/BiW/BSt_Factsheet_Gleichstellung_Arbeitsmarkt.pdf
13 www.ifo.de/pressemitteilung/2024-04-04/ifo-institut-econpol-europe-elternschaft-verstaerkt-ungleichheit
14 www.ifo.de/pressemitteilung/2024-04-04/ifo-institut-econpol-europe-elternschaft-verstaerkt-ungleichheit
15 www.ifo.de/pressemitteilung/2024-04-04/ifo-institut-econpol-europe-elternschaft-verstaerkt-ungleichheit
16 www.destatis.de/DE/Presse/Pressemitteilungen/2025/02/PD25_056_621.html
17 https://service.destatis.de/DE/paygap/
18 Roig, E., Zykunov, A. & Horch, S. (Hrsg.) (2024): *Unlearn Patriarchy 2.* Ullstein Verlag, S. 195.
19 www.pewresearch.org/social-trends/2023/03/01/the-enduring-grip-of-the-gender-pay-gap/
20 Harris, J. (2022): Do wages fall when women enter an occupation? *Labour Economics, 74*, 102 102. https://doi.org/10.1016/j.labeco.2021.102102
21 www.g-ba.de/presse/pressemitteilungen-meldungen/1274/?utm, www.aerztezeitung.de/Politik/Lipoedem-G-BA-entscheidet-ueber-Aufnahme-von-Liposuktion-in-die-Regelversorgung-459410.html?utm
22 www.destatis.de/DE/Presse/Pressemitteilungen/2025/11/PD25_393_13.html
23 www.dezim-institut.de/fileadmin/user_upload/fis/publikation_pdf/FA-5438.pdf
24 www.allbright-stiftung.de/aktuelles/2024/10/14/der-allbright-herbstbericht-2024-ist-da
25 www.personalwirtschaft.de/news/verguetung/deutschland-hat-den-zweithoechsten-bereinigten-gender-pay-gap-99931/
26 www.allianz.com/en/economic_research/insights/publications/specials_fmo/financial-literacy.html

27 Bachmann, R./ Rulf, C. / Schmidt, C. (2021): Finanzielle Kompetenzen und Defizite in Deutschland – eine aktuelle Bestandsaufnahme. https://link.springer.com/article/10.1007/s41025-021-00235-2.

28 https://pure.rug.nl/ws/portalfiles/portal/56912479/Bucher_Koenen_et_al_2016_Journal_of_Consumer_Affairs.pdf

29 www.oecd.org/content/dam/oecd/en/publications/reports/2012/03/empowering-women-through-financial-awareness-and-education_g17a20f7/5k9d5v6kh56g-en.pdf

30 https://papers.ssrn.com/sol3/papers.cfm?abstract_id=2572961

31 www.dws.com/de-de/insights/cio-view/chart-of-the-Week/cotw-2024/chart-of-the-week-20241206/

32 https://de.statista.com/statistik/daten/studie/1551476/umfrage/aktienbesitz-in-deutschland-nach-geschlecht/

33 www.ey.com/de_de/newsroom/2025/03/ey-startup-barometer-2025-gruenderinnen-und-gruender

34 www.stern.de/wirtschaft/die-hoehle-der-loewen/pinky-gloves---hoehle-der-loewen--start-up-gibt-nach-sexismus-vorwuerfen-auf-30488614.html

35 www.verivox.de/kredit/nachrichten/ratenkredite-fuer-frauen-7-prozent-teurer-als-fuer-maenner-1121328/

36 www.spiegel.de/wirtschaft/hoehere-zinslast-frauen-werden-bei-der-kreditaufnahme-benachteiligt-a-741e6a78-fbbd-4b85-96ab-2f2bab553d46

37 www.ing.de/wissen/gender-tax-gap/

38 www.ing.de/wissen/gender-tax-gap/

39 www.sciencedirect.com/science/article/abs/pii/0277953692902088

40 www.wu.ac.at/presse/presseaussendungen/presseaussendung-details/detail/frauen-in-paarhaushalten-mit-kindern-leisten-die-meiste-unbezahlte-arbeit

41 https://academic.oup.com/qje/article-abstract/130/2/571/2330321?

42 https://journals.sagepub.com/doi/10.1177/0146167219883611

43 www.fr.de/panorama/ledig-und-kinderlos-laut-studien-sind-frauen-so-am-gluecklichsten-zr-93346080.html

44 www.swr.de/swrkultur/leben-und-gesellschaft/negativity-bias-erklaert-von-bernhard-poerksen-100.html

45 https://pmc.ncbi.nlm.nih.gov/articles/PMC3132556/

46 www.frontiersin.org/journals/psychiatry/articles/10.3389/fpsyt.2023.1191007/full; www.researchgate.net/publication/355490259_Reappraisal-but_not_Suppression-Tendencies_Determine_Negativity_Bias_After_Laboratory_and_Real-World_Stress_Exposure; www.researchgate.net/publication/362174419_Positive_Cognitive_Reappraisal_in_Stress_Resilience_Mental_Health_and_Well-Being_A_Comprehensive_Systematic_Review

47 Taylor, J. B. (2008): My Stroke of Insight: A Brain Scientist's Personal Journey, Viking.

48 www.joluecke.de/2022/08/25/mental-und-emotional-load-was-ist-das-eigentlich/

49 www.boeckler.de/de/faust-detail.htm?sync_id=HBS-008679

50 www.zeit.de/zeit-magazin/leben/2025-09/finanzen-beziehung-partnerschaft-frauen-corinne-low?
51 www.zeit.de/familie/2025-03/leisure-gap-freizeit-verteilung-hobbys-care-arbeit
52 www.freizeitmonitor.de/2022/freizeitverhalten-nach-geschlecht/
53 www.freizeitmonitor.de/2022/freizeitverhalten-nach-geschlecht/
54 Bücker, T.: Alle Zeit – Eine Frage von Macht und Freiheit, S. 322.
55 https://sive.rs/hellyeah
56 Perry, P. (2024): Wie man in verrückten Zeiten nicht den Verstand verliert. Ullstein Verlag.
57 Fritz, S.: Toxische Weiblichkeit, S. 89
58 www.nature.com/articles/srep23011

KAPITEL 6: Die Separierung von Frauen und Macht

1 Beard, M.: Frauen und Macht, S. 72.
2 Beard, M.: Frauen und Macht, S. 70 f.
3 Beard, M.: Frauen und Macht, S. 72.
4 www.morgenpost.de/panorama/article401848914/us-komikerin-griffin-schockiert-mit-blutigem-trump-kopf.html
5 Kenney, C. T. (2006). The Power of the Purse: Allocative Systems and Inequality in Couple Households. Gender & Society, 20(3), S. 354–381. https://doi.org/10.1177/0891243206286742
6 www.bpb.de/themen/gender-diversitaet/femizide-und-gewalt-gegen-frauen/572426/oekonomische-gewalt-in-paarbeziehungen/
7 https://press.princeton.edu/books/hardcover/9780691154848/the-unheavenly-chorus?
8 https://pmc.ncbi.nlm.nih.gov/articles/PMC9829954/?utm
9 www.cambridge.org/core/journals/politics-and-gender/article/abs/revealing-the-secret-garden-the-informal-dimensions-of-political-recruitment/29F23C54BE926D0EF460BA9F8424C373
10 www.instagram.com/reel/DKq_t7Ct6yV/?utm_source=ig_embed
11 www.n-tv.de/politik/Studie-legt-Gruende-fuer-niedrige-Frauenquote-im-Bundestag-offen-article25859592.html
12 www.focus.de/wissen/mensch/geschichte/meilensteine-der-frauenemanzipation-in-deutschland-frauentag-2012_id_2045108.html
13 Roig, E. (2023): Das Ende der Ehe, S. 112.
14 Ryland, N. (2022). Unlearn Macht. In L. Jaspers, N. Ryland & S. Horch (Hrsg.), Unlearn Patriarchy. Ullstein, S. 282; »Making Change Happen: Power, Concepts for Revisioning Power for Justice, Equality and Peace«, 2006, JASS (Just Associates)
15 www.bbc.com/news/magazine-34602822
16 www.rkw-kompetenzzentrum.de/fachkraeftesicherung/blog-1/der-blick-ueber-den-tellerrand-island-das-land-in-dem-berufliche-gleichberechtigung-funktioniert/

17 https://de.statista.com/statistik/daten/studie/1325137/umfrage/laender-mit-dem-kleinsten-gender-gap/
18 Ciani-Sophia Hoeder, Wut und Böse, S. 11
19 McKeown, G.: Essentialism, S. 6.
20 Roig, E. (2023): Das Ende der Ehe, S. 127

KAPITEL 7: Vom robusten Überleben zum antifragilen Wachstum

1 Taleb, N. N. (2018): *Antifragilität*, S. 45
2 Taleb, N. N. (2018): *Antifragilität*, S. 111
3 Taleb, N. N. (2018): *Antifragilität*, S. 31
4 Taleb, N. N. (2018): *Antifragilität*, S. 21
5 OECD (2021), G20/OECD-INFE Report on Supporting Financial Resilience and Transformation through Digital Financial Literacy, OECD Publishing, Paris, S. 7 https://doi.org/10.1787/0132c06d-en

KAPITEL 8: Faktor 1: Psychologische Resilienz & Mindset

1 Reichhart, T. und C. Pusch (2023): *Resilienz-Coaching: Ein Praxismanual zur Unterstützung von Menschen in herausfordernden Zeiten,* Springer Verlag, S. 15.
2 Amstadter, A. B., Myers, J. M. & Kendler, K. S. (2014). Psychiatric resilience: longitudinal twin study. *The British journal of psychiatry: the journal of mental science, 205*(4), 275–280; Boardman, J. D., Blalock, C. L. & Button, T. M. (2008). Sex differences in the heritability of resilience. *Twin research and human genetics: the official journal of the International Society for Twin Studies, 11*(1), 12–27.
3 Hooks, B. (2000). *Feminism is for Everybody: Passionate Politics.* Cambridge, MA: South End Press; Fraser, N. (2013). Fortunes of Feminism: From State-Managed Capitalism to Neoliberal Crisis. London: Verso.
4 Niedenthal, P. M. Embodying emotion. Science. 2007 May 18;316(5827):1002–5; Coles, N. A., Larsen, J. T. & Lench, H. C. (2019). Facial Feedback and Emotion: A Meta-Analysis of Experimental Research. Psychological Bulletin, 145(6), S. 610–651; Damasio, Antonio R. (1996) The somatic marker hypothesis and the possible functions of the prefrontal cortex, Phil. Trans. R. Soc. Lond. B351, S. 1413–1420
5 Fischl, B. (2005). Meditation experience is associated with increased cortical thickness. Neuroreport, 16(17), S. 1893–1897.
6 Reichart/Pusch (2023): Resilienz-Coaching
7 Göpel, M. (2025): Werte. Ein Kompass für die Zukunft, Brandstätter Verlag, S. 25.
8 www.facebook.com/photo.php?fbid=713050280176655&set=pb.100044150693864.-2207520000&http_ref=eyJ0cyI6MTc2MzM4Njk5NzAwMCwiciI6IiJ9
9 https://marieclaire.de/life/kunst-kultur/maja-goepel-interview-werte
10 Manson, M. (2017): Die subtile Kunst des Draufscheißens.

11 Ryff, C. D. (1989). Happiness Is Everything, or Is It? Explorations on the Meaning of Psychological Well-Being. *Journal of Personality and Social Psychology, 57*(6), 1069–1081
12 Klontz, B., Britt, S. L., Mentzer, J. & Klontz, T. (2011). Money Beliefs and Financial Behaviors: Development of the Klontz Money Script Inventory. *Journal of Financial Therapy, 2* (1) 1; www.apa.org/members/content/money-relationship
13 Vgl. Kahneman, D. (2012). *Schnelles Denken, langsames Denken.* Siedler Verlag; Notebaert, K. (2024). *Vom Glück der richtigen Gedanken: Was uns wirklich glücklich macht – Eine verblüffende Reise in unser Gehirn.* Ariston Verlag.

KAPITEL 9: Faktor 2: Ownership

1 www.diw.de/documents/publikationen/73/diw_01.c.909927.de/24-31-1.pdf
2 www.destatis.de/DE/Presse/Pressemitteilungen/2025/06/PD25_228_126.html www.der-paritaetische.de/fileadmin/user_upload/Publikationen/doc/armutsbericht_2025_web_fin.pdf
3 www.bmbfsfj.bund.de/resource/blob/84338/26c7ee885a96bfc55044a313b-3da79c8/lebenssituation-alleinstehender-frauen-data.pdf (S. 232)
4 www.deutsche-rentenversicherung.de/DRV/DE/Rente/Allgemeine-Informationen/Rentenarten-und-Leistungen/Renten-an-Hinterbliebene/renten-an-hinterbliebene_node.html#docb911d421-5275-4f5f-b7ea-ddee3f70919abodyText1
5 www.bmas.de/DE/Service/Statistiken-Open-Data/Statistik-zu-Riester-Vertraegen/statistik-zusaetzliche-altersvorsorge.html
6 www.bundesfinanzministerium.de/Content/DE/Standardartikel/Themen/Steuern/Steuerliche_Themengebiete/Altersvorsorge/2025-03-17-riester-auszahlungsstatistik-2023-pdf.pdf?__blob=publicationFile&v=4
7 www.finanztip.de/bausparvertrag/ www.wiwo.de/finanzen/immobilien/immobilienfinanzierung-ranking-das-sind-die-besten-bauspartarife-2025/30166336.html
8 www.finanztip.de/bausparvertrag/
9 Rentenversicherungsbericht 2024. www.bmas.de/SharedDocs/Downloads/DE/Rente/rentenversicherungsbericht-2024.pdf?__blob=publicationFile&v=2
10 www.stern.de/wirtschaft/geld/hoechstrente--so-hoch-kann-die-maximale-rente-in-deutschland-ausfallen-35853440.html
11 www.finanzwende.de/themen/verbraucherschutz/riester-rente
12 www.youtube.com/watch?v=150X7lxigjM L
13 www.bmi.bund.de/DE/themen/oeffentlicher-dienst/beamtinnen-und-beamte/versorgung/versorgung-artikel.html
14 www.haufe.de/oeffentlicher-dienst/entgelt/altersarmut-fuer-beamte-ein-unbekanntes-problem_150_136202.html
15 www.bmi.bund.de/DE/themen/oeffentlicher-dienst/beamtinnen-und-beamte/versorgung/versorgung-artikel.html
16 www.igmetall.de/politik-und-gesellschaft/sozialpolitik/rente/kurz-erklaert-die-haeufigsten-rentenirrtuemer2

17 Catherine Hakim, Work-Lifestyle Choices in the 21st Century: Preference Theory (Oxford University Press, 2000)
18 Leonhard Schlegel, Handwörterbuch der Transaktionsanalyse www.cbs-netz.de/index_htm_files/Schlegel%20HWB_gesamt_150.pdf
19 Horner, M. S. (1972). Toward an understanding of achievement-related conflicts in women. Journal of Social Issues, 28(2), S. 157–175.

KAPITEL 10: Faktor 3: Finanzielle Selbstbestimmung

1 www.swisslife.de/ueber-swiss-life/medienportal/news/2024/24-11-18-selbstbestimmungsbarometer.html
2 Alexandras Money Story findest du auf Youtube: www.youtube.com/watch?v=4TdwlcX9V60
3 Chantals komplette Money Story findest du auf YouTube: www.youtube.com/watch?v=xjsyyB8a2DA&list=PLVCO6rBilWyzI74k_smgjZypyyy3697gU&index=9
4 »Studie: Lebenssituation, Sicherheit und Gesundheit von Frauen in Deutschland«, Bundesministerium für Familie, Senioren, Frauen und Jugend (BMFSFJ), 06.01.2005, www.bmfsfj.de/bmfsfj/studie-lebenssituation-sicherheit-und-gesundheit-von-frauen-in-deutschland-80694
5 www.nefe.org/news/2021/11/2-in-5-americans-admit-to-financial-infidelity-against-their-partner.aspx
6 https://www.youtube.com/watch?v=DQMZVHMcHY0&list=PLVCO6rBilWyzI74k_smgjZypyyy3697gU&index=16
7 Oxfam Deutschland (2020): Im Schatten der Profite. Wie die systematische Abwertung von Haushalt, Pflege und Fürsorge Ungleichheit schafft und vertieft, www.oxfam.de/system/files/2020_oxfam_ungleichheit_studie_deutsch_schatten-der-profite.pdf; www.oxfam.de/aktuelles/oxfams-studie-sozialer-ungleichheit-12-milliarden-stunden-arbeit-ohne-bezahlt
8 www.finanztip.de/ehevertrag/

KAPITEL 12: Faktor 5: Vorsorge & Absicherung

1 Vgl. BGB § 823 (Schadensersatzpflicht) www.gesetze-im-internet.de/bgb/__823.html
2 www.check24.de/files/p/2023/d/d/6/18505-2023_03_09_check24_pm_yougov_phv.pdf
3 www.gdv.de/gdv/themen/leben/7-fakten-zur-berufsunfaehigkeitsversicherung-34338
4 https://de.statista.com/infografik/25751/altersrentner-und-beitragszahler-in-der-rentenversicherung-in-deutschland/
5 www.destatis.de/DE/Themen/Gesellschaft-Umwelt/Bevoelkerung/Geburten/_inhalt.html
6 www.bundeshaushalt.de/DE/Bundeshaushalt-digital/bundeshaushalt-digital.html

KAPITEL 13: Faktor 6: Finanzkompetenz

1 www.dimensional.com/ie-en/insights/embrace-the-uncertainty
2 https://live.deutsche-boerse.com/index/msci-world?mic=ARIVA
3 https://russellinvestments.com/content/dam/ri/files/us/en/individual-investor/insights/investing-through-uncertainty-presentation.pdf
4 https://saf.wellsfargoadvisors.com/emx/dctm/Research/wfii/wfii_reports/Investment_Strategy/perils_trying_time_volatile_markets.pdf
5 https://saf.wellsfargoadvisors.com/emx/dctm/Research/wfii/wfii_reports/Investment_Strategy/perils_trying_time_volatile_markets.pdf
6 www.private-banking-magazin.de/aktiv-passiv-fonds-manager-performance-studie/
7 SPIVA Scorecard: www.spglobal.com/spdji/en/research-insights/spiva/; Morningstar Active/Passive Barometer: www.morningstar.com/lp/active-passive
8 www.morningstar.com/content/cs-assets/v3/assets/blt9415ea4cc4157833/blt2c5c4d9171638c42/689b424311f3880edc4b4813/US_Mind_the_Gap_2025.pdf
9 www.bundesbank.de/de/presse/pressenotizen/geldvermoegensbildung-und-aussenfinanzierung-in-deutschland-im-vierten-quartal-2024-956202

KAPITEL 14: Faktor 7: Investiertes Vermögen mit Langfriststrategie

1 https://angelcapitalassociation.org/blog/failures-and-fraud-dont-exist-in-early-stage-ai/

KAPITEL 15: Faktor 8: Humankapital

1 www.brandeins.de/corporate-services/projekte/mckinsey-company-mck-wissen/mck-wissen-bildung/definitionen-amp-zitate
2 Dweck, C. (2017): Selbstbild. Wie unser Denken Erfolge oder Niederlagen bewirkt. München 2017.
3 www.oecd.org/content/dam/oecd/en/publications/reports/2022/10/education-at-a-glance-2022_4aad242c/3197152b-en.pdf
4 Goldin, C. »A Grand Gender Convergence: Its Last Chapter.« *American Economic Review* (2014). PDF:https://scholar.harvard.edu/files/goldin/files/goldin_aeapress_2014_1.pdf
5 https://hbr.org/2007/01/how-leaders-create-and-use-networks

Von Wut und Hoffnung

1 www.ted.com/talks/chimamanda_ngozi_adichie_we_should_all_be_feminists/transcript?lang=de
2 www.tagesschau.de/ausland/europa/frankreich-sex-ohne-zustimmung-100.html
3 www.kas.de/de/web/tschechien/laenderberichte/detail/-/content/menschenrechtler-dramaturg-politiker-vaclav-havel-wird-tschechien-fehlen

Der letzte Zugriff auf die angegebenen Webseiten erfolgte im November 2025.

Deine nächsten Schritte

Du hast dieses Buch bis zum Ende gelesen und damit den Grundstein für deine finanzielle Resilienz gelegt. Du hast verstanden, dass Krisen längst keine Ausnahme mehr sind, sondern zur neuen Realität gehören. Und genau das bringt etwas in Bewegung. Immer mehr Frauen stellen die richtigen Fragen über Geld, Macht und Abhängigkeit. Sie fordern Antworten und Veränderung.

Aber wie kannst du nun mit all deinem neuen Wissen echte Veränderung bewirken und ein Portfolio aufbauen, das dich zuverlässig durch jede Krise trägt?

Scanne den QR-Code und bewirb dich auf ein kostenloses Erstgespräch mit meinem Team. Wir schauen gemeinsam, wie du dein individuelles und resilientes Portfolio entwickeln kannst – mit einer sicheren Strategie, die dich krisenfest investieren lässt.

QR-Code scannen und in 2 Minuten wissen, wie's weitergeht.

(Pssst, hinter dem QR-Code versteckt sich noch etwas …)

Oder auch unter: www.madamemoneypenny.de/weiter

Was dich im kostenlosen Erstgespräch erwartet:

- Wir analysieren gemeinsam dein aktuelles Portfolio, deine Strategie und deine finanziellen Ziele.
- Du verstehst, wie du dein Portfolio Schritt für Schritt krisensicher aufsetzen kannst – mit Aktien, Immobilien, Krypto und weiteren Anlageklassen.
- Und du erfährst, wie du das Wissen aus dem Buch in klare Anlageentscheidungen übersetzt – damit aus Theorie endlich Praxis wird.

Hat dich dieses Buch inspiriert? Dann gib es weiter – an deine Freundin, deine Kollegin oder eine Frau in deinem Umfeld. Damit auch sie versteht, was finanzielle Handlungsmacht wirklich bedeutet – und den Mut findet, ihre Finanzen selbstbestimmt in die Hand zu nehmen.

Entdecke alle unsere Programme:

Finance First unterstützt dich beim Aufbau deines Notgroschens – ohne Verzicht und selbst dann, wenn dir das Geld scheinbar zwischen den Fingern zerrinnt.

Im Mentoring regelst du deine Altersvorsorge in 8 Wochen zuverlässig – egal, ob du bei null startest oder schon investierst.

Mit Advanced Assets baust du dein Vermögen über ETFs hinaus strategisch aus – mit Aktien, Immobilien, Krypto und weiteren Assetklassen.

Alle Infos findest du hier:
www.madamemoneypenny.de/programme